国家出版基金项目
"十三五"国家重点出版物出版规划项目
"海上丝绸之路"可再生能源研究及大数据建设

海上丝绸之路
地缘风险评估与决策支持

张 韧　杨理智　张瑶佳
李 明　白成祖　郝志男　著
钱龙霞　王爱娟　闫恒乾
鲍森亮　张玉洁

電子工業出版社
Publishing House of Electronics Industry
北京·BEIJING

内 容 简 介

本书针对"一带一路"倡议的全新机遇、发展内涵、面临的问题和潜在的风险，着眼于"21世纪海上丝绸之路"沿线国家和地区的社会形态、经济现状、文化特点、国际关系和地缘环境特征，围绕地缘环境、地区安全、海盗活动等传统与非传统安全威胁和突发事件对社会稳定、经济发展、港口建设、投资安全和互联互通的影响和威胁，特别是针对现实存在的案例样本不充分、评估信息不完备、决策知识不确定等问题，引入云模型、语义云测度、数据包络、贝叶斯网络，利用概率语言集和直觉模糊决策场等方法和技术途径，构建风险评估与决策支持的指标体系和数学模型，开展地缘环境风险分析和决策支持研究。

本书可供大气、海洋、交通、自然资源、防灾减灾、应急管理、海洋安全战略等科研人员及相关院校师生参考。

未经许可，不得以任何方式复制或抄袭本书之部分或全部内容。
版权所有，侵权必究。

图书在版编目（CIP）数据

海上丝绸之路地缘风险评估与决策支持/张韧等著．—北京：电子工业出版社，2023.10
（"海上丝绸之路"可再生能源研究及大数据建设）
ISBN 978-7-121-45397-7

Ⅰ．①海… Ⅱ．①张… Ⅲ．①海上运输-丝绸之路-地缘政治学-研究 Ⅳ．①K203 ②D6

中国国家版本馆CIP数据核字（2023）第070568号

责任编辑：张　楠　　　特约编辑：刘汉斌
印　　刷：天津千鹤文化传播有限公司
装　　订：天津千鹤文化传播有限公司
出版发行：电子工业出版社
　　　　　北京市海淀区万寿路173信箱　邮编 100036
开　　本：720×1 000　1/16　印张：20.75　字数：398.4千字
版　　次：2023年10月第1版
印　　次：2023年10月第1次印刷
定　　价：198.00元

凡所购买电子工业出版社图书有缺损问题，请向购买书店调换。若书店售缺，请与本社发行部联系，联系及邮购电话：(010)88254888，88258888。
质量投诉请发邮件至zlts@phei.com.cn，盗版侵权举报请发邮件至dbqq@phei.com.cn。
本书咨询联系方式：(010)88254579。

丛书编委会

丛书主编：宋君强

丛书副主编：笪良龙　张　韧　刘永前　褚景春

丛书编委：杨理智　钱龙霞　白成祖　黎　鑫

　　　　　洪　梅　李　明　刘科峰　葛珊珊

　　　　　郝志男　胡志强　韩　爽　阎　洁

　　　　　葛铭纬　李　莉　孟　航　汪杨骏

推荐序

2013年9月和10月，习近平总书记先后提出建设"丝绸之路经济带"和"21世纪海上丝绸之路"的合作倡议。2015年3月，国家发展和改革委员会、外交部和商务部联合发布了"推动共建丝绸之路经济带和21世纪海上丝绸之路的愿景与行动"（简称"一带一路"）。至此，中国正式推动以"丝绸之路"为标识的"一带一路"建设。

为何把"丝绸之路"作为倡议的标识？因为"丝绸之路"留下的宝贵遗产不是路，而是历史情结，也是精神遗产。古丝绸之路曾是中国和外部连接与交往的重要陆海通道，是一条和平之路，因为它的开拓不用战争、不用征服；是一条互利之路，因为互通有无带来的是共同受益；是一条互鉴之路，因为内外思想的文化交流带来的是文明的互学互鉴。事实上，我们重提和重建"丝绸之路"，就是要弘扬这种精神，以这种精神创造未来。可以说，用"丝绸之路精神"创新未来，是中国提出"一带一路"的初心。

中国是一个海陆型国家，东边是浩瀚的太平洋，西接印度洋，海洋提供了最方便的对外交往通道。改革开放以后，中国利用海洋优势，大力发展"两头在外"的加工贸易，通过出口拉动，推动了经济的快速增长，海洋重新成为中国连接外部世界的大通道。与西方大国利用海洋扩张、争霸、建立殖民地不同，中国作为文明古国，有着"天下大同"和"命运共同体"的情怀，随着自身的发展和综合实力增强，把推动构建开放合作、共同发展的新海洋作为己任，通过推动"21世纪海上丝绸之路"的建设，让海洋成为友好交往与共同发展的和平之海。

中国与亚欧大陆山水相连。改革开放后，随着中国经济的发展，中国与陆连国家的经贸和其他关系得到显著提升。中国通过建立沿边经济开发区，推动与相邻国家经贸关系的发展，但遇到的制约是，对外连接基础设施差。其实，制约中国与陆连国家关系发展的，不仅是落后的交通设施，还有欠发展的经济。"丝绸之路经济带"的建设旨在改善内外连通的基础设施，优化当地发展环境，让亚欧大陆更紧密地连接起来，构建中国与亚欧大陆发展的新格局。

"一带一路"的两个框架（"丝绸之路经济带"和"21世纪海上丝绸之路"）相辅相成，相互连接，是一个整体谋划。回顾世界经济发展的历史，在西方崛起以后，海上通道得以快速拓展，但陆地连接滞后，内陆国家的发展受到很大制约。"一带一路"把海洋与陆地的通道建设和经济发展统合起来，把海上通道与陆地交通网络连接起来，构成世界新的全方位连接与发展格局。通过"一带一路"的建设，形成海陆相连、内外相通的全方位连接，构建起四通八达的海陆交通网络。在"一带一路"的共商、共建和共享原则的指导下，通过构建政策沟通、设施联通、贸易畅通、资金融通、民心相通的互联互通网络，通过优势互补的产能合作和互利的供应链网络，带动当地经济的发展，创建新的发展动能。"一带一路"倡议着眼于推动新型发展合作，不同于传统的发展援助，为世界提供一种创新型发展合作方式。当今，世界经济的发展正处于大的结构变化和发展方式的调整期。发展中国家的发展，一批新兴经济体的崛起，更多的发展中国家步入起飞门槛，"一带一路"建设为这种新格局构建提供了有力的支持。

"一带一路"基于合作共赢的思维，旨在把中国的发展与其他国家的发展联系起来，通过中国的投入和带动，动员各方参与的积极性，打造新的发展空间，创建新的发展引擎。"一带一路"是开放的，在这个平台上，大家都可以参与，共商规划、共建项目、共享成果、共同受益。"一带一路"的合作项目不同于一般的商业性投资，不是通过谈判进行的，而是通过协商进行的，是共同规划和建设。长期以来，对于发展中国家来说，发展融资，特别是基础设施融资、大项目工程建设融资，存在很多困难和制约。现行的国际金融机构提供资金的能力有限，私人金融机构的投资意愿不强，因此，对于大多数发展中国家来说，基础设施发展滞后，发展的综合环境改善缓慢。通过"一带一路"倡议，可以推动创建合作性融资机构和其他多种形式的金融机制，以此破解融资瓶颈，中国可以在这个平台上发挥更大的作用。中国倡导成立了亚洲基础设施投资银行（亚投行）、金砖国家银行（新发展银行），筹备成立上合组织开发银行，中国自己出资成立了丝路基金等，旨在破解发展中国家发展中的融资难题。"一带一路"倡议不同于自贸区构建和多边贸易体制，旨在推进发展中国家综合发展环境的改善，创新发展动能，实现可持续发展。"一带一路"倡议以亚、欧、非海陆连接与发展为重点，但作为一种新型发展合作方式，是面向世界的。从亚洲到欧洲，再到非洲，可以延伸到更广泛的区域。从这个意义上说，"一带一路"是着眼于世界创新发展的倡议。

"一带一路"倡议旨在建立一个广泛且具有包容性的合作框架和更好的发展环境。考虑到沿线国家经济的多样性，"一带一路"通过项目建设需要对接东道国的发展规划，以实现共同参与、共同建设和共享成果的目标。"一带一路"建设是一项系统且复杂的长期工程，面临着多重风险和挑战。沿线国家的政治制度和经济制度差异较大，由于历史、宗教、边界的划定和自然资源等因素，沿线国家之间的关系也复杂多样，有时会因社会和文化差异而导致分歧，一些国家的民族主义者、保守势力等可能会以各种借口反对立项建设。

与此同时，"一带一路"建设远不止经济发展，也包括政治、社会、文化、教育和安全关系发展，是新型国家间关系的构建。"一带一路"体现的是新的发展观（改善发展中国家的综合发展环境）、新的合作观（开放型，共商、共建和共享）和新的秩序观（海上的开放合作与合作安全，以及海上航行开放、安全合作与发展合作）。中国提出这个倡议以后，尽管国际上，包括一些沿线国家存有怀疑，有的在观望，有的不予以支持，有的则提出相对应的计划。但总体来看，"一带一路"得到了世界上大多数国家和国际组织的支持，截至2023年6月，中国与152个国家和32个国际组织签署了200多份合作文件。

"21世纪海上丝绸之路"的建设有着深刻的含义：一则，之所以冠以"21世纪"，是要区别于以往的西方大国以追求霸权为宗旨的海洋观，构建开放、合作与共享的海洋新关系和新秩序；二则，强调共同发展、合作共赢，把海上通道建设与共同发展紧密结合起来。因此，"21世纪海上丝绸之路"倡议是面向未来的新思维、新方略。当然，"21世纪海上丝绸之路"的建设存在诸多困难，面临复杂的地缘、政治环境，受到海域争端、海洋权益、战略竞争的影响。因此，需要对建设中的综合环境、机会、安全与风险，以及其他相关问题进行深入研究和判断。

张韧教授及其团队对"21世纪海上丝绸之路"的建设进行了全面、深刻的研究，完成了多卷巨著。他们从"21世纪海上丝绸之路"的历史沿革、自然地理环境，到综合安全环境、能源通道建设等进行了详尽梳理和分析，并在此基础之上提出了风险评估方法、评价指标体系，既具有理论研究的深度，也具有现实的应用价值，特别是他们基于数据模型提出的评价方法和指标，对于加强有关"一带一路"建设环境评估与项目评价具有很强的应用价值。此书的出版正值"一带一路"倡议提出十周年，具有特别的意义，为"一带一路"建设在下一个十年取得更大进步提供了有益的智力贡献。

中国社会科学院学部委员，
山东大学讲席教授，山东大学国际问题研究院院长

前 言

人类对海洋的认知、探索和开发都是为了服务于人类单个或多个群体的海洋权益（简称海权）与经济利益的需要。美国海军战略家阿尔弗雷德·赛耶·马汉在其《海权论》中，不仅强调了海洋在世界政治、经济、贸易、文化中的重要意义，还着重指出，一个新兴崛起的国家，意欲保持国内经济的稳定增长和综合国力的有效提升，必须付诸足够的财力、物力和精力，以和平、包容并举的方式加强海外力量，拓展海外利益。

两千多年前，古罗马哲学家西塞罗曾言："谁控制了海洋，谁就控制了世界"。明代航海家郑和也说过："欲国家富强，不可置海洋于不顾。财富取之于海，危险亦来自海上……"

海洋作为巨大的天然通道在全球化中起着各国之间经济联系纽带和运输大动脉的作用，对现代国际社会和各国的政治、经济、安全都有着不可替代的影响。在政治方面，全球 100 多个临海国家之间的地缘政治是以海洋、海权为代表的，掌握重要深水良港、核心海上航线、关键海峡通道的实际控制权至关重要。在经济方面，世界上大部分物资的输送，特别是重要物资，都是通过海上通道运输的。因此，海权的确立和争夺是临海国家甚至非临海国家经济发展的必然要求。国家经济要想长期、稳定、高速地发展，必须确保对海权的掌握。在安全方面，制空权是制海权的前提，制海权是陆地安全的保障，陆地安全是国家安全的基石，这一链条深刻反映了海洋对一个国家安全体系的构建是多么重要。可以说，制海权的保障水平是国家安全保障能力的重要体现形式。

"一带一路"（"丝绸之路经济带"和"21世纪海上丝绸之路"）的倡议顺应了我国对外开放区域结构转型的需要，顺应了我国要素流动转型和国际产业转移的需要，顺应了我国与其他经济合作国家结构转变的需要，顺应了国际经贸合作与经贸机制转型的需要。

古代海上丝绸之路自秦汉时期开通，不仅是连接亚洲、非洲和欧洲的海上贸易航线，更是沟通东西方经济和文化交流的重要桥梁。当今世界，和平与发展是主旋律，国际社会日益成为一个你中有我、我中有你的命运共同体，没有哪个国家能够独善其身，也没有哪个国家能够自己解决全球化所带来的各种新问题、新挑战。中国的全球治理观强调"共商、共建、共享"。作为构建人类命运共同体理念的重要实践平台，"一带一路"倡议旨在促进与相关国家的政策沟通、设施联通、贸易畅通、资金融通、民心相通，推动共建"一带一路"高质量发展，建设和平之路、繁荣之路、开放之路、绿色之路、创新之路。

"21世纪海上丝绸之路"沿线海域，是目前世界上商业价值最高、航运最繁忙、战略地位最重要，同时也是自然环境最复杂、极端天气和灾害频发，以及地缘政治和地区安全风险最高、挑战性最大的海域之一，对促进区域合作的进步和经济发展、扩展国际合作的发展新空间具有重要作用。

推进"21世纪海上丝绸之路"倡议、保障能源安全、拓展海外利益、应对突发事件，是建设海洋强国与保障国家安全的重要内涵和目标，其核心环节和前提是弄清沿线国家和利益攸关海域、重要海峡航道的环境特征和地缘安全状况，并在此基础之上开展风险分析和突发事件应急响应对策研究。鉴于种种原因，我国对"21世纪海上丝绸之路"（以下简称海上丝绸之路）沿线海域的自然环境和地缘安全认知了解不多，信息获取有限，相应的风险分析与应急响应研究更少，主要研究工作侧重于宏观层面的政策解读和策略论述。针对海上丝绸之路沿线海域环境状况（如地形、地貌、海峡、通道、岛屿，以及气象与水文因素）和地缘人文因素（如政治、经济、军事、外交、法律、宗教等），开展海洋环境风险评估、海洋灾害风险预警，以及地区冲突风险研判和恐怖袭击风险防范等非传统安全威胁的定量风险分析、应急响应和决策支持研究，是海洋安全战略和保障我国企业"走出去"迫切需要开展的工作。

当前，人类生存环境和社会发展面临着多种风险威胁，包括自然风险、社会风险和政治风险。风险意识和风险防范得到了社会的广泛关注和普遍认同。风险分析与评估成为政府行政管理、科学决策的重要依据。在战略层面上，风险评估是国家安全政策制定和应对突发事件响应措施的重要依据。针对重大灾害和公共安全等突发事件，欧美等发达国家具有较完善的灾害评价体系、风险分析体系和应急救助体系及相应的技术手段，特别是重点资助开展了在致险机理不确定、险情信息不完备情况下灾害评估与风险防范的研究，形成了灾害预警、灾害评估、风险识别、减灾对策等科学规范的联动机制和应急机构，国民的风险意识和突发事件防范设施也较为完善。

我国对整体性、系统性的风险研究起步较晚，研究水平及成果也落后于欧美等发达国家。风险研究领域和成果主要涉及地震、泥石流等地质灾害领域，台风、暴雨、干旱等气象灾害领域，财政、金融、股市等社会领域，以及火灾、瓦斯爆炸、矿难等安全生产领域，对国家海洋权益和安全等领域的风险分析和应急响应研究尚处于探索阶段。近年来，围绕经济危机、地区冲突等引发的一系列政治或经济事件，使海洋权益安全、海外利益安全问题的重要性和急迫性日益凸显，全面关注、研究和保障国家海洋权益安全，防范海洋灾害和地缘风险已成为刻不容缓的任务。

近年来，笔者在国防科技大学自主科研专项以及"双重建设"等项目的资助下，围绕海上丝绸之路沿线海域的环境特征、气象与水文要素、气候变化情景，以及极端天气和海洋灾害风险分析、突发事件的应急管理开展了研究，构建了海上丝绸之路地缘风险分析的概念模型与评价体系，探索了海上突发事件情景想定、响应机制和应急预案等技术途径，特别是针对在海上丝绸之路研究过程中现实存在的案例样本不充分、评估信息不完备、决策知识不确定等问题和困难，引入和发展了云模型、语义云测度、数据包络、贝叶斯网络以及概率语言集和直觉模糊决策场等理论和方法，开展了量化分析和评估实验。本书即是对上述工作的总结。

本书的编写得到了国防科技大学气象海洋学院领导、同事的关心与支持，参考并引用了许多国内外相关论著、资料等文献，在此向相关人员及文献作者表示感谢。

感谢中国社会科学院学部委员、山东大学国际问题研究院院长张蕴岭为本书作序和深入点评，以及对作者给予的鼓励和支持。

感谢国家出版基金管理委员会、电子工业出版社和相关领域专家对本书出版的支持和帮助。

鉴于笔者知识水平有限，写作经验尚不丰富，要完成如此艰巨的出版任务，确感压力颇大，书中定有不当和谬误之处，恳请读者批评指正。

本书第1章由张韧、王爱娟、杨理智撰写，第2章由张韧、钱龙霞、李明撰写，第3章由张瑶佳、杨理智、张玉洁撰写，第4章由杨理智、张瑶佳、张韧撰写，第5章由杨理智、张韧撰写，第6章由杨理智、张韧撰写，第7章由杨理智、白成祖、张瑶佳撰写，第 8 章由郝志男、张韧、白成祖撰写，第 9 章由郝志男、张瑶佳撰写，第 10 章由李明、张瑶佳撰写，第 11 章由闫恒乾、鲍森亮、李明撰写。全书由张韧统一规划、校对和定稿。

张 韧

2023 年 2 月

目 录

第1章 海上丝绸之路 ································· 1

1.1 倡议与构想 ································· 1
1.2 内涵与渊源 ································· 2
1.3 机遇、风险与挑战 ··························· 4
1.3.1 机遇 ··································· 4
1.3.2 风险 ··································· 6
1.3.3 挑战 ··································· 7
1.4 国内外研究状况 ····························· 8
1.4.1 国外研究 ······························· 8
1.4.2 国内研究 ······························· 8
1.4.3 问题与困难 ····························· 10
参考文献 ······································ 12

第2章 风险分析的理论和方法 ······················· 14

2.1 风险与不确定性 ····························· 14
2.1.1 不确定性的含义 ························· 15
2.1.2 不确定性的种类 ························· 15
2.1.3 风险与不确定性的关系 ··················· 16
2.1.4 风险不确定性的来源 ····················· 17
2.2 风险的定义 ································· 17
2.2.1 基于不确定性的风险定义 ················· 18

2.2.2 基于其他特性的风险定义 ··· 20
 2.3 风险的分类 ··· 21
  2.3.1 宏观分类 ··· 22
  2.3.2 专业分类 ··· 22
  2.3.3 其他分类 ··· 27
 2.4 基本要素和形成机制 ··· 27
  2.4.1 基本要素 ··· 27
  2.4.2 形成机制 ··· 31
 2.5 风险的数学模型 ··· 32
 2.6 风险分析过程 ·· 35
  2.6.1 风险辨识 ··· 36
  2.6.2 风险评估 ··· 39
  2.6.3 风险决策 ··· 49
  2.6.4 风险处置和残余风险评估 ·· 52
 参考文献 ··· 54

第3章 海上丝绸之路自然地理环境 ·· 58
 3.1 沿线国家和地区的社会与自然概况 ······································· 58
  3.1.1 东南亚 ·· 58
  3.1.2 南亚 ··· 59
  3.1.3 中东 ··· 61
 3.2 沿线国家和地区的港口资源状况 ··· 62
  3.2.1 大西洋地区 ·· 62
  3.2.2 太平洋地区 ·· 66
  3.2.3 印度洋地区 ·· 69
  3.2.4 北冰洋地区 ·· 71
 3.3 沿线重要岛屿 ·· 72
 3.4 沿线铁路 ·· 73
  3.4.1 中老铁路开通 ··· 73
  3.4.2 泛亚铁路计划 ··· 75

3.4.3 利益与风险 ·· 77

第4章 地缘风险概念模型与评价指标体系 ······································ 79

4.1 风险机理、风险辨识及孕险环境 ·· 79
    4.1.1 风险机理 ·· 79
    4.1.2 风险辨识 ·· 80
    4.1.3 孕险环境 ·· 81
4.2 风险概念模型 ·· 84
4.3 风险评价指标体系 ·· 85
    4.3.1 传统安全风险评价指标体系 ·· 85
    4.3.2 非传统安全风险评价指标体系 ····································· 91
4.4 风险分析技术途径 ·· 108
    4.4.1 风险辨识 ·· 109
    4.4.2 风险评估 ·· 110
    4.4.3 风险预警 ·· 110
    4.4.4 风险分析技术流程 ·· 110
参考文献 ··· 111

第5章 海上丝绸之路互联互通与非传统安全风险 ····························· 113

5.1 概述 ··· 113
5.2 沿线国家和地区互联互通状况 ·· 114
5.3 沿线国家和地区地缘人文分析 ·· 115
    5.3.1 云模型原理和分析方法 ··· 115
    5.3.2 语义云距离测度 ·· 120
    5.3.3 基于语义云距离测度的K均值聚类 ······························ 123
5.4 沿线国家和地区互联互通指标区划 ··· 125
    5.4.1 指标体系 ·· 125
    5.4.2 模拟聚类分析与实验评估区划 ···································· 127
5.5 沿线国家和地区非传统安全风险分析 ······································ 143
    5.5.1 数据分析与处理 ·· 144

5.5.2 语义云与直觉模糊距离测度 K 均值聚类 ·············· 148
    5.5.3 聚类分析 ··· 149
参考文献 ··· 151

第6章 海上丝绸之路沿线国家和地区地缘人文风险评估 ······ 152

6.1 数据来源与特征提取 ···································· 152
    6.1.1 政治环境 ··· 153
    6.1.2 经济环境 ··· 153
    6.1.3 社会环境 ··· 156
    6.1.4 海盗活动和恐怖主义 ································ 158
6.2 地缘人文风险评估建模 ·································· 159
    6.2.1 犹豫云模型 ······································· 159
    6.2.2 云模型-贝叶斯网络模型 ····························· 164
6.3 沿线国家和地区地缘环境风险实验评估 ····················· 170
    6.3.1 犹豫评语集的构建 ·································· 170
    6.3.2 评语集的云模型数值特征表达 ························ 171
    6.3.3 生成犹豫云组 ····································· 172
    6.3.4 生成综合云 ······································· 173
    6.3.5 云模型数值特征的定性评语映射 ······················ 174
6.4 沿线国家和地区经济环境风险实验评估 ····················· 176
    6.4.1 犹豫评语集的构建 ·································· 176
    6.4.2 评语集的云模型数值特征表达 ························ 177
    6.4.3 生成犹豫云组 ····································· 178
    6.4.4 生成综合云 ······································· 179
    6.4.5 云模型数值特征的定性评语映射 ······················ 181
6.5 沿线国家和地区社会环境风险实验评估 ····················· 183
    6.5.1 犹豫评语集的构建 ·································· 183
    6.5.2 评语集的云模型数值特征表达 ························ 184
    6.5.3 生成犹豫云组 ····································· 184
    6.5.4 生成综合云 ······································· 185

	6.5.5 云模型数值特征的定性评语映射		186
6.6	海盗活动风险评估		188
	6.6.1 海盗活动风险体系		189
	6.6.2 贝叶斯网络推理建模		190
	6.6.3 风险评估与实验仿真		193
参考文献			197

第7章 海上丝绸之路投资安全风险评估与决策规划 … 198

7.1	重要港口价值评估	199
	7.1.1 评价指标体系	199
	7.1.2 评估实验区划	201
7.2	港口投资决策建模	204
	7.2.1 投入产出模型	205
	7.2.2 区间 DEA 模型	207
	7.2.3 超效率区间 DEA 模型	210
7.3	港口决策优选实验	212
	7.3.1 基于超效率区间 DEA 效率值计算	212
	7.3.2 目标港口效率值排序与分析	215
7.4	基于犹豫心态的投资风险评估方法	219
	7.4.1 犹豫模糊层次分析法	220
	7.4.2 投资风险评价指标体系	222
	7.4.3 风险评估实验计算步骤	224
	7.4.4 投资风险情景模拟实验	226
参考文献		226

第8章 直觉模糊环境下投资安全风险多属性决策 … 228

8.1	模糊集合与模糊推理	228
8.2	直觉模糊决策原理	230
8.3	基于直觉模糊决策场的多属性决策方法	232
	8.3.1 基于决策场的决策方法	232

XXI

  8.3.2 直觉模糊环境下基于决策场的多属性决策方法 ……… 235
  8.3.3 可靠性分析 ……………………………………………… 239
 8.4 基于直觉模糊决策场的群决策方法 …………………………… 242
 8.5 仿真实验 ………………………………………………………… 245
  8.5.1 决策现象 ………………………………………………… 245
  8.5.2 优点和不足 ……………………………………………… 251
 参考文献 ………………………………………………………………… 253

第9章 概率语言集知识表达与投资安全风险评估 ……………… 255

 9.1 研究动态和存在问题 …………………………………………… 256
 9.2 概率语言集理论概述 …………………………………………… 259
 9.3 基于概率语言集框架的风险评估模型 ………………………… 261
  9.3.1 多粒度概率语言集的表征方法 ………………………… 261
  9.3.2 概率语言集新的距离测度 ……………………………… 261
  9.3.3 概率语言集框架下基于前景理论风险评估模型 ……… 264
 9.4 仿真实验 ………………………………………………………… 267
  9.4.1 地缘风险评估 …………………………………………… 267
  9.4.2 敏感性分析 ……………………………………………… 271
 参考文献 ………………………………………………………………… 273

第10章 海上丝绸之路枢纽港口动态风险评估 ………………… 275

 10.1 研究思想与技术途径 ………………………………………… 275
 10.2 评价指标与数据来源 ………………………………………… 277
 10.3 层次贝叶斯网络风险评估建模 ……………………………… 281
  10.3.1 指标离散化 …………………………………………… 282
  10.3.2 网络结构学习 ………………………………………… 286
  10.3.3 网络参数学习 ………………………………………… 288
 10.4 地缘环境风险动态评估与态势推演 ………………………… 290
  10.4.1 比雷埃夫斯港 ………………………………………… 290
  10.4.2 瓜达尔港 ……………………………………………… 291

10.4.3　汉班托塔港 ·· 292

　　10.4.4　皎漂港 ·· 293

参考文献 ·· 293

第11章　恐怖袭击风险评估与趋势预测——建模与仿真 ································ 294

11.1　数据与预处理 ··· 295

11.2　恐怖袭击事件危险性评估 ·· 296

　　11.2.1　指标及其权重 ·· 296

　　11.2.2　云模型及其分析 ··· 302

　　11.2.3　评估结果 ·· 303

11.3　对沿线国家和地区三年间恐怖袭击事件的分析 ······································· 304

　　11.3.1　时空特性分析 ·· 304

　　11.3.2　蔓延特性分析 ·· 305

参考文献 ·· 306

第 1 章 海上丝绸之路

1.1 倡议与构想

海上丝绸之路自秦汉时期开通以来，不仅是连接亚洲、非洲和欧洲的古代商业贸易通道，更是沟通东西方经济和文化交流的重要桥梁。2013 年 9 月，习近平总书记在哈萨克斯坦纳扎尔巴耶夫大学发表演讲，首次提出"丝绸之路经济带"的倡议。同年 10 月，习近平总书记在印度尼西亚国会发表演讲，提出建设"21 世纪海上丝绸之路"的构想。作为"一带一路"倡议的海上之翼，"21 世纪海上丝绸之路"不仅顺应了时代发展的要求，也继承了历史上中国与其他国家友好交往的传统，既能服务于新时代的中国发展，推进地区和平稳定，也能促进沿线国家的共同繁荣。

当今世界，经济全球化、区域一体化进程遭遇挫折，国际金融危机的深层次影响持续显现，经济复苏缓慢，世界形势面临更多的不确定性。在这一国际背景下，世界期待中国声音、中国智慧、中国方案。"一带一路"倡议是中国给当今世界带来的新机遇与新动力。"一带一路"（The Belt and Road，B&R）是"丝绸之路经济带"和"21 世纪海上丝绸之路"的简称。截至 2023 年 6 月，中国已经与 152 个国家和 32 个国际组织签署了 200 多份共建"一带一路"合作文件。作为人类命运共同体理念的重要实践平台，

"一带一路"倡议旨在促进与相关国家政策沟通、设施联通、贸易畅通、资金融通、民心相通，打造和平之路、繁荣之路、开放之路、绿色之路、创新之路、文明之路、廉洁之路。

"一带一路"沿线国家贯穿亚、欧、非大陆，连接目前世界上颇具发展活力的东亚经济圈和发达的欧洲经济圈，构成世界上跨度大、覆盖广的经济合作带，发展潜力巨大。"一带一路"主要由陆上三大方向和海上两大方向构成：陆上经过中亚、俄罗斯到达欧洲，经过中亚、西亚到达波斯湾和地中海，经过东南亚、南亚到达印度洋；海上经南海、印度洋延伸到欧洲，经南海到达南太平洋。"一带一路"倡议的具体内容包括建设由铁路、公路、航空、航海、油气管道、输电线路、通信网络组成的综合性立体互联互通的交通网络。立体交通网络包括天地一体、万物互联等一系列21世纪现代化交通手段，推进贸易投资便利化，深化技术合作，建立自由贸易区，形成大的欧亚市场，进行资源重新配置。

1.2 内涵与渊源

自古以来，海上丝绸之路就为中国与沿线国家和地区的经济、贸易、文化交流的互通有无搭建了桥梁，促进了国家之间的友好交往。进入21世纪，面对国际形势的复杂变化，为了增进各国的交流和合作，传承和平友好的价值理念，中国提出了"21世纪海上丝绸之路"的倡议，以适应国际形势和发展需求，联通东盟、南亚、西亚、北非、欧洲等各大经济板块，增进沿线国家和地区的经济繁荣、经济合作及政治互信，维护区域稳定，促进经济和文化的共同繁荣。

"21世纪海上丝绸之路"作为一个整合区域资源、谋求共同发展的经济合作倡议，目标在于扩大沿线国家和地区的共同利益，发挥各自的优势，促进区域内生产要素的流动，增强各自的经济实力。

"21世纪海上丝绸之路"的建设与实施，促进了中国与沿线国家和地区经济发展方式的转变、经济结构的优化调整和民生的改善，促进了中国经济可持续发展和供给侧结构性改革落地。在政策沟通方面，"21世纪海上丝绸之路"的实施方案与东盟互联互通总体规划、非盟《2063年议程》、欧亚经济联盟、欧盟欧亚互联互通等区域发展规划和合作倡议有效对接。在设施联通方面，一大批基础设施联通项目，如汉班托塔港、比雷埃夫斯港、哈利法港等建设项目进展顺利。马尔代夫中马友谊大桥竣工，阿联酋阿布扎比码头、马来西亚关丹深水港码头正式开港等，大大提升了中国与沿线国家和地区的互联互通和便利化水平。在贸易畅通方面，中国与多个沿线国家和地区签署了税收的双边或多边互利优惠协议，使贸易投资便利化水平不断提高。近年来，中国港口与全球600多个主要港口建立了航线联系，参与了数十个港口的建设与经营，海运服务已经覆盖所有沿海国家和地区。在资金融通方面，中国通过亚投行、丝路基金、产业基金、地方基金及与其他国家组建联合基金等，带动了西方国家和中东石油国的基金跟投，呈现多方共建的特点。在友好交往方面，中国与沿线国家和地区的多座城市之间建立了友好关系，联合开展的科研项目不断增加，涉及农业、能源、交通、生态环境、海洋等众多领域。在产能合作方面，中国在沿线国家和地区的工程承包额不断增加，促进了工程承包模式的创新。在港口建设、能源管线建设、电站和通信设施建设等方面，中国企业不断创新融资模式，在工程总承包（EPC）模式的基础上，增加了"投资+施工+运营"的BOT（工程建设模式）、PPP（政府和社会资本合作模式）等，境外合作区建设成效显著。中国在沿线国家和地区建立经贸合作区，对解决劳动力就业、拉动经济增长和优化经济结构效果明显。中国企业也获得了新的产品销售市场和投资机会。

总之，当前"21世纪海上丝绸之路"互联互通架构基本形成，一大批合作项目落地实施，进展顺利，为世界经济增长开辟了新空间，为国际贸易和投资搭建了新平台，为完善全球经济治理拓展了新实践，为增进各国民生福祉做出了新贡献，成为共同的机遇之路、繁荣之路。

1.3 机遇、风险与挑战

"21世纪海上丝绸之路"沿线国家和地区不仅商业价值高、航运繁忙、地位重要，同时风险性、挑战性也相当高。目前，大多数国家都积极响应和参与，但个别国家仍然观望。可见，"21世纪海上丝绸之路"能否顺利实施，影响因素是多元的，既要看到前所未有的历史机遇，也要充分认清所面临的诸多风险和挑战，从而有针对性地预防和应对，确保相关建设顺利实施。

1.3.1 机遇

"21世纪海上丝绸之路"倡议获得了许多国家的积极响应，产生了良好的效果，有助于促进区域合作的良性循环。体现"共商、共建、共享"原则的"21世纪海上丝绸之路"倡议，超越了传统地缘、经济、文化与社会制度因素的限制，把解决广大发展中国家的发展问题作为重要目标，始终从发展的实际需要出发，以互联互通为基础，以正确的义利观为指导，推行多元化的合作机制，致力于打造以利益共同体和责任共同体为基础的命运共同体，推动经济全球化朝着开放、包容、普惠、平衡、共赢的方向深入发展，为世界经济发展注入源源不断的新动能。自"21世纪海上丝绸之路"倡议实施以来，我国已陆续与数十个国家和国际组织签署了合作协议，开展机制化产能合作，共同助推"21世纪海上丝绸之路"贸易畅通进程；在设施联通方面，加速推进海洋交通、通信、能源、港口、码头、远洋运输等基础设施建设及优惠政策的落实，包括构建运输集疏运网络，带动海运业、仓储业等港口关联产业和保税业、造船业、贸易、石化等港口依存产业，以及金融、保险、土木工程、旅游等港口派生产业的发展；在资金融通方面，协助一些国家和大型企业解决了投融资困难，共同投资、共同建设，推动了国际金融合作。中国与"21世纪海上丝绸之路"倡议参与国开展了多种形式的金融合作，逐渐形成了特色金融合作网络，促进了经济发展。为了适应沿线国家和地区政治、经济、文化的差异，在"21世纪海上丝绸之路"框架下的合作并不寻求构建统一的合作机制，而是多种合作机制并存，主要原因是沿线国家和地区存在政体差异。比如，中国在与东南亚国家的合作过程中，建立了"澜沧江-湄公河"合作机制、中国-中南半岛经济走廊合作机制等；在南亚地区建立了"孟中印缅经济走廊"和"中巴经济走廊"合作机制；在西亚地区与海湾合作组织，致力于自由贸易区的建设。可以说，同一地区有不同类型的合作机制，不同地区之间的合作机制也各不相同。中国作为"21世纪海上丝绸之路"倡议的倡导者和推动者，始终秉持正确的义利观，以义为先、义利并举，不仅着眼于中国自身发展，还以中国发展为契机，让更多国家搭上中国发展的快车，帮助他们实现发展目标；注重长期利益，避免追求短期目标；企业"走出去"既要有利于自身发展，又要树立好名声、好口碑。以推动贸易投资自由化为例，现行的国际经济合作机制注重消除贸易壁垒，而以互联互通为基础的

"21世纪海上丝绸之路"倡议则注重消除供应链壁垒。贸易自由化以往的经验显示，降低关税壁垒的速度与贸易增速呈现同步趋势。当全球平均关税水平下降到目前的5%左右后，两者之间的因果关系可能会脱节。有机构对此曾做过研究，相对于降低关税壁垒，减少供应链壁垒对全球贸易的影响更大。后者对GDP的促进作用相当于前者的6倍左右。在这些合作不断推进的过程当中，中国提高了与参与国的合作水平，实现了互助互利，更重要的是向世界展示了真诚与参与国合作共赢的开放理念。在全球化时代，"21世纪海上丝绸之路"倡议给参与国带来的收益和成果将形成良性循环，不仅能够促进参与国在更多的领域以更多的形式展开合作，更能够吸引目前仍处于犹豫和观望的国家放下顾虑，积极参与，从而有助于不断提升区域经济一体化水平，促进大量人才、科技、信息和金融等资源的有效流动，促进区域间各经济体的稳定发展。

1.3.2 风险

"21世纪海上丝绸之路"需要跨越的岛屿、海峡和水道众多，从北非经地中海、苏伊士运河、红海、亚丁湾、印度洋、马六甲海峡到达中国东南沿海地区，航线长达13000多千米，从波斯湾经霍尔木兹海峡、印度洋、马六甲海峡到达中国东南沿海地区的航线也有9000多千米。其中，航线通过的苏伊士运河、霍尔木兹海峡和马六甲海峡更是地势险要、地缘环境复杂，具有航运繁忙、地位重要等优势，由此而具备了高风险性的特点。

经济全球化的负面影响使"21世纪海上丝绸之路"沿线国家和地区均面临不同程度的风险，都是机遇与挑战并存。发展中国家难以适应经济全球化的发展潮流，在国际分工中依然处于不利地位。发达国家在全球化规则的制定中起着主导作用，在世界贸易组织、国际货币基金组织等主要世界性组织中具有特殊的影响力。中国属于发展中国家，既愿意与其他发展中国家一同进步，也愿意与发达国家友好相处、相互协作、相互支持。

1.3.3 挑战

国内矛盾与国际局势是参与"21世纪海上丝绸之路"倡议的重要制约因素。不可否认，在"21世纪海上丝绸之路"倡议的参与国之间，经济发展水平存在一定的差异，竞争性的产品较多，贸易转移效应有待进一步转变为贸易创造效应，进而形成更加密切的贸易关系。"21世纪海上丝绸之路"倡议的参与国众多，政策和做法难以统一，可通过努力，加强政策沟通和协调，实现优势互补，推动经济融合，实现共同发展。具体来说，"21世纪海上丝绸之路"倡议的参与国在经济发展速度、发展潜力、国际地位和作用，以及政治与经济制度、历史文化、发展轨迹等方面都存在显著差异，在国际经济交往中，往往是竞争和合作并存。

要推进"21世纪海上丝绸之路"的建设，中国与沿线国家和地区会面临多种多样的挑战。例如，个别国家政治或社会的不稳定可能会妨碍筹建的或在建项目的顺利开展；金融危机可能造成少数国家的货币大幅贬值或遭受金融冲击；人口密集对经济增长的压力持续存在，需要化解；环境保护要求与经济快速发展的需求相互冲突，成为发展中需要处理的难题；在海上航线或重要海峡中，时有时无的海盗活动影响着海上运输的安全与效率；等等。

因此，了解相关挑战，研究相关问题与应对方案，化解相关危机，有利于区域的和平、稳定、繁荣和发展，也有利于全世界。

1.4 国内外研究状况

1.4.1 国外研究

国外对"21世纪海上丝绸之路"倡议的研究明显少于国内。随着"21世纪海上丝绸之路"倡议的不断推进，影响力不断扩大，国外的相关研究不断增多，研究角度涵盖战略规划、经济效益、面临的挑战、未来趋势等诸多方面。

1.4.2 国内研究

随着对"21世纪海上丝绸之路"倡议与实施方案研究的深入，相关学术论文、学位论文、研究专著和国家社科基金项目的数量增长迅速，涉及领域众多。有些学者从宏观角度对"21世纪海上丝绸之路"倡议的概况、内涵和意义进行了研究：黄茂兴等人[1]详细阐述了"21世纪海上丝绸之路"倡议的顶层设计、建设内容、合作机制和重要意义；张开城[2]认为，"21世纪海上丝绸之路"倡议是我国构建海洋强国的必经之路；刘卫东等人[3]梳理了"21世纪海上丝绸之路"倡议提出的背景，着重分析了对地区和世界的重要意义；谷源洋[4]认为，"21世纪海上丝绸之路"倡议的实施是一个复杂的长期过程，涉及众多利益攸关方，对我国周边安全、地缘政治都有重要意义；朱翠萍[5]认为，"21世纪海上丝绸之路"倡议是在"共商、共建、共享"的原则之下，与沿海利益相关国家通过港口、贸易、工业等共同发展，寻找共同利益点，实现合作共赢的举措；张勇[6]从历史角度，探讨了"21世纪海上丝绸之路"倡议的历史渊源和现代经纬，认为"21世纪海上丝绸之路"倡议在开创全新的国际海洋秩序方面具有重要意义。有些学者从微观角度探讨了沿线国家和地区对"21世纪海上丝绸之路"倡议的态度及举措，以及在参与合作项目过程中面临的困难与挑战：杨程玲[7]认为，在"21世纪海上丝绸之路"倡议的建设过程中，必须充分发挥东盟国家的重要作用，提出了我国与东盟国家开展全方位合作的意义和对策；刘文波[8]认为，东盟国家由于地理位置等独特优势，在"21世纪海上丝绸之路"倡议的建设过程中具有重要地位；傅梦孜等人[9]详细探讨了个别国家对"21世纪海上丝绸之路"倡议的误解与担忧，以及这些误解与担忧阻碍我国与东盟国家合作的诸多复杂情况；宋秀琚[10]深入分析了中国与印度尼西亚加强合作的必要性、可行性及重要意义。

对"21世纪海上丝绸之路"倡议风险和挑战的研究，谢博等人[11]认为，"21世纪海上丝绸之路"倡议面临沿线个别国家的干扰和海盗活动等诸多安全威胁和挑战；王盛[12]梳理了当前"21世纪海上丝绸之路"倡议面临的各种安全挑战及应对策略；丘小颖[13]认为，南太平洋地区形势变得日益"拥挤而复杂"，为"21世纪海上丝绸之路"倡议的开展和推进带来了隐患和挑战。

在对策建议方面，马文婷[14]基于海事航运的研究，对"21世纪海上丝绸之路"沿线海域的航行安全和航道安全保障，以及如何更好地拓展融资和促进沿线国家和地区的经济发展提出了建议；葛洪亮[15]就我国与东盟国家之间的相关合作，提出了增进政治互信、推动经贸互利和加强安全合作等方面的建议；全毅等人[16]提出我国应在外交战略的制定与实施、港口建设与互联互通、发展海洋产业、创建融资机制、建设贸易平台等领域，创新合作模式与发展理念；张林等人[17]着重强调"21世纪海上丝绸之路"倡议需尊重差异，理解个性，发挥各自优势，促进合作推进；朱时雨等人[18]针对航道安全问题提出了秉持命运共同体理念、加强多方协调与互通等建议；侯利民[19]提出了经济融合、文化包容、政治互信等多条加强合作的发展路线。

随着"21世纪海上丝绸之路"倡议的持续推进和国际形势的变化，国内外的相关研究也在不断深入，涉及领域不断拓展，研究内涵不断丰富，研究层次不断提高，新的研究成果与建设实践将与时俱进地呈现在世人面前。

1.4.3 问题与困难

目前，许多国内外学者从不同视角对"21世纪海上丝绸之路"倡议的价值、安全问题和风险管理进行了研究，取得了许多重大进展，对推进"21世纪海上丝绸之路"倡议，应对实施过程中出现的各种复杂问题具有重要的指导意义。"21世纪海上丝绸之路"倡议面临的自然环境、地区安全和地缘政治形势严峻，风险因素众多，利益纷争多样，亟待进行持续深入的研究，尤其需要开展客观、定量、系统性的研究。

1. 自然科学与人文科学之间的优势互补和交叉融合匮乏

对"21世纪海上丝绸之路"倡议的研究不仅涉及地理科学、大气科学、海洋科学等诸多自然学科领域和统计运筹、系统优化、信息技术、人工智能等技术方法，还与社会、文化、经济、法律、外交、民族、宗教等人文学科和地缘政治密切关联。目前，对"21世纪海上丝绸之路"倡议的研究更多地表现为自然学科与人文学科相对独立的研究体系和技术方法，缺乏应有的交叉融合和优势互补，制约了研究工作的深入和研究成果的拓展。

2. 对"21世纪海上丝绸之路"沿线国家和地区的系统性风险研究不够

在对"21世纪海上丝绸之路"风险的研究工作中，大多侧重于某一类风险中的某一具体问题，如政治风险中的地缘政治安全问题、经济风险中的信用风险问题等，缺乏系统性的规划，特别是缺乏综合考虑自然环境和人文环境效应的综合风险评价体系。目前，跨学科、跨领域、有针对性地对"21世纪海上丝绸之路"综合风险的研究很少，研究成果操作性不强，缺乏在理论与实践层面上的有效平衡。

3. 量化研究方法和智能技术手段欠缺

在人文学科方面，对"21世纪海上丝绸之路"风险的研究主要以定性描述为主，现有的量化研究方法多限于简单的专家打分和加权平均。

对"21世纪海上丝绸之路"风险的研究是一个复杂的问题：

- 一方面，自然环境数据虽然较为丰富，但依然面临重要数据提取困难、精度不足及风险等级划分标准缺失等问题。
- 另一方面，地缘人文数据资料同时包含定量数据和定性资料两种类型：定量数据存在量级相差过大、部分国家数据缺失、数据结构不一致等问题；定性资料评价中往往存在专家意见不统一的问题。

上述问题用简单的专家打分和加权平均会降低评估精度，在一定程度上，主观成分较多，在实现定性资料与定量数据转化时，单一的数据不能反映语言评价的不确定性，且加权平均也不能反映计算过程中的非线性与不确定性，直接的加权平均还会丢失专家语义中的重要信息。

参考文献

［1］黄茂兴，贾学凯."21世纪海上丝绸之路"的空间范围、战略特征与发展愿景［J］.东南学术，2015（4）：71-79.

［2］张开城.21世纪海上丝绸之路建设与海洋强国［J］.中国海洋社会学研究，2015（3）：3-10.

［3］刘卫东，田锦尘."一带一路"战略研究［M］.北京：商务印书馆，2017.

［4］谷源洋.大国汇聚亚洲与经略周边——21世纪海上丝绸之路建设的认知与建议［J］.东南亚纵横，2015（1）：13-19.

［5］朱翠萍."21世纪海上丝绸之路"的内涵与风险［J］.印度洋经济体研究.2015（4）：4-16.

［6］张勇.建设21世纪海上丝绸之路的战略意义［J］.新经济，2014（11）：47-53.

［7］杨程玲.东盟海上互联互通及其与中国的合作——以21世纪海上丝绸之路为背景［J］.太平洋学报，2016，26（4）：73-80.

［8］刘文波.南海问题与中国21世纪海上丝绸之路建设［J］.东南学术，2016（3）：18-25.

［9］傅梦孜.楼春豪.关于21世纪"海上丝绸之路"建设的若干思考［J］.现代国际关系，2015（3）：1-8.

［10］宋秀琚."21世纪海上丝绸之路"与中国——印尼战略合作研究［M］.上海：华中师范大学出版社，2017.

［11］谢博，岳蓉.地缘政治视角下21世纪海上丝绸之路通道安全［J］.东南亚纵横，2015（5）：3-7.

［12］王盛.21世纪海上丝绸之路的安全挑战及对策研究［D］.济南：山东大学，2020.

[13] 丘小颖. 南太平洋地区形势与"21世纪海上丝绸之路"建设：挑战与应对［J］. 国际论坛，2020，22（2）：141-154.

[14] 马文婷. 21世纪海上丝绸之路航道安全保障共生系统构建研究［J］. 广西社会科学，2019（9）：50-55.

[15] 葛洪亮. 东南亚：21世纪"海上丝绸之路"的枢纽［M］. 北京：中国出版集团世界图书出版公司，2016.

[16] 全毅，汪洁，刘婉婷. 21世纪海上丝绸之路的战略构想与建设方略［J］. 国际贸易，2014（8）：4-15.

[17] 张林，刘霄龙. 异质性、外部性视角下21世纪海上丝绸之路的战略研究［J］. 国际贸易问题，2015（3）：44-53.

[18] 朱时雨，王玉. 21世纪海上丝绸之路航道安全探析［J］. 交通运输研究，2015（2）：8-13.

[19] 侯利民. 21世纪海上丝绸之路战略背景、定位和实现路径［J］. 淮海工学院院报（人文社会科学版），2015，13（6）：14-16.

第 2 章
风险分析的理论和方法

海上丝绸之路沿线国家和地区的自然环境、自然灾害具有复杂性和不确定性，加上地缘、人文、社会等问题，使得风险特征更加凸显。风险分析是一种广泛应用于自然灾害、环境生态及经济学、社会学等领域，能够针对复杂不确定性系统进行量化分析评估的方法，适宜于对海上丝绸之路沿线国家和地区的风险问题进行分析。

2.1 风险与不确定性

风险一词的英文是 Risk，来源于古意大利语 Riscare，意味着 To dare（敢于），实指冒险，是利益相关者的主动行为。风险一词最早出现在 19 世纪末西方经济学领域，现已广泛运用于社会、经济、环境、自然灾害等多个学科领域。国内外学者对风险的定义有多种：风险是不利事件所发生的不确定性的客观体现；风险是指决策所面临的状态为不确定性所产生的后果等；Lirer 等人[1]认为，风险与期望损失有关；Kaplan 等人[2]认为，风险包括两个基本维度，即不确定性和后果。由此可以看出，在上述对风险的描述中，既有仅强调不确定性的，也有仅强调后果的，还有同时强调不确定性和后果两个方面的。下面将从不确定性角度给出风险的定义。

2.1.1 不确定性的含义

不确定性与确定性是特定时间条件的概念。在《韦氏新世界大学词典》中，对确定性的一个解释是一种没有怀疑的状态，不确定性是确定性的反义词。对于不确定性可理解为：对于未来活动或事件发生的可能性、发生时间、发生后果等事先无法精准预测，即持一种怀疑的态度。刘新立[3]认为，不确定性描述的是一种心理状态，存在于客观事物与人们认识之间的一种差距，反映人们由于难以预测未来活动和事件后果而产生的怀疑状态，并把不确定性的程度分为 3 级，如图 2.1 所示。

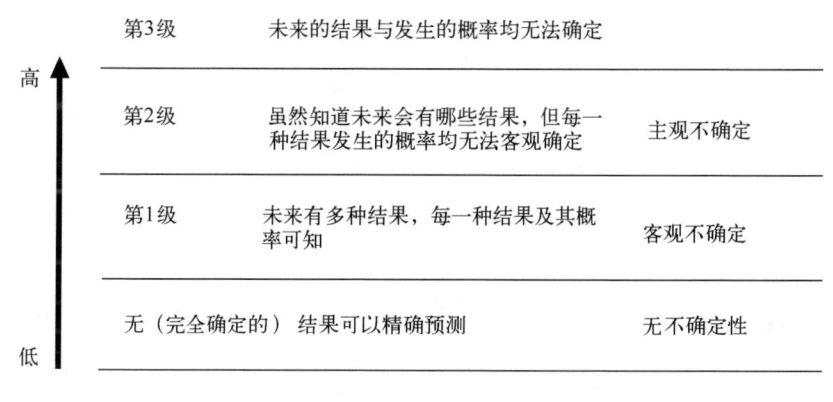

	级别	描述	类型
高	第3级	未来的结果与发生的概率均无法确定	
	第2级	虽然知道未来会有哪些结果，但每一种结果发生的概率均无法客观确定	主观不确定
	第1级	未来有多种结果，每一种结果及其概率可知	客观不确定
低	无（完全确定的）	结果可以精确预测	无不确定性

图 2.1 不确定性的程度

2.1.2 不确定性的种类

王清印等人[4]认为，不确定性的种类主要分为随机不确定性、模糊不确定性、灰色不确定性及未确知性，并给出了四种不确定性的定义。

- 随机不确定性。由于客观条件不充分或偶然因素的干扰，使得人们已经明确预测的几种结果在观测中出现偶然性，在某次试验中不能预知哪一种结果发生。这种试验中的不确定性被称为随机不确定性。
- 模糊不确定性。由于事物的复杂性，元素特性的边界不分明，因此不能给出确定性的概念描述和评定标准。
- 灰色不确定性。由于事物的复杂性，以及信道上各种噪声的干扰或接收系统能力的限制，使得人们只能获得事物的部分信息或信息量的大致范围。这种部分已知、部分未知的不确定性被称为灰色不确定性。
- 未确知性。在决策过程中，某些因素和信息虽然可能既无随机性又无模糊性，但决策者纯粹是由于条件限制而对它认识不清。这种纯主观上、认识上的不确定性被称为未确知性。

2.1.3　风险与不确定性的关系

不确定性是风险的本质特征。如果对某项活动的结果是可以准确预知的，那么就不存在风险了。因此，风险的含义与不确定性概念虽然是密切相关的，但不确定性并不等同于风险。它们之间既有联系也有区别。不确定性属于人们主观心理的一种认识，是指人们对某事件发生结果所持的怀疑态度，即人们对未来某事件的发生与否、发生时间、发生的后果等事先难以预测。这种不确定性所导致的后果既有损失的一面，也有盈利的一面。在风险管理中，不确定性事件并非就是风险事件，只有那些可能导致损失的不确定性事件才是风险事件。刘新立认为，风险中的不确定性指的是图 2-1 中第 1 级和第 2 级的不确定。

2.1.4　风险不确定性的来源

综合考虑多方见解可以得出,风险不确定性的主要来源大致归纳为如下 5 个方面:

- 由风险对象、风险源、孕险环境的自身复杂性导致演变规律的不确定性,即客观不确定性。
- 风险是人们对于危险事件未来发展演变及其可能带来不利影响的认知、研判和预估,不可避免地存在主观意识或人为偏好,可带来对风险事件的不同见解,即主观不确定性。
- 由于人们对复杂事件及其影响机理的研究不充分、理解不深入、认知不完备导致的不确定性,即认知不确定性。
- 由于复杂事件和风险事件影响因素的多元性和作用机制的非线性,研究风险的数学手段匮乏,风险模型(尤其是线性模型)难以描述和刻画真实的风险事件,即技术手段不确定性。
- 由于风险事件本质上属于小概率事件,能够采集到的数据和灾情样本有限,尤其是重大灾害事件,能够获取的信息更加稀少,由此带来了风险认知的不确定性。

2.2　风险的定义

不确定性有多种,在目前有关风险的定义中,有些仅考虑了一种不确定性,如随机不确定性或模糊不确定性或灰色不确定性,有些考虑了两种不确定性，如随机不确定性和模糊不确定性、随机不确定性和灰色不确定性等。下面简要介绍有关风险的定义。

2.2.1 基于不确定性的风险定义

1. 随机性风险定义

Lowrance[5]将风险定义为不利事件或不利影响发生的概率和严重程度的一种度量。Kaplan 等人认为风险是一个三联体的完备集，可以表示为

$$\text{Risk} = \{(s_i, p_i, x_i)\}, \quad i = 1, 2, \cdots, N \tag{2.1}$$

式中，Risk 表示风险；s_i 表示第 i 种情景；p_i 表示第 i 种情景发生的可能性；x_i 表示第 i 种情景的结果，即损失的度量。风险是某个事件发生的概率和发生后果的结合。ISDR（International Strategy for Disaster Reduction，世界减灾战略组织）[6]从随机性角度给出了风险的定义：风险是由于自然灾害或人为因素导致的不利影响或期望损失发生的概率。Aven[7]将这类风险统一表示为

$$\text{Risk} = (A, C, P) \tag{2.2}$$

式中，A 表示风险事件；C 表示风险事件 A 的后果；P 表示风险事件 A 发生的概率。

2. 模糊性风险定义

鉴于风险系统大多十分复杂，仅用概率推理方法不足以很好地描述，且概率风险要以大样本为基础，对概率分布不适当的假设可能会导致方向性的错误，因而模糊性风险作为更适应实际条件的方法而被采用。

黄崇福[8]给出了灾害模糊性风险的定义：

设灾害指标论域 $L=\{l\}$，T 年灾害超越 l 的概率是可能性分布 $\pi(l,x)$，$x\in[0,1]$，且 $\exists x$ 使 $\pi(l,x)=1$，称

$$R_T=\{\pi(l,x)\mid l\in L,x\in[0,1]\} \tag{2.3}$$

为 T 年内灾害的可能性分布，$\pi(l,x)$ 为可能性风险。

Davidson[9]认为，当已有样本和信息不足以用概率来估计风险中的不确定性时，需要建立模糊不确定性来代替风险中的随机不确定性，用模糊关系来估计风险发生的概率。

3. 模糊随机性风险定义

Karimi 等人[10]在风险评估模型中考虑了两种不确定性：灾害发生的可能性和强度的不确定性，灾害参数和损失之间的不确定性，并称这两种不确定性分别为随机性和模糊性，用模糊概率来表示。Suresh[11]将风险事件看成一个模糊事件，将风险定义为模糊事件的发生概率。王红瑞等人[12]考虑了风险系统的模糊不确定性和随机不确定性，认为水资源短缺风险是指在特定环境下，由于来水和用水存在模糊不确定性和随机不确定性，使区域水资源系统发生供水短缺的概率及由此产生的损失。

4. 灰色风险定义

对于灰色风险，左其亭等人[13]分别给出了灰色概率、灰色风险率的表达式。灰色概率 $P(\hat{A})$ 的表达式为

$$\begin{aligned}P(\hat{A})&=\int_U \frac{\underline{\mu}(x)+\overline{\mu}(x)}{2}\mathrm{d}p\\&=E\left(\frac{\underline{\mu}(x)+\overline{\mu}(x)}{2}\right)\end{aligned} \tag{2.4}$$

当灰色事件$\hat{A}$为安全事件时，$\hat{A}$的灰色风险率为

$$\mathrm{FP}(\hat{A}) = P(\hat{A}) \tag{2.5}$$

当灰色事件$\hat{A}$为危险事件时，$\hat{A}$的灰色风险率为

$$\mathrm{FP}(\hat{A}) = 1 - P(\hat{A}) \tag{2.6}$$

胡国华等人[14]基于概率论和灰色系统理论，针对系统中的随机不确定性和灰色不确定性，定义了灰色概率、灰色概率分布、灰色概率密度、灰色期望和灰色方差等基本概念。

综上风险定义，不确定性均体现在发生概率或可能性等层面，在后果中并没有体现不确定性。黄崇福[15]认为，由于风险是与某种不利事件有关的一种未来情景，因此不利事件所产生的后果也应是不确定的。Kaplan考虑了后果的不确定性，给出风险的一般化表达式为

$$R = \{<s_i, p_i(\phi_i), \zeta_i(x_i)>\} \tag{2.7}$$

式中，R表示风险；s_i表示第i个不利事件；ϕ_i表示第i个不利事件发生的频率，即可能性；$p_i(\phi_i)$表示第i个不利事件发生的频率为ϕ_i的概率；x_i表示第i个不利事件的结果；$\zeta_i(x_i)$表示第i个不利事件结果为x_i的概率。

此外，有关后果不确定性风险的定义还有许多：风险是指行动或事件的不确定性；风险是指在一种情景或事件下，人或物处于危险之中，产生的结果具有不确定性；风险是事件或后果及其不确定性的结合；风险是不利事件发生的不确定性及其产生后果的严重程度；等等。

2.2.2 基于其他特性的风险定义

Haimes[16]根据系统论的方法提出了一种复杂性的风险定义，认为：

- 系统的性能是系统状态向量的函数;
- 系统的脆弱性和可恢复性向量是系统输入、风险发生时间和系统状态向量的函数;
- 由风险造成的结果是风险特征和风险发生时间、系统状态向量及系统脆弱性和可恢复性的函数;
- 系统是随时间变化的且充满各种不确定性的;
- 风险是概率和后果严重性的度量。

Aven 认为 Haimes 的风险定义存在不足,并针对这些不足提出了新的风险定义,认为风险包括以下成分:

- 不利事件 A 和由不利事件造成的影响或后果 C;
- 相关的不确定性 U(不利事件 A 是否发生,什么时候发生,影响或后果 C 有多大);
- 风险是不利事件后果的严重程度及不确定性的综合度量。

2.3 风险的分类

不同的风险具有不同的特性,为了便于科学的研究和管理,可以从不同角度对风险进行分类。在对风险进行分类之前,应对风险进行考察,不仅需要了解风险源和风险影响范围,还应建立对风险的考察和研究机制。这是对风险进行科学管理的关键所在。由于分类标准不同,因此风险可以有多种不同的分类。

2.3.1 宏观分类

1. 基本风险与特定风险

按照起源和影响范围不同，风险可以分为基本风险（Fundamental Risk）和特定风险（Particular Risk）。基本风险是由非个人或至少个人不能阻止的因素所引起的，损失通常波及的范围很大，如与社会和政治有关的战争、失业、罢工，以及地震、洪水等都属于基本风险。特定风险是由特定的社会个体所引起的，通常由某些个人或某些家庭来承担损失，如由于火灾、爆炸、盗窃、恐怖袭击等引起的风险都属于特定风险。

2. 纯粹风险与投机风险

按照后果的不同，风险可以分为纯粹风险（Pure Risk）和投机风险（Speculative Risk）。纯粹风险是指只有损失机会而无获利机会的风险，导致的后果只有两种：有损失和无损失，没有获利的可能性，如火灾、疾病、死亡等都属于纯粹风险。投机风险是指那些既有损失的可能性，也存在获利机会的风险，导致的后果有三种：有损失、无损失也无获利、获利，如博彩、期货、炒股等。

2.3.2 专业分类

1. 按致险因素分类

按照致险因素的不同，风险可分为自然风险（Natural Risk）、社会风险

(Social Risk)、经济风险（Economic Risk）、政治风险（Political Risk）和技术风险（Technology Risk）等。

自然风险是指，由于自然力的不规则变化或不可抗拒力导致的财产或人员损失，如台风、地震、泥石流、海啸等。社会风险是指，由于个人行为反常或不可预料的团体行为导致的损失，如盗窃、抢劫、玩忽职守及杀人纵火等。经济风险是指，在商品生产销售等经济活动中，由于经营不善、市场预测失误、价格波动、消费需求变化，以及通货膨胀、外汇行市涨落等导致的损失。政治风险是指，由于政治局势变化、政权更替、战争、大规模罢工、恐怖活动等导致的损失。技术风险是指，由于科技发展的副作用，如化学污染、核泄漏、核辐射及转基因与克隆技术等导致的损失。

需要注意的是，自然风险、社会风险、经济风险和政治风险是相互关联且相互影响的，有时难以明确区分。例如，由人的行为引起的风险以某种自然现象表现出来，典型的例子是由于人类活动产生的"温室效应"加剧了全球气候变暖，虽风险本身属于自然风险，但却是由于人类的不节制行为导致的，因此又属于社会风险[17]。又如，由于价格变动引起产品销售不畅，利润减少，这本身是一种经济风险，但因价格变动导致某些行业生产不景气，进而造成民生问题和社会动荡，于是又成为一种社会风险。此外，由于社会问题累积可能演变成政治问题，因此社会风险又可能酝酿出政治风险。

2. 按损失形态分类

按照潜在损失形态的不同，风险可分为财产风险（Property Risk）、人身风险（Personal Risk）和责任风险（Liability Risk）。

财产风险是指可能导致的财产损毁、灭失或贬值，如建筑物遭遇地震、洪水、火灾、飞机坠毁、汽车碰撞、船舶沉没，以及财产价值因经济因素而遭受贬值等。

人身风险是指由于人的生、老、病、死等原因导致的损失。人身风险通常又可分为人寿风险（Life Risk）和健康风险（Health Risk）。

责任风险是指由于社会个体（经济单位）的侵权行为造成他人财产损失或人身伤亡，虽按照法律负有经济赔偿责任，但无法履行契约，致使他人蒙受损失。与财产风险和人身风险相比，责任风险是一种更加复杂且难以辨识和控制的风险，尤以专业技术人员，如医师、律师、会计师、工程师、教师等职业的责任风险为甚。

3. 按承受能力分类

按照承受能力的不同，风险可分为可承受风险（Acceptable Risk）和不可承受风险（Unacceptable Risk）。

可承受风险是指，预期风险事件的最大损失程度在单位或个人经济能力和心理承受能力的最大限度之内。不可承受风险是指，预期风险事件的最大损失程度已经超出单位或个人经济能力和心理承受能力的最大限度。

4. 按控制程度分类

按照控制程度的不同，风险可分为可控风险和不可控风险。

可控风险是指，人们能比较清楚地确定形成风险的原因和条件，能采取相应措施控制的风险。不可控风险是指，由于不可抗拒力而形成的风险，人们往往不能确定风险形成的原因和条件，进而表现为束手无策或无力控制。

5. 按损失环境分类

按照损失环境的不同，风险可分为静态风险和动态风险。

静态风险（Static Risk）是指，由于自然力的不可抗拒性，或者由于人们的错误或失当行为而导致的损失，如洪水、火灾、海难、死亡、伤残、疾病、盗窃、欺诈、破产等。静态风险是在社会经济正常情况下存在的一种风险。

动态风险（Dynamic Risk）是指，以社会经济的变动为直接原因的风险，通常由人们欲望的变化、生产方式和生产技术及产业组织的变化引起，如消费者爱好转移、市场结构调整、资本扩大、技术改进、人口增长、利率变化及环境改变等。

静态风险与动态风险的区别主要表现在：

第一，静态风险事件对于社会而言一般是实实在在的损失，而动态风险事件对社会而言并不一定都是损失，即可能对部分社会个体（经济单位）有益，对另一部分社会个体（经济单位）有实际的损失；

第二，从影响的范围来看，静态风险一般只对少数或一部分社会个体（经济单位）产生影响，而动态风险的影响要宽泛一些；

第三，静态风险对社会个体（经济单位）而言，风险事件的发生虽是偶然的、不规则的，但就社会整体而言，可以发现其具有一定的规律性，而动态风险则很难找到规律性。

6. 按承担主体分类

按照承担主体的不同，风险可分为个人风险（Personal Risk）、家庭风险（Family Risk）、企业风险（Corporation Risk）和国家风险（Country Risk）。其中，个人风险、家庭风险和一般企业风险也可称为个体风险（Individual Risk），国家风险和跨国企业风险可称为宏观风险（Macro-Risk）。

7. 按涉及范围分类

按照涉及范围的不同，风险可分为局部风险（Local Risk）和全局风险（Global Risk）。

局部风险是指在某一局部范围内存在的风险。全局风险是指一种涉及全局、牵扯面很大的风险。

8. 按存在方式分类

按照存在方式的不同，风险可分为潜在风险、延缓风险和突发风险。

潜在风险是指一种已经存在的风险事件，且人们能够估计到损失程度与发生范围的风险。延缓风险是一种由于有利条件增强而抑制或改变发生预期的风险。突发风险是指由偶然发生事件引起的人们事先没有预料到的风险。

风险的专业分类见表2.1。

表2.1 风险的专业分类

分类标准	分类结果
致险因素	自然风险、社会风险、经济风险、政治风险、技术风险
损失形态	财产风险、人身风险、责任风险
承受能力	可承受风险、不可承受风险
控制程度	可控风险、不可控风险
损失环境	静态风险、动态风险
承担主体	个人风险、家庭风险、企业风险、国家风险
涉及范围	局部风险、全局风险
存在方式	潜在风险、延缓风险、突发风险

2.3.3 其他分类

国际风险管理理事会（IRGC）依据人们对风险形成过程的理解程度，把风险分为以下四类：简单风险、复杂风险、不确定风险和模糊风险。张韧等人从风险的致险因素考虑，把海洋环境风险分为固有风险和现实风险。其中，固有风险也称为自然风险，是指由一些固有致险因素对承险体产生的风险，具体是指由于自然地理特征、气象水文灾害等自然因素造成的无法回避的风险；现实风险也称人为风险，是指由于人为因素，如恐怖袭击、海盗活动等造成的风险。

风险除了按以上方式分类，还有许多其他的分类方式，这里不再赘述。此外，不同风险的界定也并非一成不变，是随着时代和观念的改变而改变的。

2.4 基本要素和形成机制

2.4.1 基本要素

研究风险的形成机制，从系统论角度，似乎更容易理解。风险系统是指描述未来可能出现灾害或不利事件的系统。风险系统的基本要素可以归纳为如下 3 个方面。

1. 风险源

风险产生和存在与否的第一个必要条件是是否有风险源。风险源不仅在根本上决定了某种风险是否存在，还决定了风险的大小。风险源是指促使损失频率和损失幅度增加的要素，是导致不利事件发生的潜在原因，是造成损失的直接或间接原因，如导致股市跌落的政治、经济和社会环境等因素。风险源也可称为风险因子、致险因子，包括由于全球气候变化引发的不利事件。当气候变化的一种异常过程或超常过程达到某个临界值时，风险便可能发生。这种变化过程越显著，对社会经济系统造成破坏的可能性就越强烈，承受风险的可能性就越高。

风险源通常被描述为危险源（Hazard），表示为

$$H = f(\text{In}, P) \tag{2.8}$$

式中，H 表示风险的危险源；In 表示风险的变异强度；P 表示风险发生的概率。式（2.8）只说明了危险源是风险的变异强度和风险发生概率的函数，并未给出具体的函数表达式。参考钱龙霞等人[18]水资源供需风险研究中危险性的定义和表达式，定义危险性为研究系统处于不同强度失事状态下的概率，即

$$T(x) = \int_0^x D(t) f(t) \mathrm{d}t \tag{2.9}$$

$$D(t) = \begin{cases} 0, & 0 \leq t \leq W_{\min} \\ \dfrac{t - W_{\min}}{W_{\max} - W_{\min}}, & W_{\min} < t < W_{\max} \\ 1, & t \geq W_{\max} \end{cases} \tag{2.10}$$

式中，x 表示自变量，如自然灾害中的震级、风力、温度及降水等；$D(t)$ 表

示 x 的变异强度，用来刻画研究系统的模糊性；$f(t)$ 表示自变量的概率密度函数，用来刻画研究系统的随机性。

2. 承险体

承险体是风险的承担者，即风险源的作用对象。海洋的承险体包括周边广大海域、海洋资源、海峡水道、近海和远洋船舶、沿海地区和岛屿等。

承险体的特征要素主要包括人口、经济、种类、范围、数量、密度、价值等，可反映脆弱性、承险能力和可恢复性。在英文中，脆弱性被表示为 Vulnerability，即

$$V=f(p,e\cdots) \tag{2.11}$$

式中，V 为脆弱性；p 为人口；e 为经济。

关于脆弱性的定义，目前学术界还没有统一认知：

- Chambers[19]引入了一个脆弱性定义，即人类社会在遭受意外事故、压力和困难时的暴露性，还提出关于脆弱性的外在和内在性质，即面对外部打击和压力时的暴露性和无法完全避免损失的防御能力。
- ISDR[20]（国际减灾战略）将脆弱性定义为由于自然、社会、经济和环境等因素引起的一系列状况和过程。这些状况和过程会增加一个社会群体对灾害冲击的易损程度。ISDR 又将脆弱性定义为一种状态。这种状态取决于一系列能够导致社会群体对灾害影响的敏感性增加的自然、社会、经济和环境等因素。
- UNDP[21]（联合国开发计划署）将脆弱性定义为由自然、社会、经济和环境等因素导致的人群状况，导致的过程决定了人群受害的可能性和程度。

Alexander[22]将脆弱性定义为伤亡、毁灭、损害、破坏或其他形式的潜在损失。Dilley 等人[23]将脆弱性定义为，当面对某个特定的危险时，自然环境和社会系统所表现出的一种明显的脆弱程度。钱龙霞等人将水资源供需风险的脆弱性定义为供水不足所带来的潜在损失，包括影响大小和损失程度。

总结以上各种定义，脆弱性的定义主要有以下几种：

- 当一个不利事件引发一种风险时，承险体所表现出的一种特殊状态，经常用一些指标来描述承险体的这种状态，如敏感性、局限性和控制能力等。
- 某个特定风险所带来的直接后果。
- 当承险体面对与某个风险有关的外部事件时，发生不利后果的概率或可能性，可用潜在损失（如伤亡人数、经济损失、个人和群体抵御某种风险的可能性）来表示。

本书将脆弱性界定为：承险体在面对潜在风险时，由于自然、社会、经济和环境等因素的作用，所表现出的物理暴露性和应对外部打击的固有敏感性。

3. 风险防范能力

风险防范能力是人类的个体或群体，特别是风险的承担者用于应对风险所采取的方针、政策、技术、方法和行动的总称，一般分为工程性防范措施和非工程性防范措施。风险防范能力也是某类风险能否产生以及产生多大风险的重要影响因素，可表示为

$$R=f(c_e,c_{ne}) \tag{2.12}$$

式中，R 表示风险防范能力；c_e 表示工程性防范措施；c_{ne} 表示非工程性防范措施。

工程性防范措施是人类为了抵御风险而主动采取的工程行为，如为了抵御风暴潮、保护城市或农田而筑起的防潮堤。非工程性防范措施包括灾害监测预警、制定防灾减灾政策、组织实施应急预案演练以及提高公众的抗风险意识和知识能力等。

2.4.2 形成机制

风险是风险源的危险性和承险体的脆弱性综合作用的结果。风险是危险性和脆弱性的函数。

单个承险体的脆弱性主要与其本身对风险源的敏感程度有关。对区域承险体而言，其脆弱性与风险区域内承险体的种类、数量、密度、价值及社会应险能力有关。区域承险体的脆弱性可表示为

$$V=f(E,R,S),\ E=f(e_p,e_f,e_r),\ R=f(r_p,r_f,r_r),\ S=S(s_p,s_f,s_r) \quad (2.13)$$

式中，V 表示区域承险体的脆弱性；E 表示区域承险体的暴露程度，反映了在一定强度风险源的影响下，可能遭受损失的承险体数量，可表示为人口数量（e_p）、财产数量（e_f）和自然资源损失数量（e_r）的函数；R 表示区域社会应险能力，可表示为风险区域内有助于降低风险的人力资源（r_p）、财力资源（r_f）和物力资源（r_r）的函数；S 表示风险区域内人员、财产及自然资源对气候变化风险损失的敏感性，可表示为人员敏感性（s_p）、财产敏感性（s_f）和资源敏感性（s_r）的函数。

综上所述，风险是由风险源的危险性、承险体的脆弱性及风险防范能力

等三要素相互作用形成的。

2.5 风险的数学模型

风险可以用风险度来表达。它是一个归一化的函数，是人们基于对风险的定义和形成机制的理解得来的。Maskrey[24]提出的风险度表达式为

$$风险度 = 危险度 + 易损度 \qquad (2.14)$$

式（2.14）将风险度表达为危险度和易损度之和，即风险不仅与风险源的自然属性有关，还与承险体的社会、经济属性有关。由于风险是风险源在承险体的非线性机制作用下产生的，因此将风险度理解为风险源的危险度与承险体的易损度线性叠加，在方法论上过于理想和简单，会得出极不合理，甚至荒唐的结果。譬如，内陆城市虽然不存在风暴潮风险，但是因为任何城市都存在易损性，因此将二者相加，会得出内陆城市仍然存在风暴潮风险这样荒唐的结果。

Smith[25]提出的风险度表达式为

$$风险度 = 概率 \times 损失 \qquad (2.15)$$

Deyle等人[26]提出的风险度表达式为

$$风险度 = 概率 \times 结果 \qquad (2.16)$$

这两种表达式将风险发生的概率与风险造成的损失/结果有机地联系起来。

Nath等人[27]提出的风险度表达式为

$$风险度 = 概率 \times 潜在损失 \tag{2.17}$$

Tobin 等人[28]提出的风险度表达式为

$$风险度 = 概率 \times 易损度 \tag{2.18}$$

这两种表达式实质上是相同的,将损失改为潜在损失或期望损失是一个很大的进步,体现出风险有损失的可能性,对风险本质的把握更加准确。

联合国人道主义事务协调办公室于 1991 年提出的自然灾害风险度表达式为

$$风险度 = 危险度 \times 易损度 \tag{2.19}$$

式(2.19)基本反映了风险的本质特征。其中,危险度反映了风险的自然属性,是风险规模和风险发生频率/概率的函数;易损度反映了风险的社会属性,是人口、财产、经济和环境等因素的函数。

ISDR 从危险性和脆弱性角度提出的风险度表达式为

$$R = f(\text{Hazard}, \text{Vulnerability}) \tag{2.20}$$

式中,f 表示危险性和脆弱性的函数,最简单的函数形式是危险性和脆弱性的乘积。

Alexander 定义的风险度是各种损失(可预测的人员伤亡和经济损失)之和与危险性和脆弱性的乘积,即

$$R = (\sum \text{elements\_at\_risk}) \times \text{Hazard} \times \text{Vulnerability} \tag{2.21}$$

目前,一些学者在研究风险度表达式时均加入了其他考虑,如应对能力(Coping Capacity)、暴露性(Exposure)和缺乏度(Deficiencies in Preparedness)等,表达式为

$$R = \frac{\text{Hazard} \times \text{Vulnerability}}{\text{CopingCapacity}} \quad (2.22)$$

式中，Coping Capacity 是指人员或组织承受或控制风险的能力。对于脆弱性，减灾学会提出了一个有趣的表达式，即

$$\text{Vulnerability} = \frac{\text{Exposure} \times \text{Suceptibility}}{\text{CopingCapacity}} \quad (2.23)$$

式中，Suceptibility 表示感受性。

Dilley 等人指出，风险度是危险性、暴露性和脆弱性的乘积。其中，危险性表示不利事件发生的强度和频率等；脆弱性表示系统的固有性质。

Bollin 等人[29]建立了一种风险度模型，表达式为

$$R = \text{Hazard} + \text{Exposure} + \text{Vulnerability} - \text{CopingCapacity} \quad (2.24)$$

张继权等人[30]提出了气象灾害风险度的表达式为

$$\text{气象灾害风险度} = \text{危险性} \times \text{暴露性} \times \text{脆弱性} \times \text{防灾减灾能力} \quad (2.25)$$

王红瑞等人从模糊概率角度建立的风险度表达式为

$$R = \int_0^{+\infty} \mu_w(x) f(x) \, dx \quad (2.26)$$

式中，$\mu_w(x)$ 表示变量 x 的隶属度函数，表示系统的模糊不确定性，用于刻画风险造成的损失程度；$f(x)$ 表示变量 x 的概率密度函数，表示系统的随机不确定性，用于刻画风险发生的概率。

综上所述，尽管风险度的表达式有多种形式，但归纳起来，主要有如下三种基本表达式：

- 第一种表达式，从风险的定义出发，认为风险度是概率和损失（结果）的函数，函数多为乘积形式；

- 第二种表达式，从风险的指标出发，认为风险度是危险性（Hazard）和脆弱性（Vulnerability）的函数，有些还增加了暴露性（Exposure）和应对能力（Coping Capacity）等变量，函数形式比较简单，多为乘积或加、减的形式，是目前学术界比较公认的表达式；
- 第三种表达式，从模糊概率的角度出发，在一定程度上丰富和完善了风险度计算的数学模型。

笔者认为，风险度计算的数学模型只能用于刻画某个具体的对象和特定的问题，没有建立相应的检验标准。目前，国内外还没有一个通用性的数学模型可以定义和描述广义的风险。

2.6 风险分析过程

一个完整的风险分析过程可归纳为风险辨识（风险识别）、风险评估、风险决策、风险处置和残余风险评估。风险分析过程如图2.2所示。

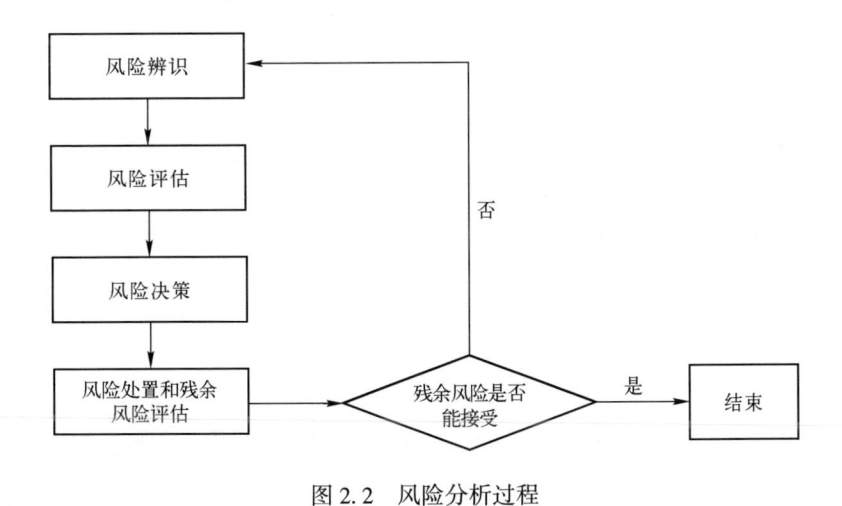

图2.2 风险分析过程

2.6.1 风险辨识

1. 风险辨识的含义

风险辨识（Risk Identification）是指发现、识别系统中存在风险源的工作，是风险分析的基础。由于目前许多风险研究的目标规模庞大、技术复杂、综合性强，风险源又多是潜在的不安全因素，有一定的隐蔽性，因此风险辨识是一项既重要又困难的工作。风险辨识的内容包括确定风险的种类和特征、识别主要的风险源、预测可能出现的后果。

2. 风险辨识的原则

（1）完整性原则

完整性原则是指全面、完整地辨识影响完成某项目标所隐藏的风险。为了保证风险辨识的完整性，可以采用多种风险辨识方法，从多个角度进行分析。风险辨识的方法有许多，有些方法之间具有相互补充的作用，可以根据具体情况选取几种方法配合使用，多角度的风险分析可以避免遗漏风险。

（2）系统性原则

系统性原则是从全局角度系统地辨识风险，主要表现为按照事件发生的流程、顺序和内在关系辨识风险。

（3）重要性原则

重要性原则是指在风险辨识的过程中有所侧重，侧重点应放在两个方面：

一是风险属性，着力把一些重要的风险，即预期损失较大的风险辨识出来，对于预期损失较小的风险，则可以延后考虑或忽略不计，有利于节约成本，保证风险辨识的效率；

二是风险载体，那些对整个活动目标都有重要影响的工作单元，必然是风险辨识的重点。

3. 风险辨识的方法

风险辨识目前尚无固定、普适的方法，常用的方法如下。

（1）头脑风暴法

头脑风暴法（Brainstorming）也称集体思考法，是以专家的创造性思维来索取未来信息的一种直观预测和辨识方法，由美国的奥斯本于1939年首创，之后得到了广泛应用。头脑风暴法一般在一个专家小组内应用，以宏观智能结构为基础，通过专家会议，发挥专家的创造性思维来获取未来信息，要求主持会议的专家在会议开始时的发言中能激起专家的思维灵感，促使与会专家感到急需回答发言中提出的问题，通过专家之间的信息交流和相互启发，诱发专家产生思维共振，达到互相补充、产生组合效应的目的，从而可获取更多的未来信息，使预测和辨识的结果更加准确。我国自20世纪70年代末开始引入头脑风暴法，得到了广泛的应用。

（2）德尔菲方法

德尔菲方法（Delphi Method）又称专家调查法，是20世纪50年代初由美国兰德公司（Rand Corporation）提出的，是依靠专家的直观能力进行风险辨识的方法，广泛应用于社会、经济、工程技术等领域。用德尔菲方法进行项目风险辨识的过程，就是首先由项目风险小组选定与项目相关领域的专家，并与适当数量的专家建立直接函询联系，通过函询收集专家意见并加以综合整理后，再匿名反馈给各位专家，再次征询意见，反复经过四五轮，逐步使专家意见趋向一致，作为最后风险辨识的根据。我国于20世纪70年代引入此方法，已在许多项目管理活动中得到应用，取得了较为满意的结果。

(3) 情景分析法

情景分析法（Scenarios Analysis）是由美国研究人员Pierr Wark于1972年提出的，根据发展趋势的多样性，通过对系统内外相关问题的分析，设计出多种可能的未来情景，用类似于撰写电影剧本的手法，对系统发展态势进行自始至终的情景和特征描述。当一个项目持续的时间较长时，往往需要考虑各种技术、经济和社会等因素的影响，并运用情景分析法来预测和辨识关键风险要素及其影响程度。情景分析法对以下4种情况特别适用：

● 提醒决策者注意某种措施或政策可能引起的风险或危机性的后果；
● 建议需要进行监测的风险范围；
● 研究某些关键性因素对未来过程的影响；
● 提醒人们注意某种技术的发展会带来哪些风险。

情景分析法是一种适用于对可变因素较多的项目进行风险预测和辨识的方法，在假定关键影响因素有可能发生的基础之上构造出多种情景，展示多种未来的可能结果，以便采取适当措施防患于未然。自20世纪70年代中期以来，情景分析法一直在国外广泛应用，并衍生出了目标展开法、空隙添补法、未来分析法等多种具体的应用方法。鉴于情景分析法的操作过程比较复杂，目前在我国还较少应用。

(4) 分层全息建模

分层全息建模（Hierarchical Holographic Modeling，HHM）是一种系统性的思想和方法论，旨在捕捉和展现一个系统在众多方位、视角、观点、维度和层次中的内在不同特征和本质，是不同层全息模型间的重叠。这些模型是根据目标函数、约束变量、决策变量及系统的输入和输出之间的关系建立的。HHM 对大规模、复杂及具有等级结构的系统非常有效。HHM 的多视角、多方位特性使得风险分析变得更加合理、可行。

2.6.2 风险评估

风险评估也称安全评估，是以实现安全为目的，综合运用风险评估的原理和方法、专业理论知识和工程实践经验，在对保障目标或系统中存在的危险源进行辨识的基础上，研判危险发生的可能性及其产生后果的严重程度，并进行分类排序，从而为制定进一步的风险控制措施与对策提供依据。风险评估的方法多种多样，归纳起来大致可分为定性风险评估、定量风险评估及定性和定量相结合的综合风险评估等方法。

1. 定性风险评估方法

定性风险评估方法主要是依据研究者的知识和经验、历史教训、政策走向及特殊案例等非量化资料对风险状况做出研判的过程。典型的定性风险评估方法有专家调查打分法、事故树分析法、层次分析法、因素分析法、逻辑分析法、历史比较法等。定性风险评估方法虽然具有可以挖掘一些蕴含很深的理论或思想，使评估结果更全面、更深刻的优点，但存在主观性强、对评估者要求高等问题和不足。下面简要介绍专家调查打分法和事故树分析法的基本原理。

（1）专家调查打分法

专家调查打分法是一种最常用且简单易行的方法：首先，辨识出某一特定目标或系统中可能遇到的所有风险，列出风险调查表；然后，利用专家经验对可能风险要素的重要性进行评估，并将其整合集成为系统风险评估结果，具体步骤如下：

- 确定每项风险要素的权重，以表示其对项目风险的影响程度；
- 确定每项风险要素的等级值，按可能性很大、较大、中等、不大、较小等5个等级，分别赋予分值1.0、0.8、0.6、0.4、0.2；
- 将每项风险要素的权重与等级值相乘，求出该项风险要素的得分；
- 求出所有风险要素的总分。

（2）事故树分析法

事故树分析法（Fault Tree Analysis，FTA）是一种演绎推理法，即把系统可能发生的某个事故与导致该事故发生的各种原因之间的逻辑关系用一种事故树的树形图表示，通过对事故树的定性和定量分析，找出事故发生的主要原因，进而为制定安全对策提供科学依据，达到预测和预防事故发生的目的，分析步骤如下。

① 准备阶段。

- 确定系统。在分析过程中，明确所要分析的系统、外界环境及其边界条件，确定所要分析系统的范围，明确影响系统安全的主要因素。
- 熟悉系统。这是事故树分析法的基础和依据。对于已经确定的系统进行深入调查研究，收集系统的有关资料和数据，包括系统的结构、性能、执行流程、运行条件、事故类型、维修情况、环境因素等。
- 调查系统发生的事故。收集、调查系统曾经发生的事故，想定将来可能发生的事故，收集、调查本单位与外单位、国内与国外同类系统曾经发生的事故。

② 事故树的编制。

- 确定事故树的顶事件。确定顶事件是指需要确定所要分析的目标对象，根据事故调查报告分析其损失大小和事故频率，选择易于发生且后果严重的事故作为事故树的顶事件。
- 调查与顶事件有关的所有事故的原因。从人、机、环境和信息等方面调查与事故树顶事件有关的所有事故的原因，并进行影响分析。
- 编制事故树。采用规定的符号，按照一定的逻辑关系，将事故树顶事件与引起顶事件的所有事故的原因，绘制成反映因果关系的树形图。

③ 事故树定性分析。

事故树定性分析主要是按照事故树的结构，求取事故树的最小分割集或最小路径集，以及基本事故的结构重要度，根据定性分析结果，确定预防事故的安全保障措施。

④ 事故树定量分析。

事故树定量分析主要是指，首先根据引起事故发生的基本事故的发生概率，计算事故树顶事件发生的概率；然后计算基本事故发生概率的重要度和关键度；最后根据定量分析结果及事故发生后可能造成的危害，对系统进行风险分析，以确定安全方向。

2. 定量风险评估方法

典型的定量风险评估方法主要有概率统计法、模糊风险分析法、灰色随机风险分析法、新型评估方法等。定量风险评估方法的优点是，可以用直观的数据来表述评估结果，使评估结果更科学、更严谨。其中，概率统计法主要包括直接积分法、蒙特卡罗模拟方法、CIM 模型、最大熵风险分析方法等。

(1) 概率统计法

① 直接积分法。

直接积分法是通过对载荷和抗力的概率密度函数进行解析和数值积分得到评估结果,虽然理论性强,但只适用于处理线性的、变量为独立分布且影响因素较少的简单系统,当影响因素较多时,无法求解系统的概率分布。因此,直接积分法的适用性不强。

② 蒙特卡罗模拟方法。

蒙特卡罗模拟(Monte Carol Simulation)方法又称为随机模拟方法或统计实验方法,基本数学原理:制定影响因素的操作规则和变化模式;利用随机数生成的办法,人工生成影响因素的数值并进行计算;从大量的计算结果中找出风险概率分布。蒙特卡罗模拟方法是估计经济风险和工程风险时常用的方法。在研究不确定影响因素的决策时,通常只考虑最好、最坏和最可能这三种估计,如果不确定性影响因素很多,则只考虑这三种估计会使决策发生偏差。蒙特卡罗模拟方法可以避免这种情况发生,可使复杂情况下的决策更合理、更准确。

蒙特卡罗模拟方法的基本操作过程如下:

- 编制风险清单。通过结构化方式,把已辨识出的影响目标或系统的重要风险要素编制成一份标注化的风险清单。这份风险清单能充分反映风险分类的结构性和层次性。
- 采用专家调查打分法确定风险要素的影响程度和发生概率,编制风险评价表。
- 采用模拟技术,确定风险要素组合。这一步是对上一步专家评估结果的定量化。在对专家观点的统计过程中,可以采用模拟技术评估专家调查打分时获得的主观数据，并在最后的风险要素组合时表现出来。
- 分析与总结。通过模拟技术可以得到项目总风险要素的发生概率分布曲线，通过曲线可以看出项目总风险要素的变化规律，据此制定风险防范措施。

蒙特卡罗模拟方法的精度虽然高，但是结果却依赖于样本容量和抽样次数，且对变量分布的假设很敏感，因此计算结果表现出非唯一性，计算量较大，耗时较多。

③ CIM 模型。

当多项风险要素影响系统目标时，就会涉及概率分布的叠加，CIM 模型即可解决该问题。CIM 模型的特点是，用直方图替代变量的概率分布，用求和代替概率函数的积分，按串联或并联响应模型进行概率叠加。

④ 最大熵风险分析方法。

1929 年，匈牙利科学家 L. Szilard 首先提出了熵与信息不确定的关系，使信息熵的科学应用成为可能。1948 年，贝尔实验室的 C. Shannon 创立了信息论，把通信过程中信源信号的平均信息量称为熵。最大熵方法的基础是信息熵，将信息熵定义为信息的均值，是对整个范围内随机变量不确定性的度量。由于风险分析的依据是风险变量的概率特征，因此首先根据所获得的一些先验信息设定先验分布，利用最大熵原理设定风险因素的概率分布，其实质是将问题转化为信息处理和寻优问题。许多致险因子的随机特征虽然都无先验样本，只能获得一些数值特征，如均值，但其概率分布有无穷多个，要从中选择一个分布作为真值分布，就要利用最大熵准则，数学原理如下。

设致险因子的强度为随机变量 x（假定为连续型变量），则

$$\max S = -\max \int_R f(x)\ln(f(x))\,\mathrm{d}x$$

满足
$$\begin{cases} \int_R f(x)\,\mathrm{d}x = 1 \\ \int_R x^i f(x)\,\mathrm{d}x = M_i, \quad i=1,2,\cdots,m \\ x > b \text{ or } x < b \end{cases} \quad (2.27)$$

式中，S 为信息熵；R 为 x 的积分域；$f(x)$ 为 x 的概率密度函数，是模型要求的解；M_i 为样本的第 i 阶原点矩；b 为保证变量有意义的值；模型的约束条件为 $m+2$ 个。模型求解是一个泛函条件极值问题。根据变分法引入拉格朗日乘子（λ_i），可得出最大熵概率密度函数的解析形式，即

$$f(x) = \exp\left(\lambda_0 + \sum_{i=1}^{m} \lambda_i x^i\right) \quad (2.28)$$

式中，参数 $\lambda_0, \lambda_1, \cdots, \lambda_m$ 可用非线性优化的方法求出。

（2）模糊风险分析法

黄崇福等人[31]认为，由于概率风险评估模型难以描述系统的模糊不确定性，因此在进行实际评估时，可行性和可靠性仍存在问题。在客观世界中，许多概念的外延存在不确定性，对立概念之间的划分具有中间过渡阶段，这些都是典型而客观存在的模糊现象，适宜用模糊理论来处理。模糊风险评估模型包括模糊综合评判模型、模糊聚类分析模型、信息扩散模型及内集-外集模型等。其中，信息扩散模型的基本思想是，对一个非完备样本，可以通过某个扩散函数 $\mu(x)$ 获取该样本携带的更多信息，信息扩散的关键是寻求一个合理、有效的扩散函数。黄崇福[32]模仿分子扩散，推导出正态信息扩散函数的二维形式为

$$q = \frac{1}{2\pi h_x h_y}\exp\left(-\frac{x^2}{2h_x^2} - \frac{y^2}{2h_y^2}\right) \quad (2.29)$$

式中，h_x、h_y 为 x、y 坐标轴方向的扩散系数，可基于平均距离模型和两点择近原则导出计算扩散系数的简便公式。扩散系数的大小与样本的数量和取值范围有关。若令 $x'=\dfrac{x}{\sqrt{2}h_x}$，$y'=\dfrac{y}{\sqrt{2}h_y}$，即去掉量纲的影响，则正态信息扩散函数的二维形式变为

$$q=\frac{1}{2\pi h_x h_y}\exp\left[-(x'^2+y'^2)\right] \tag{2.30}$$

式（2.30）的指数部分是圆方程，表明在去掉量纲的影响后，各样本点上的信息向各个方向均匀扩散。

正态信息扩散的表现虽然是一种均匀信息扩散过程，但在实际应用中，在所获取的风险要素不完备样本之间可能会更广泛地存在非对称的结构或规律，如变量之间的不规则正比关系，即随着自变量的增加，因变量呈非线性变化。某些不完备样本在进行信息扩散时，需要考虑不同方向的扩散速度和扩散方式，即考虑信息的非均匀扩散。对此，张韧等人[33]对圆特征向周围均匀扩散的正态函数进行改进，将其扩展为更广义的椭圆形非均匀信息扩散函数。其中，扩散快的方向与椭圆长轴对应，扩散慢的方向与椭圆短轴对应，由此得到如下形式的非对称信息扩散函数，即

$$q=\frac{1}{2\pi h_x h_y}\exp\left\{-\frac{1}{k^2+1}\left[\frac{1}{\lambda}\left(\frac{x}{\sqrt{2}h_x}+k\frac{y}{\sqrt{2}h_y}\right)^2+\left(k\frac{x}{\sqrt{2}h_x}-\frac{y}{\sqrt{2}h_y}\right)^2\right]\right\} \tag{2.31}$$

式中，k 为椭圆长轴的斜率（调节方向）；λ 为椭圆长轴与短轴之比的平方，被定义为伸缩系数（以调节椭圆胖瘦，当 $\lambda=1$ 时，退化为常规圆均匀信息扩散函数）。随后，他们又基于信息扩散的非均匀性既可以从扩散速率（信息的时间、空间变化）的角度来表述，也可以用概率统计（可能性）的方式来度量的研究思想，提出了用可能性概率来描述扩散过程非均匀性的技术途径，

推导出如下 $m+1$ 维概率式非均匀的信息扩散函数，通过在各扩散方向上取不同的概率值，可实现扩散的非均匀变化[34]，即

$$u = \frac{1}{(\sqrt{2\pi})^{m+1} \cdot \prod_{i=1}^{m} h_{x_i} \cdot h_y \cdot \sqrt{(2m+2)^{m+1} \prod_{i=1}^{m} p_i \cdot p_y}} \cdot \exp\left(-\sum_{i=1}^{m} \frac{1}{(2m+2)p_i} \frac{x_i^2}{2h_{x_i}^2} - \frac{1}{(2m+2)p_y} \frac{y^2}{2h_y^2}\right) \quad (2.32)$$

式中，p_i 为第 i 维的概率值；p_y 为 y 方向的概率值。

(3) 灰色随机风险分析法

Jon[35]在评估复杂系统的风险时，将不确定性分为随机不确定性和主观不确定性，并认为前者源于系统的特性，后者源于对系统认识的信息缺乏。胡国华等人将源于对系统认识的信息缺乏所产生的主观不确定性归结为灰色不确定性。所谓灰色随机风险分析法，就是在综合考虑系统的随机不确定性和灰色不确定性的基础上，用灰色随机风险率来量化系统失效的风险性。灰色随机风险分析法虽然代表了风险分析的一个方向，但理论体系尚需进一步完善。

(4) 新型评估方法

概率统计法和灰色随机风险分析法的本质均是模拟风险的分布，只不过是在概率统计模型中只考虑了系统的随机不确定性，在灰色随机风险模型中考虑了随机不确定性和灰色不确定性。模糊风险分析法几种模型的思路是，建立风险度或风险等级与风险指标之间的关联映射。上述方法属于传统的风险评估范畴，随着评估技术的发展，出现了一些新型评估方法，如数据包络分析和投影寻踪法等。

① 数据包络分析。

数据包络分析（DEA）是一种非参数估计方法，适用于处理多指标数

据，不需要数据本身满足一个明确的函数形式，只需要评判者给出评判对象（决策单元）作为一个具有反馈性质的封闭系统的投入和产出向量，即可获得对应的相对效率评判值。该方法不受人为主观因素影响，相对于一般方法具有较大的优越性，尤其适用于缺乏相关专业知识或不方便给指标赋予权重的评判者。由于 DEA 原理复杂，在此不再赘述。DEA 的应用过程如图 2.3 所示。

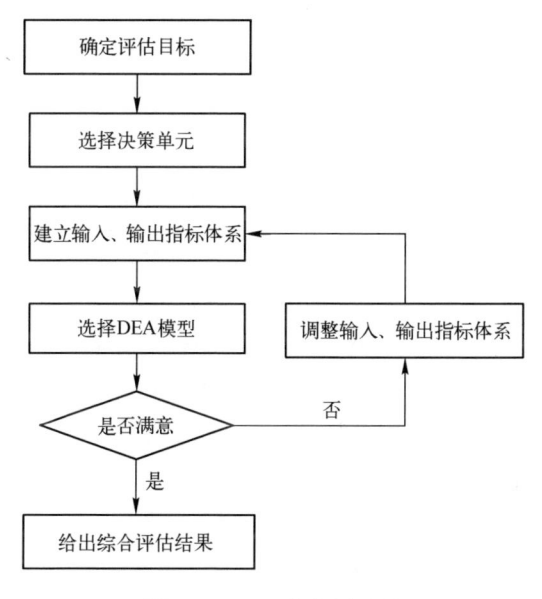

图 2.3　DEA 的应用过程

② 投影寻踪法。

投影寻踪法是分析和处理非正态高维数据的一类新兴探索性统计方法。其基本原理是，把高维数据投影到低维子空间，对于投影的构型，采用投影指标函数来衡量投影暴露某种结构的可能性大小，寻找使投影指标函数达到最优的投影值后，根据该投影值分析高维数据的结构特征或根据该投影值与目标系统输出值之间的散点图构造数学模型以预测系统的输出。

设风险等级和评估指标分别为 $y(i)$ 和 $\{x*(j,i)|j=1\sim p\}$，$i=1\sim n$。其中，n、p 分别为样本个数和指标个数。设风险等级最低为 1，最高为 N，建立风险综合评估模型就是建立 $\{x*(j,i)|j=1\sim p\}$ 与 $y(i)$ 之间的数学关系。利用投影寻踪法进行风险评估的基本步骤如下。

- 构造投影指标函数。投影寻踪法是把 p 维数据 $\{x*(j,i)|j=1\sim p\}$ 综合成以 $a=\{a(1),a(2),a(p)\}$ 为投影方向的一维投影值 $z(i)$ 后，根据 $z(i)$ 和 $y(i)$ 的散点图建立数学关系，即

$$z(i) = \sum_{j=1}^{p} a(j)x(j,i) \tag{2.33}$$

- 优化投影指标函数。当给定风险综合评估等级和评估指标的样本数据时，投影指标函数 $Q(a)$ 只随投影方向的变化而变化，通过求解投影指标函数的最大化问题来估计最佳投影方向，即

$$\max\{Q(a)\} = S_z|R_{zy}|$$
$$满足 \quad \sum_{j=1}^{p} a^2(j) = 1 \tag{2.34}$$

式中，S_z 为投影值 $z(i)$ 的标准差；R_{zy} 为 $z(i)$ 与 $y(i)$ 的相关系数。

- 建立风险综合评估模型，把由第二步求得的最佳投影方向的估计值 $a*$ 代入式 (2.35)，即可得到第 i 个样本投影值的计算值 $z(i)$，根据 $z(i)\sim y(i)$ 的散点图可建立相应的数学模型。研究表明，逻辑曲线作为风险综合评估模型是合适的，即

$$y^*(i) = \frac{N}{1+e^{c(1)-c(2)z^*(i)}} \tag{2.35}$$

式中，$y^*(i)$ 为第 i 个样本的风险综合评估值；最大等级 N 为该曲线的

上限值；$c(1)$、$c(2)$ 为待定参数，通过求解如下最小化问题确定，即

$$\min\{F(c(1),c(2))\} = \sum_{i=1}^{n}(y^{*}(i) - y(i))^{2} \qquad (2.36)$$

3. 定性和定量相结合的综合风险评估方法

定性和定量相结合的综合风险评估方法可以取长补短，具有明显的优势。定量分析是定性分析的基础和前提。定性分析只有在定量分析的基础上，才能够更客观地揭示客观事物的内在规律。在风险评估过程中，不应将定性分析与定量分析割裂开来，应采用综合风险评估方法，将定性风险评估与定量风险评估有机地融合起来。

2.6.3 风险决策

1. 风险决策的定义

决策是指为了实现特定的目标，根据客观条件，在具有一定信息和经验的基础上，借助一定的工具、技巧和方法，对影响目标实现的诸因素进行准确计算和判断优选后，对未来行动做出的决定。从决策的内涵出发可以给出风险决策的定义，即根据风险管理的目标和宗旨，在风险评估的基础上，借助决策的理论和方法合理地选择风险管理工具，制定风险管理方案和行动措施，即对几个备选风险管理方案进行比较筛选，选择一个最佳方案，从而制定处置风险的总体方案。

2. 风险决策的步骤

风险决策应包含四个基本步骤：

- 信息决策过程，即了解和辨识各种风险的存在、风险的性质，估计风险的大小；
- 方案计划过程，即针对某一具体客观存在的风险，拟定风险处置方案；
- 方案选择过程，即根据决策的目标和原则，运用某一决策手段，选择某一最佳处理方案或几个方案的最佳组合；
- 风险管理方案评估过程。

3. 风险决策的原则

风险决策是一个特殊的决策，决策所应遵循的原则同样适用于风险决策，即应遵循如下原则。

（1）可行性原则

决策是为了实现某个目标而采取的行动。决策是手段，实施决策方案并取得预期效果才是目的。因此，决策的首要原则是决策者提供的方案在技术、资源、能力上必须是可行的。

（2）经济性原则

经济性原则要求所选定的方案与其他的备选方案相比具有较明显的经济性，实施选定的方案后能获得更好的经济效益。

（3）合理性原则

影响决策的因素往往很复杂，有些可以进行定量分析，有些（如社会、政治和心理等因素）虽然不能或难以进行定量分析，但对事物的发展却有举足轻重的影响，此时应将定量分析与定性分析相结合。遇到此类复杂的问题时，仅从定量角度选择的最优方案并不一定合理，应该兼顾定量与定性的特性，选择既简便易行又科学合理的方案。

4. 风险决策的方法

风险决策的方法有许多，如风险型决策方法、贝叶斯决策方法、不确定性决策方法及多目标决策方法等。其中，风险型决策方法主要有效用概率决策方法、决策树方法及马尔可夫决策方法等；多目标决策方法主要有层次分析方法、多属性效用决策方法、模糊决策方法及理想解逼近方法等。层次分析方法适用于决策因素是定性的情况。风险型决策方法、多属性效用决策方法、层次分析方法及模糊决策方法的数学原理在相关参考文献中均有详细介绍，在此不再赘述。这里仅简要介绍理想解逼近方法的基本思想。

理想解逼近方法（Technique for Order Preference by Similarity to Ideal Solution，TOPSIS）是一种有效的多指标决策方法。其基本思想是通过构造多指标问题的理想解和负理想解，以靠近理想解和远离负理想解两个基准作为评估对象的依据。理想解逼近方法又称双基准法，计算步骤如下。

① 建立标准化的目标属性矩阵。设目标属性矩阵为 $\{a_{ij}\}_{m \times n}$。其中，m 为目标的数量；n 为各目标的属性数量。对于效益型和成本型指标 r_{ij} 的标准化处理公式分别为

$$r_{ij} = \frac{a_{ij} - \min_{1 \leq i \leq m}\{a_{ij}\}}{\max_{1 \leq i \leq m}\{a_{ij}\} - \min_{1 \leq i \leq m}\{a_{ij}\}} \tag{2.37}$$

$$r_{ij} = \frac{\max_{1 \leq i \leq m}\{a_{ij}\} - a_{ij}}{\max_{1 \leq i \leq m}\{a_{ij}\} - \min_{1 \leq i \leq m}\{a_{ij}\}} \tag{2.38}$$

② 计算权重向量。权重的计算方法有许多，有定性方法，也有定量方法，还有定性与定量相结合的方法。定性方法有专家调查打分法、层次分析法等。定量方法有变异系数法、相关系数法及熵权法等。

③ 建立加权属性矩阵。设标准化目标属性矩阵为 $\{r_{ij}\}_{m \times n}$，代入目标属性

权重，则加权标准化目标属性矩阵为 $v_{ij}=\{w_j r_{ij}\}_{m\times n}$。

④ 确定理想解和负理想解，计算公式分别为

$$V^+ = \{\max_{1\leq i\leq m} v_{ij}\} = \{v_1^+, v_2^+, \cdots, v_n^+\} \qquad (2.39)$$

$$V^- = \{\min_{1\leq i\leq m} v_{ij}\} = \{v_1^-, v_2^-, \cdots, v_n^-\} \qquad (2.40)$$

⑤ 计算各方案到理想解的距离 s_i^+、负理想解的距离 s_i^-，计算公式分别为

$$s_i^+ = \sqrt{\sum_{j=1}^n (v_{ij}-v_j^+)^2} \qquad (2.41)$$

$$s_i^- = \sqrt{\sum_{j=1}^n (v_{ij}-v_j^-)^2} \qquad (2.42)$$

⑥ 计算各方案的相对贴近度为

$$C_i = \frac{s_i^-}{(s_i^- + s_i^+)} \qquad (2.43)$$

⑦ 将各方案的相对贴近度排序，确定方案优劣。

2.6.4　风险处置和残余风险评估

在风险理论中，残余风险是指对风险源的危险性后果采取应急措施或减灾对策后仍可能残存的风险。因为风险评估与风险决策并不能保证完全消除风险，只是降低或减小风险，因此在风险分析时需要正确辨识和科学评估残余风险，既是对所采取应急处置策略效果的检验，也是风险控制与善后处置的必然要求。本书中的残余风险是指对承险体进行风险防范后仍可能残存的风险。根据风险评估结果，当通过风险决策选择一个最佳的风险管理方案进行风险防范时，需要对承险体承受的风险进行重新评估和动态修正，被称为

残余风险评估。

1. 残余风险评估流程

（1）评估准备阶段

本阶段的主要工作是前期准备和计划，包括明确评估目标、确定评估范围、组建评估管理团队，对救援业务、组织结构、规章制度和信息系统进行初步调研，科学确定风险评估方法，组织制定风险评估方案。

（2）目标辨识阶段

准备阶段完成后，按照准备阶段确定的风险分析实施方案进行评估：首先进行致险因子与承险体等风险目标的特征辨识，如资产价值、危险性和脆弱性等，验证已有安全控制措施的有效性，为下一阶段的风险分析收集必要的基础数据。

（3）风险分析阶段

辨识阶段完成后，基于获取的评估系统风险的基本数据，如资产价值、危险性、脆弱性和安全防范措施等，根据被评估对象的实际情况，制定合理、清晰的残余风险等级判据，对主要的危险场景进行分析，描述和评估主要危险场景的潜在影响及其残余风险，并提交残余风险分析报告和进一步的风险控制决策建议。

2. 残余风险处置原则

基于风险评估与风险等级划分，在采取适宜的应急响应措施进行风险防范与控制之后，若残余风险评估结果达到可接受的阈值，则可认为应急响应措施对风险的控制基本达到目标，除了继续进行风险监测，暂不采取新的措施（因为风险控制也需要付出代价）。若残余风险仍处于不可接受的程度，则表明所实施的应急响应措施或降低风险对策尚不到位，未达到预定的风险控制目标，残余风险仍具有危险性或灾害性，此时必须有针对性地制定或调整风险防范和风险控制方案，使残余风险能够进一步降低至可接受程度。

残余风险要依照国际和国家风险评估准则和等级划分标准（一般为5级）来评估。若残余风险的等级为5级或4级，则表明虽经过应急响应措施降低了风险，但风险仍然较大，必须立刻调整方案，采取行动，进一步防范和降低风险。若残余风险的等级为3级，则表明经应急响应措施降低风险后，风险虽然得到了一定程度的抑制，但仍具有一定的潜在危险性，应继续保持或强化风险防范与处置措施，使残余风险等级进一步降低。若残余风险的等级为2级或1级，则表明风险得到了有效控制，虽可暂不采取进一步的处理措施，但仍需要密切关注事态发展。需要注意的是，在采取具体措施防范和控制风险时，除了要参照上述残余风险处置原则，还要充分考虑具体风险对象的复杂性和特殊性、原则性和灵活性的有机结合。

参考文献

［1］LIRER L, PETROSINO P, ALBERICO I. Hazard assessment at volcanic fields：the Campi Flegrei case history ［J］. Journal of Volcanology and Geothermal Research，2001，112：53-73.

［2］KAPLAN S, GARRICK B J. On the quantitative definition of risk ［J］. Risk Analysis，1981，1（1）：11-27.

［3］刘新立. 风险管理 ［M］. 北京：北京大学出版社，2006.

［4］王清印，崔援民，赵秀恒，等. 预测与决策的不确定性 ［M］. 北京：冶金工业出版社，2001.

[5] LOWRANCE W. An acceptable risk-science and the determination of safety [M]. Los Altos, CA: William Kaufmann Inc, 1976.

[6] ISDR. Living with risk: a global review of disaster reduction initiatives [R]. [S. l.] [s. n.], 2004.

[7] AVEN T. On some recent definitions and analysis frameworks for risk, vulnerability, and resilience [J]. Risk Analysis, 2011, 31 (4): 515-522.

[8] 黄崇福. 自然灾害风险分析 [M]. 北京: 北京师范大学出版社, 2001.

[9] DAVIDSON V J, RYKS J, FAZIL A. Fuzzy risk assessment tool for microbial hazards in food systems [J]. Fuzzy Sets and Systems, 2006, 157: 1201-1210.

[10] KARIMI I, HULLERMEIER E. Risk assessment system of natural hazards: A new approach based on fuzzy probability [J]. Fuzzy Sets and Systems, 2007, 158: 987-989.

[11] SURESH K R, MUJUMDAR P P. A fuzzy risk approach for performance evaluation of an irrigation reservoir system [J]. Agriculture Water Management, 2004, 69: 159-177.

[12] 王红瑞, 钱龙霞, 许新宜. 基于模糊概率的水资源短缺风险评价模型及其应用 [J]. 水利学报, 2009, 40 (7): 813-820.

[13] 左其亭, 吴泽宁, 赵伟. 水资源系统中的不确定性及风险分析方法 [J]. 干旱区地理, 2003, 26 (2): 116-121.

[14] 胡国华, 夏军. 风险分析的灰色-随机风险率方法研究 [J]. 水利学报, 2001, 32 (4): 1-6.

[15] 黄崇福. 综合风险评价的一个基本模式 [J]. 应用基础与工程科学学报, 2008, 16 (3): 371-381.

[16] HAIMES Y Y. On the complex definition of risk: a systems-based approach [J]. Risk Analysis, 2009, 29 (12): 1647-1654.

[17] 张韧, 葛珊珊, 洪梅, 等. 气候变化与国家海洋战略-影响与风险评估 [M]. 北京: 气象出版社, 2014.

[18] 钱龙霞, 王红瑞, 蒋国荣. 基于 Logistic 回归和 FNCA 的水资源供需风险分析模

型[J]. 自然资源学报, 2011, 26（12）: 2039-2049.

[19] CHAMBERS R. Editorial introduction: vulnerability, copying and policy [J]. IDS Bulletin, 1989, 20（2）: 1-7.

[20] ISDR. Living with risk: a global review of disaster reduction initiatives [R]. New York and Geneva, 2002.

[21] UNDP. Human development report 2004: cultural liberty in today's diverse world [M]. New York: United Nations Development Programme, 2004.

[22] ALEXANDER D. Confronting catastrophe [M]. Terra: Hertfordshire, 2000.

[23] DILLEY M, CHEN R S, DEICHMANN U, et al. Natural disaster hotspots: a global risk analysis [M]. Washington DC: World Bank, 2005.

[24] MASKREY A. Disaster mitigation: a community based approach [M]. Oxford: Oxford University Press, 1989, 1-100.

[25] SMITH K. Environmental hazards: assessing Risk and Reducing Disaster [M]. London: Routledge, 1996, 1-389.

[26] DEYLE R E, FRENCH S P, OLSHANSKY R B, et al. Hazard assessment: the factual basis for planning and mitigation [M]. Washington DC: Joseph Henry Press, 1998.

[27] NATH B, HENS L, COMPTON P, et al. Environmental mannagement [M]. Beijing: Chinese Environmental Science Publishing House, 1996.

[28] TOBIN C, MONTZ B E. Natural hazards: explanation and integration [M]. New York: The Guilford Press, 1997, 1-388.

[29] BOLLIN C, CAMILO C, HAHN H, et al. Disatster risk management by communities and local governments [J]. Idb Publications, 2003, 17（6D）: 4299-4304.

[30] 张继权, 李宁. 主要气象灾害风险评价与管理的数量化方法及其应用 [M]. 北京: 北京师范大学出版社, 2007.

[31] 黄崇福, 王家鼎. 模糊信息优化处理技术及其应用 [M]. 北京: 航空航天大学出版社, 1995.

［32］黄崇福. 自然灾害风险评价：理论与实践［M］. 北京：科学出版社，2005.

［33］张韧，黄志松，徐志升. 非对称信息扩散理论模型及其小样本灾害事件影响评估［J］. 地球科学进展，2012，27（11）：1129-1235.

［34］张韧，徐志升，申双和，等. 基于小样本案例的自然灾害风险评估-信息扩散概率模型［J］. 系统科学与数学，2013，33（4）：445-456.

［35］JON C H. Treatment of uncertainty in performance assessment for complex system［J］. Risk Analysis，1994，14（4）：483-511.

第 3 章
海上丝绸之路自然地理环境

"21 世纪海上丝绸之路"倡议涉及的地域辽阔，包括亚洲、欧洲、非洲等诸多国家和地区。这些国家和地区的政治制度、外交政策不一，社会环境、文化特征、民族情况各异，综合国力和经济发展水平参差不齐，表现出了鲜明的地缘人文特色和区域差异，因此开展海上丝绸之路地缘风险分析与评估时，首先应熟悉和了解相关国家和地区的地缘人文环境和社会经济状况。

3.1 沿线国家和地区的社会与自然概况

3.1.1 东南亚

东南亚地区共有 11 个国家，包括越南、老挝、柬埔寨、泰国、缅甸、马来西亚、新加坡、印度尼西亚、文莱、菲律宾和东帝汶。其中，越南、柬埔寨、泰国、缅甸、马来西亚、新加坡和菲律宾是海上丝绸之路途经的国家，位于亚洲和太平洋与印度洋之间的十字路口。马六甲海峡是这个十字路口的枢纽，地理位置十分重要。马六甲海峡地处马来半岛和苏门答腊岛之间，全长约为 900 千米，最窄处仅有 37 千米，可通行 25 万吨左右的巨轮。

东南亚地处热带地区，中南半岛大部分为热带季风气候，一年中仅有旱季和雨季之分，农作物一般在雨季播种，旱季收获。马来半岛大部分地区属于热带雨林气候，终年高温多雨，分布着茂密的热带雨林，农作物随时可播种，四季都有收获。

东南亚有茂密的原始丛林、美丽的热带海滨、众多的名胜古迹、独特的风土人情，以特有的魅力吸引着世界各地的旅游者。旅游业已成为新加坡、泰国、马来西亚等国家的重要支柱产业。

3.1.2 南亚

南亚地区包括印度、巴基斯坦、孟加拉国、斯里兰卡、尼泊尔、不丹和马尔代夫等国家。缅甸在文化上受南亚影响很大，有时也被纳入南亚区域。

南亚次大陆拥有超过世界20%的人口，是世界上人口最多和人口最密集的地区。成立于1985年的南亚区域合作联盟致力于促进南亚各国人民福祉，改善人民生活质量，加快区域经济增长、社会进步与文化发展，促进区域内国家的相互信任和沟通了解。

南亚地形分为三部分。北部为喜马拉雅山脉，平均海拔超过6000米，海拔8000米以上的山峰有14座，珠穆朗玛峰的最新高程为8848.86米，是世界最高峰。中部为大平原，河网密布，灌溉渠道众多，农业发达。南部为德干高原和东西两侧的海岸平原，高原与海岸平原之间为东高止山脉和西高止山脉，戈达瓦里、克里希纳等河流自西向东注入孟加拉湾，该地区盛产水稻、小麦、甘蔗、黄麻、油菜籽、棉花、茶叶等经济作物，拥有丰富的煤、铁、锰、云母、金等矿藏。

由于北部有高耸的喜马拉雅山脉，将南亚大陆与亚洲大陆主体隔开，东、西、南三面有孟加拉湾、阿拉伯海、印度洋环绕，在地理上有一定的独立性，致使南亚在地理上形成了一个相对独立的地区。喜马拉雅山脉以南至印度洋大陆部分被称为南亚次大陆（简称次大陆）。南亚是由南亚次大陆的大部分和附近印度洋中的岛屿共同构成的。

南亚地区的地理界线分明，年轻的褶皱山脉（如西北部的苏来曼山脉，北部的喀喇昆仑山脉、喜马拉雅山脉，东部的巴达开山脉和阿拉干山脉等）围绕在半岛北面，南临大海；中部平原由印度河和恒河冲积而成。印度河的发源地在我国西藏，流经南亚西部干旱地区，注入阿拉伯海。恒河源于西北部的喜马拉雅山脉，流经印度、孟加拉国，注入孟加拉湾，河口有恒河三角洲。

南亚大部分地区属热带季风气候，全年高温，各地降水量相差很大。西南季风迎风坡地区的降水极其丰富，是世界上年平均降水量最大的地区之一，西北部降水量较少。

南亚大部分地区位于赤道以北和30°N以南，除印度西北部和巴基斯坦南部属热带沙漠气候外，其他大部分地区均属于热带季风气候。南亚季风气候的形成，与海陆热力差异、热带辐合带的季节性移动及青藏高原的地形效应和热力作用有着密切的关系。

随着季风的进退，南亚地区在一年中可分为凉、热、雨三季：11月至翌年2月，从大陆吹向海洋的东北季风带来晴朗、干燥、凉爽的天气，为凉季；3~5月，随着太阳直射点的北移，气温迅速增高，气候炎热干燥，为热季，德干高原中部气温可达到35℃，塔尔沙漠的最高气温曾达到50℃左右，有时会出现沙尘暴；6~10月，由于南亚地区的持续高温，在印度西北部产生热低压，吸引由东南信风越过赤道偏转而来的西南季风，使西南季风的势力进一步加强，西南季风经过辽阔温暖的热带海洋，饱含水汽，给南亚大部分地区带来丰沛的降水，形成雨季。年降水量的90%集中于雨季。雨季来临的时间：半岛西部最早；印度西北部最晚。西南季风的晚来早退是南亚降水量大的主要原因之一。10月、11月为雨季末期，气温开始逐渐降低，北部一带的气压逐渐增高，海陆间的气压梯度逐渐变弱，由此导致西南季风开始退缩，降水量随之减少，之后重新转入凉季。

3.1.3 中东

中东是指从地中海东部、南部到波斯湾沿岸的部分地区，是一个笼统的地理术语，究竟包含哪些国家和地区，国际上尚无准确定论，一般泛指西亚地区和北非地区，约1500多万平方千米。其中，西亚地区主要包括伊朗、伊拉克、阿塞拜疆、格鲁吉亚、亚美尼亚、土耳其、叙利亚、约旦、以色列、巴勒斯坦、沙特、巴林、卡塔尔、也门、阿曼、阿拉伯联合酋长国、科威特、黎巴嫩、塞浦路斯、阿富汗等国家；北非地区主要包括埃及、利比亚、突尼斯、阿尔及利亚、摩洛哥、苏丹等国家。中东地区气候干燥，主要为热带沙漠气候、地中海气候和温带大陆性气候。中东大部分地区地处20°~30°N之间，北回归线从中部穿过，气温炎热，干旱少雨。同时，中东闭塞的高原地形，阻挡了海洋湿润空气进入，更加剧了中东地区干旱，形成以热带沙漠气候为主的气候特点。

3.2 沿线国家和地区的港口资源状况

港口被视为国际物流的特殊集结点,具有水路联运设施和基础条件,是水路交通的集结点和枢纽,是联系内陆腹地和海洋运输的天然界面。

3.2.1 大西洋地区

大西洋地区是世界贸易和海上交通运输繁忙的地区,拥有众多的重要港口,见表 3.1。

表 3.1 大西洋地区部分重要港口

地区及国家	港 口
黑海地区	伊斯坦布尔港、赫尔松港、巴统港、特拉布宗港、萨姆松港、宗古尔达克港
地中海地区	直布罗陀港、巴塞罗那港、马赛港、热那亚港、里耶卡港、都拉斯港、塞萨洛尼基港、瓦莱塔港、比雷埃夫斯港、贝鲁特港、海法港、塞得港、奥兰港、拉纳卡港、帕福斯港、雅典港、伊兹密尔港
丹麦	哥本哈根港
挪威	奥斯陆港、卑尔根港
瑞典	哥德堡港
荷兰	鹿特丹港、阿姆斯特丹港
比利时	安特卫普港、奥斯坦德港
英国	伦敦港、米尔福德港

续表

地区及国家	港口
爱尔兰	都柏林港
法国	马赛港、勒阿弗尔港、波尔多港
俄罗斯	圣彼得堡港、加里宁格勒港
爱沙尼亚	塔林港
波兰	格伯斯克港、格丁尼亚港
德国	汉堡港、威廉港、不莱梅港、罗斯托克港
西班牙	巴塞罗那港、塔纳戈纳港、拉斯帕尔马斯港
摩洛哥	贝尔贝达港
塞内加尔	达喀尔港
几内亚	科纳克里港、卡姆萨尔港
多哥	洛美港
尼日利亚	拉各斯港、哈克特港
喀麦隆	杜阿拉港
安哥拉	罗安达港、洛比托港、纳米贝港
南非	开普敦港
加拿大	丘吉尔港、蒙特利尔港
美国	纽约港、纽瓦克港、波士顿港、费城港、迈阿密港
百慕大	哈密尔顿港
墨西哥	坦皮科港、曼萨尼略港
巴拿马	科隆港
古巴	哈瓦那港、圣地亚哥港
海地	太子港
委内瑞拉	拉瓜伊瓜港、马拉开波港
巴西	里约热内卢港、累西腓港
阿根廷	布宜诺斯艾利斯港、布兰卡港

（1）黑海地区港口：黑海沿岸国家有俄罗斯、乌克兰、格鲁吉亚、罗马尼亚、保加利亚、土耳其。黑海沿岸港口是沿岸国家国际贸易的必经之地，是沿岸国家南出地中海进入大西洋的交通要道，如伊斯坦布尔港，地处亚欧交通枢纽，位置和经济价值极其重要。

（2）地中海地区港口：沟通大西洋和印度洋的交通要道，沿岸港口是欧美国家中东石油的重要运输集结点，如位于黑海和爱琴海交通枢纽的伊兹密尔港等。

（3）哥本哈根港：被称为"北方的威尼斯"，是丹麦最大、最优良的商港，码头长50千米，水深为4.5~12米，年货物吞吐量为1300多万吨，是西欧与北欧间的铁路、航空中枢。

（4）哥德堡港：瑞典最大海港、北欧最大商港之一，地处波罗的海通往北海的交通要道，码头全长25千米，水深12米，拥有石油码头、集装箱码头等，油港水深20米，可供20万吨级油轮停泊，年货物吞吐量为2430万吨。

（5）鹿特丹港：被誉为"欧洲门户"，河海两用港，莱茵河畔各大城市及工业区通往北海的主要出口，入口和港内水深为13.5~24.5米，可停泊54.5万吨级超级油轮，码头长36千米，年货物吞吐量超过5亿吨，每年有3万多艘海运船和30多万艘河运船进出港口。

（6）安特卫普港：比利时最大港口，比利时水陆交通枢纽及欧洲重要转运港，港区面积为106平方千米，码头总长为93.7千米，最大允许吃水深度为16米，进出航道需要引水，年货物吞吐量为1亿多吨。

（7）马赛港：被称为"欧洲集散中心"，法国第一大港，欧洲第二大港，通过海路与亚洲、非洲、美洲、地中海、红海的60多个国家相连，是欧洲与地中海地区进行贸易的主要中转地。法国1/3的海上贸易量及1/2的石油进口量均通过该港，是法国主要的对外贸易口岸，可停泊40万吨级油轮，同时承担欧洲与地中海沿岸国家货运吞吐量的1/3，年货物吞吐量达2.3亿吨以上，可通过完整的输油管网将马赛和法国南部、瑞士、德国等连接起来。

（8）圣彼得堡港：俄罗斯对外贸易的重要港口，重要的水陆交通枢纽，陆上12条铁路将俄罗斯主要经济中心连接起来，港区分为河运区涅瓦河港及海港区，面积为58平方千米，西由波罗的海经北海至大西洋，北经白海-波罗的海连接白海及北冰洋，港口设备完善，机械化水平高，可通航最高5万吨级的各型舰船，年货物吞吐量达1500万吨，每年12月至翌年4月需破冰船方可通航。

（9）纽约港：美国最大的海港，规模巨大，设备优良，对外贸易占美国的40%左右，通过多条航线与亚、非、拉相连，年货物吞吐量达1亿多吨，是美国重要的海上交通枢纽之一。

（10）伦敦港：英国最大的海港，有长60千米的深水码头，每年数月受雾季影响，年货物吞吐量为4000多万吨。

（11）汉堡港：德国第一大港，面积为87平方千米，码头可供250艘船舶同时停泊和装卸，是世界上最现代化的港口之一，属河海两用港，通过300多条航线与亚、非、拉各国1100个港口保持联系，年货物吞吐量达5800万吨，占德国出口货物的一半以上，是欧洲海河、海陆联运的重要枢纽之一。

（12）布宜诺斯艾利斯港：南美最大商业海港之一，港区设备完善且先进，年货物吞吐量为900多万吨，占阿根廷进出口物资的30%以上。

（13）里约热内卢港：巴西第二大港口，是南美最大的船舶停泊中心之一，码头全长5925米，既可供客轮泊位，也有矿石、煤、原油的泊位码头及现代化集装箱码头,港区设备先进,年货物吞吐量为 3000 多万吨。

(14) 开普敦港:南非最大海港,具有重要的航运地位,港区面积超过 4 平方千米,码头全长 12 千米,水深为 7~14 米,年货物吞吐量为 1000 多万吨。

3.2.2 太平洋地区

太平洋地区部分重要港口见表 3.2。

表 3.2 太平洋地区部分重要港口

地区及国家		港口
西太平洋	中国	上海港、宁波港、大连港、广州港、青岛港、天津港、香港港
	俄罗斯	海参崴港、彼得罗巴甫洛夫斯基港、库页岛港、苏维埃港
	韩国	釜山港、镇海港
	日本	横须贺港、神户港、横滨港、千叶港、名古屋港、川崎港
	越南	胡志明港、金兰湾港、海防港
	泰国	曼谷港
	新加坡	新加坡港
	菲律宾	苏比克湾港、马尼拉港、宿务港
	印度尼西亚	雅加达港、泗水港、勿拉湾港
	马来西亚	巴生港、槟城港、关丹港
南太平洋	澳大利亚	悉尼港、墨尔本港、达尔文港、布里斯班港
	新西兰	奥克兰港、惠灵顿港
东太平洋	阿拉斯加	荷兰港、瓦尔迪兹港
	加拿大	温哥华港、鲁珀特王子港
	美国	旧金山港、洛杉矶港、西雅图港
	巴拿马	巴拿马城港
	墨西哥	马萨特兰港

续表

地区及国家		港　口
东太平洋	哥伦比亚	麦德林港
	秘鲁	卡亚俄港、钦博特港、依基斯托港
	智利	蓬塔阿雷纳斯港、蒙特港
太平洋中部	巴布亚新几内亚	莫尔兹比港、莱城港、拉包尔港
	斐济	苏瓦港、劳托卡港、莱武卡港
	瓦努阿图	维拉港
	图瓦卢	富纳富提港
	基里巴斯	贝蒂奥港、巴纳巴岛港
	所罗门群岛	霍尼亚拉港、吉佐港
	汤加	努库阿洛法港、内亚富港
	新喀里多尼亚	努美阿港
	西萨摩亚	阿皮亚港、阿绍港
	东萨摩亚	帕果帕果港
	关岛	阿普拉港、梅里佐港
	马绍尔群岛	马朱罗港、夸贾林港
	法属波利尼亚	帕皮提港
	夏威夷群岛	火奴鲁鲁港、希洛港、卡胡卢伊港

（1）上海港：中国最大海港，世界十大港口之一，中国南北沿海海运、长江航运、远洋运输的中心，是一个多功能综合性港口，码头总长58千米，最大靠泊舰船能力为10万吨级，集装箱吞吐量为4700万标箱，年货物吞吐量近亿吨，占全国贸易吞吐量的1/5以上，是西太平洋地区最主要的洲际枢纽港口。

（2）海参崴港：俄罗斯远东最大的港口，港区水深为10~24米，设备完善，共有码头17座，其中6座可停泊万吨级舰船，是重要的捕鲸、捕鱼基地，港区每年11月至翌年3月需破冰船方可通行。

（3）釜山港：韩国最大港口，地处朝鲜海峡交通要道，是朝鲜半岛南部门户，为天然深水良港，码头全长7715米，可供5万吨级以下舰船停泊，年货物吞吐量约为4650万吨。

（4）神户港：世界著名十大商业港口之一，港区面积为42平方千米，水深为8~13米，年货物吞吐量为4000万吨，是日本造船业的重要基地。

（5）金兰湾港：越南重要的商业和军事港口，天然深水海湾，水域宽阔，可供大型船舶驻泊，地处巴士海峡-马六甲海峡航线中段，地位极为重要。

（6）雅加达港：印度尼西亚重要港口，位于巽他海峡的出口，航运地位重要，外港丹戎不碌港码头总长为5800米，年货物吞吐量为1650万吨。

（7）新加坡港：东南亚最大的海港，世界海运交通中心之一，位于马六甲海峡出入口处，是沟通太平洋与印度洋的重要航运中心，有200多条航线，可通往五大洲，是世界进港船舶吨位最多的港口，码头群长达3~4千米，可同时容纳25艘大船舶，年货物吞吐量约为1.5亿吨。

（8）悉尼港：大洋洲最大港口，世界著名天然良港之一，港区面积为714平方千米，水深为18~47米，万吨级船舶可通行，码头全长为1.9万米，年货物吞吐量近3000万吨。

（9）奥克兰港：新西兰最大港口，港区外有诸多岛屿屏障，码头总长为9.25千米，年货物吞吐量超过700万吨。

（10）温哥华港：加拿大最大港口，港区面积为171.5平方千米，水深为18~55米，年货物吞吐量达8000多万吨。

（11）旧金山港：美国西部最大海港，港区面积为965平方千米，水深为11~36米，码头全长33000米，主要出口石油制品等，年货物吞吐量达4000万吨以上。

（12）苏瓦港：太平洋南航线中转站，天然良港，可供万吨级船舶停泊。

（13）阿皮亚港：地处澳大利亚和新西兰通往南美洲及北美洲的海、空航线的关键路段，可供5.5万吨级船舶停泊。

（14）火奴鲁鲁港（檀香山港）：被誉为"太平洋十字路口"，太平洋区域国际海运航线重要商港，港区面积为115平方千米，水深为10~12米，可供4万吨以上船舶停泊，码头总长5900米，是太平洋海空交通枢纽，船舶重要的中转加油基地。

3.2.3 印度洋地区

印度洋地区部分重要港口见表3.3。

表3.3 印度洋地区部分重要港口

地区及国家	港口
孟加拉国	吉大港、达卡港
印度	孟买港、加尔各答港、马德拉斯港、科钦港、维沙卡帕特南港
斯里兰卡	科伦坡港
波斯湾地区	阿巴丹港、布什尔港、哈尔克岛港、乌姆盖斯尔港、法奥港、科威特港、达曼港、拉斯坦努拉港、麦纳麦港、多哈港、阿布扎比港、迪拜港、费赫勒港
红海地区	苏伊士港、古赛尔港、塞利夫港、吉赞港、苏丹港、荷台达港
亚丁湾地区	亚丁港、布吉提港、穆哈港
索马里	摩加迪沙港
肯尼亚	蒙巴萨港
坦桑尼亚	达累斯萨拉姆港

续表

地区及国家	港口
塞舌尔	维多利亚港
莫桑比克	马普托港
马达加斯加	图阿马西纳港、马任加港、安采拉纳纳港、图莱加尔港
南非	德班港、伊丽莎白港、东伦敦港

(1) 孟买港：印度第二大港口，天然良港，地形隐蔽，可装卸固体、液体及散装货物，码头全长8千米，可停泊7万吨级船舶，年货物吞吐量近3千万吨。

(2) 科钦港：地处印度洋海上交通运输线，港区地形隐蔽，深水天然良港，码头总长2千米，水深9.14米，年货物吞吐量为680万吨。

(3) 科伦坡港：被誉为"东方十字路口"，是斯里兰卡主要港口，世界上最大的人工港和印度洋上设备最完善的港口之一，港区面积为2.6平方千米，可供40多艘4~5万吨船舶同时停泊，可装卸固体、液体及散装货物，主码头长379米，油轮码头水深11米以上，年货物吞吐量达1170万吨以上，是重要的国际海湾。

(4) 波斯湾地区港口：被誉为"世界石油宝库"，沿岸国家有伊朗、伊拉克、科威特、沙特阿拉伯、阿拉伯联合酋长国、卡塔尔、阿曼、巴林，是世界石油贸易的重要通道，世界石油的大部分都经该地区的港口输出，具有极为重要的地位。

(5) 红海地区港口：红海沿岸的国家有埃及、苏丹、厄立特里亚、吉布提、也门、沙特阿拉伯、约旦、以色列、巴勒斯坦，地处地中海与亚丁湾之间，是连接欧、亚、非三大洲的交通要道，地处苏伊士运河的苏伊士港是世界最繁忙的港口之一，荷台达港、苏丹港等承载国际贸易和能源运输。

（6）亚丁港：印度洋西部的重要门户，也门最大转口贸易港，港区内设有石油专用码头，港口主要运入原油、出口石油产品，年货物吞吐量为1200多万吨。亚丁港和布吉提港地处红海和印度洋西部的交通枢纽。亚丁港是世界最大的加油港之一，可供5~7万吨级船舶停泊。

（7）达累斯萨拉姆港：东非重要的国际良港，港区分为供小型船舶停泊的驳船码头和远洋船舶停泊的深水码头，设有1个10万吨级的石油码头，主要进口物资包括石油、水泥等，年货物吞吐量达400万吨左右。

3.2.4 北冰洋地区

（1）摩尔曼斯克港：俄罗斯在北极圈内的最大军民合用港，著名的渔业基地，欧洲到远东地区最短航线——北极航线的起点。由于受北大西洋暖流的影响，摩尔曼斯克港是北冰洋沿岸的终年不冻港，不易遭受封锁和阻截，对俄罗斯的经济发展、国防安全具有重要意义。

（2）阿尔汉格尔斯克港：北临北冰洋，位于北德维纳河河口附近，是俄罗斯北冰洋沿岸唯一的商业贸易港，属河海两用港，年货物吞吐量约为400万吨。

（3）迪克森港：俄罗斯北冰洋喀拉海南岸港口，位于泰梅尔半岛西北端、叶尼塞湾口东岸，水深可停泊大型船舶，是北极航线上的重要港口和燃料补给基地，是20世纪30年代随北极航线开发而兴起的，由迪克森岛及对岸港区组成，有机场、水文气象站、北极无线电气象中心等。

（4）北冰洋沿岸的其他港口：俄罗斯沿岸的阿姆杰尔马港、哈坦加港、季克西港和安巴齐克港，挪威北冰洋沿岸巴伦支海的瓦尔德港、特罗姆瑟港，加拿大北极海岸开普帕里港、斯坦顿港、丘吉尔港等。

3.3 沿线重要岛屿

广义的岛屿是指比陆地面积小并完全被水包围的陆地。狭义的岛屿是指海洋上面积较大的陆地。岛礁是隐现在海洋之中的岩石或珊瑚礁，涨潮时淹没，退潮时露出水面。

根据《联合国海洋法公约》对国家领海、专属经济区、毗邻区范围划定的规定，岛屿和岛礁对一国主权范围、海疆防御、国防安全等具有重要意义。

全球范围内具有重要意义的岛屿、岛礁主要集中在太平洋地区。太平洋是全球岛屿、岛礁最多的大洋，岛屿总数过万，明礁、暗礁不计其数，从地理上看，总体可分为一弧三群：太平洋北部、西部及西南部边缘海外侧的一个弧形列岛，以及美拉尼西亚、波利尼西亚、密克罗尼西亚三个群岛。其中重要的群岛有：

（1）琉球群岛：总面积为4713平方千米，共有岛屿400多个，北高南低，主要港湾有中城湾和那坝港。

（2）夏威夷群岛：被称为"太平洋的心脏"，是太平洋的交通总枢纽，总面积为16635平方千米，由8个大岛和许多小岛组成，除8个主要岛屿地势较高以外，其余均为小岩石岛、珊瑚岛及沙岛，主要港湾有珍珠港和火奴鲁鲁。

（3）马里亚纳群岛：总面积为1225平方千米，共有岛屿近百个，其中最大的岛屿为关岛，主要港湾有阿普拉港和塔纳帕格港，是美国空军在西太平洋的重要基地。

(4) 小笠原群岛：总面积为 104 平方千米，共由 18 个小岛组成，多为火山岛，其中文岛是最重要的岛屿，主要港湾为二见港。

(5) 硫黄列岛：总面积为 25 平方千米，由 3 个主要岛屿组成，多为火山岛。

(6) 马绍尔群岛：总面积为 190 平方千米，由 30 多个珊瑚礁组成，礁湖宽阔、水深，是船舶停泊的天然港湾，设有美国海军航空站和机场。

(7) 加罗林群岛：总面积为 1194 平方千米，共有大小岛屿 549 个。

(8) 阿留申群岛：总面积为 37000 平方千米，共有大小岛屿 159 个。

(9) 千岛群岛：总面积为 9959 平方千米，由 30 多个岛屿组成，地处俄罗斯东部，是鄂霍次克海通往太平洋的门户，地位极其重要。

(10) 所罗门群岛：总面积为 42240 平方千米，共有大小岛屿 40 多个，曾是西南太平洋的主要海战场。

3.4 沿线铁路

3.4.1 中老铁路开通

2021 年 12 月 3 日，中国与老挝之间的中老铁路通车，从中国云南昆明到老挝首都万象朝发夕至成为现实。中老铁路线路全长 1035 千米，由昆明经玉溪、磨丁至万象，如图 3.1 所示。

中老铁路地处中南半岛热带雨林和地质活跃带，穿越众多高山、峡谷、河流、险滩，暴雨、洪水、滑坡、泥石流灾害多发，工程难度和建设

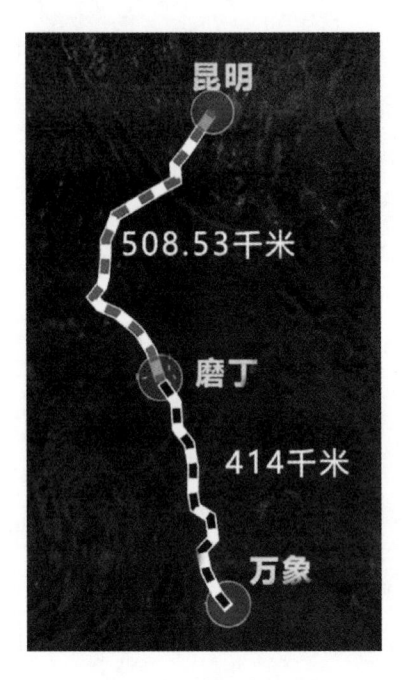

图 3.1　中老铁路示意图

成本极高。中老铁路是第一条以中方为主投资建设、共同运营，并与中国铁路网直接连通的国际铁路，全线采用中国技术标准，使用中国设备。中老铁路的开通运营，将在老挝社会经济发展中发挥重要作用，有助于帮助老挝民众增加收入，减少贫困，扩大老挝与中国之间的人员流动，扩大老挝国内乃至整个东南亚地区的交通和物流。2022 年 1 月 1 日生效的《区域全面经济伙伴关系协定》（RCEP），对促进亚太和东盟区域的自由贸易意义重大，也将使中老铁路发挥更大作用，不仅使老挝的国内货物和服务贸易更加顺畅，还将带来更有利的贸易条件，推进东盟成员外来投资，吸引更多的外国游客。中老铁路建成通车，对于推动中南半岛泛亚铁路的建设，促进东南亚互联互通和"一带一路"高质量建设具有十分重要的意义。

3.4.2 泛亚铁路计划

泛亚铁路是由联合国亚洲及太平洋经济社会委员会（ESCAP）策划和打造的跨越欧亚大陆铁路运输网络的建设计划。

1992年4月，联合国亚洲及太平洋经济社会委员会第48次会议启动了亚洲陆上交通基础发展项目，泛亚铁路和亚洲高速公路网被纳入其中，90年代末期，开始测试泛亚铁路的运转能力，从2003年11月到2004年7月，一系列示范运行在中国、白俄罗斯、蒙古国和俄罗斯等国家的多个城市之间进行。2006年4月，经过多年的筹备和调研，在印尼举行的亚太经济社会委员会第62届大会上，《泛亚铁路网政府间协定》获得通过。2006年11月10日，泛亚铁路涉及的28个国家中的18个国家在协定上正式签字。协定于2009年6月11日正式生效。根据协定，泛亚铁路路线确定为北部、南部、南北部和东盟等四条通道，总长度为8.1万千米。

泛亚铁路北部通道连接欧洲和太平洋，途经德国、波兰、白俄罗斯、俄罗斯、哈萨克斯坦、蒙古国、中国至朝鲜半岛；南部通道连接欧洲和中南半岛，途经土耳其、伊朗、巴基斯坦、印度、孟加拉国、缅甸、泰国，进入中国云南，经马来西亚进入新加坡；南北部通道连接北欧与波斯湾，主线始于芬兰赫尔辛基，穿越俄罗斯至里海，之后分成三条支线：西线经阿塞拜疆、亚美尼亚进入伊朗西部；中线以火车轮渡经里海进入伊朗；东线经哈萨克斯坦、乌兹别克斯坦和土库曼斯坦进入伊朗东部。三条支线在伊朗首都德黑兰会合，抵达伊朗的阿巴斯港，如图3.2所示。

图 3.2 泛亚铁路示意图

　　泛亚铁路的东盟通道连接中国与中南半岛，即狭义泛亚铁路（Pan-Asian Railway，PAR），是由中国云南和广西向中南半岛诸国伸延的几组铁路，是规模相对较小的东盟通道，被概括为"三纵一横"。"三纵"：西线方案，昆明经瑞丽、仰光、曼谷、吉隆坡到达新加坡，涵盖中国境内大瑞铁路，以及中缅铁路、泰缅铁路；中线方案，昆明经大理、临沧、尚勇、万象、曼谷、吉隆坡到达新加坡，涵盖中国境内的玉磨铁路，以及中老铁路、中泰铁路，连接曼谷及马来西亚首都吉隆坡的泰马铁路、连接吉隆坡到新加坡的新马铁路；东线方案，昆明经河内、胡志明市、金边、曼谷、吉隆坡到新加坡，涵盖中国境内的昆玉铁路，以及中越铁路、柬埔寨到泰国首都曼谷铁路。"一横"：缅甸仰光经泰国曼谷到达越南胡志明市，如图 3.3 所示。

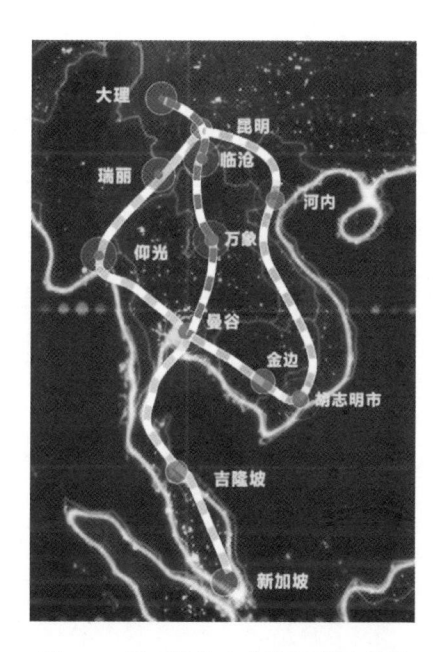

图 3.3　泛亚铁路之东盟通道示意图

3.4.3　利益与风险

中老铁路开通运营的第一个月，累计发送旅客 67 万人次，发送货物 17 万吨，呈现客货运输两旺态势，有力促进了沿线旅游的发展，加速形成了中国与东盟间物流新通道，为中国和东盟间经济贸易合作注入了新的动能。随着《区域全面经济伙伴关系协定》（RCEP）的正式生效，中老铁路货运量稳步增长。中老铁路通车重新触发了东盟各国建设泛亚铁路的热情，推动了中缅铁路、中泰铁路建设进程，加速东盟国家经济与中国西南经济一体化发展的融合和"一带一路"建设的实质性推进。中老铁路通车和 RCEP 正式生效将为"一带一路"建设带来成果，为中国企业走出去参与东盟国家投资和合作项目提供了难得的发展机遇，为国内企业可持续发展拓展了新领域。

机遇与风险相伴，鉴于"一带一路"沿线国家和地区复杂的自然条件、社会经济等问题，地缘政治和投资环境错综复杂，中国企业走出去既蕴含重要的发展契机，也面临诸多的安全风险。"一带一路"建设和海外投资的前提条件和核心任务之一即是洞察风险、预估风险、防范风险。针对中老铁路通车带来的东盟投资建设和发展机遇，之前开展"三纵一横"铁路沿线国家地缘人文和投资安全风险监测、评估和对策研究，具有重要的社会效益和商业价值。

第 4 章
地缘风险概念模型与评价指标体系

本章将针对"21世纪海上丝绸之路"的风险定义、风险影响因子及风险辨识进行探讨,构建"21世纪海上丝绸之路"地缘风险概念模型与评价指标体系。

4.1 风险机理、风险辨识及孕险环境

4.1.1 风险机理

风险源自事物自身及其发展演变过程中的不确定性。"21世纪海上丝绸之路"地缘风险的不确定性来自诸多方面。首先,它是一个高维复杂系统,各个因素的影响过程和影响机理尚不明确。许多学者从不同角度出发,归纳总结了"21世纪海上丝绸之路"可能面临的风险。

张明[1]认为,在"一带一路"倡议下,对外投资可能面临多种风险,包括投资收益率偏低、投资安全危险大、政府出资不确定、经济结构调整困难等。有些机构认为,丝绸之路经济带沿线若干区域的政治形势不稳定,一些国家的政府缺乏有效的管控措施,当在这些国家投资建设时,将有可能面临基建损毁的风险。张曼菲[2]从环境问题入手,分析了"一带一路"建设中可

能面临的环境风险,即由于环境问题,可能导致合作国在环境方面的限制措施增加、海外投资限制增多。李玉璧等人[3]针对"一带一路"建设中面临的法律风险进行了分析,根据法律风险产生的诱因,将风险大致分为:

- 因直接投资产生的法律风险;
- 因市场准入产生的法律风险;
- 因知识产权保护产生的法律风险;
- 因国际金融交易产生的法律风险;
- 因劳工问题引发的法律风险;
- 因环境问题产生的法律风险以及因经营管理不善产生的法律风险等。

王凤娟等人[4]对非传统安全中的政治环境、经济环境、社会环境和自然环境等孕险环境进行了梳理,并进行了致险因子辨识、承险体辨识和风险后果辨识方面的研究。

参考上述研究成果,本书对"21世纪海上丝绸之路"的各种风险进行了梳理,按照致险因子的自然属性,给出了"21世纪海上丝绸之路"的风险定义:投资目标国家所处区域的地理特征和气候条件等自然环境,以及政治经济、社会文化、民族宗教和军事外交等地缘人文因素的不确定性,给"21世纪海上丝绸之路"建设发展和合作交流带来的安全隐患或潜在损失,后果包括可能导致投资项目暂停、合同终止、海外务工人员伤亡、投资资金损失等诸多不利事件。

4.1.2 风险辨识

对风险进行分类的目的是,在针对不同的风险进行评估时,可选择恰当的分析工具。基于这种考虑,本书将"21世纪海上丝绸之路"的风险划分为自然环境风险和地缘风险两大类别。

自然环境风险是指投资目标国家的气候条件、地理特征等自然环境可能对"21世纪海上丝绸之路"建设带来的潜在损失与危险。投资目标国家的自然环境，如复杂的地形、地貌和地理特征，大风、暴雨等极端天气，以及地震、泥石流等地质灾害，均可能对工程建设和人员安全带来威胁；狭窄的水道、复杂的海峡和恶劣的能见度，可能导致船舶损坏、触礁、搁浅甚至倾覆等，轻则延误航运时间、增加运输成本，重则货物损毁、船舶沉没、人员伤亡；沿海国家和地区的热带气旋和风暴潮等重大海洋灾害会对港口、工程建设和人员装备的安全产生严重威胁。

地缘风险是指投资目标国家的政治环境、经济状况、文化特征、民族宗教、地区局势等地缘性因素的不确定性对"21世纪海上丝绸之路"建设带来的安全隐患和潜在威胁。地缘风险可细分为传统安全风险和非传统安全风险。其中，传统安全风险主要是指由于政治环境的不确定性导致的安全威胁；非传统安全风险是指由于经济环境、社会环境等不确定性带来的安全威胁。

4.1.3 孕险环境

"21世纪海上丝绸之路"的风险孕育环境（简称孕险环境）可分为自然孕险环境和地缘孕险环境，即孕育自然环境风险和地缘风险的环境。孕险环境是风险产生的源头。致险因子是孕险环境中诱发或促使风险发展的重要因素。当致险因子的强度或频率超过某一阈值时，即可触发或产生风险，危险性的强度或发生的频率越高，致险的可能性越强，风险也就越大。

1. 传统安全环境

对"21世纪海上丝绸之路"而言,传统安全环境主要是指政治环境,多种因素会影响"21世纪海上丝绸之路"的进程,阻碍经贸合作,威胁相关建设项目的安全。

部分沿线国家和地区不稳定的政治局势也是"21世纪海上丝绸之路"主要的潜在影响因子。

部分沿线国家和地区冲突、局部战争时有发生,都将严重威胁"21世纪海上丝绸之路"海外布局及建设项目的安全。

因此,针对"21世纪海上丝绸之路"建设面临的政治环境的不确定因素,全面了解和掌握沿线国家政治环境方面的风险信息,建立完善的政治环境风险评价体系,选用科学合理的量化方法评估风险具有重要的现实意义。

2. 非传统安全环境

非传统安全环境是相对于传统安全环境的一个表述,主要是指经济环境、社会环境、恐怖主义和海盗活动等。

(1) 经济环境

"21世纪海上丝绸之路"沿线国家和地区的经济发展极不平衡,经济环境具有极高的不确定性和非平衡性。不良的经济环境会阻碍"21世纪海上丝绸之路"建设项目的推进,易发生债务违规、项目泡沫化等不利事件;不同的经济政策会限制投资准入条件;经济发展状况不佳可能导致投资项目收益较低。因此,沿线国家和地区的经济环境是"21世纪海上丝绸之路"建设的基础,是对外投资需要考量的传统因素,主要表现是,在海外投资过程中有关经营方面的商业安全风险,可将其划分为投资条件风险、经济失稳风险、金融信用风险、债务违约风险等。

投资条件风险是指投资目标国家因基础设施、法律体系等营商条件不佳而导致投资成本损失的可能性。沿线国家和地区的隶属法律体系不同，法律分类、法律表现形式、法律适用规则等差异较大，在发生纠纷时，处理手段也会有所不同，当投资目标国家相关法律不够完善时，"21世纪海上丝绸之路"项目的建设和管理会缺少重要的法律保障。

经济失稳风险来源于投资目标国家经济基本指标的变化或投资目标国家经济政策的变化，如投资目标国家经济发展不佳、经济不稳定、经济基本指标易发生变化等，均会导致投资者资产损失的可能性。此外，投资目标国家可能会出于对本国经济发展的保护，出台相关政策法规来削弱外来投资的影响，相关政策法规一旦发生改变，就会阻碍"21世纪海上丝绸之路"建设项目的进程，对投资安全构成威胁。

金融信用风险是投资目标国家由于金融信用下滑导致的财政危机和支付危机，最终无法清偿到期债务。金融信用风险一般属于系统性风险。若一国财政表现不佳，则金融信用风险将会加大。

债务违约风险是由于投资目标国家停止支付或延期支付，导致投资者或借贷方无法按时、足额收回到期债权本息和投资利润。

(2) 社会环境

"21世纪海上丝绸之路"的社会环境风险主要表现在运营风险环节。运营风险主要发生在企业进行投资决策时，因成本与收益的预估失误而造成的获益风险[5]：

一方面，不稳定的社会环境给海外务工人员的生命安全造成威胁；

另一方面，不同的社会文化也给"21世纪海上丝绸之路"项目的运营增加了不确定性，若未预先妥善理解并预防相关问题，则可能导致工人罢工、高额赔偿等。

(3) 恐怖主义和海盗活动

近年来，恐怖主义在全球范围制造了多起恐怖事件，成为地区和国际社会的重大威胁。海盗活动是威胁海上安全运输的主要因素，会对"21世纪海上丝绸之路"建设和海上航运安全造成严重威胁。

4.2 风险概念模型

构建"21世纪海上丝绸之路"风险概念模型如图4.1所示。

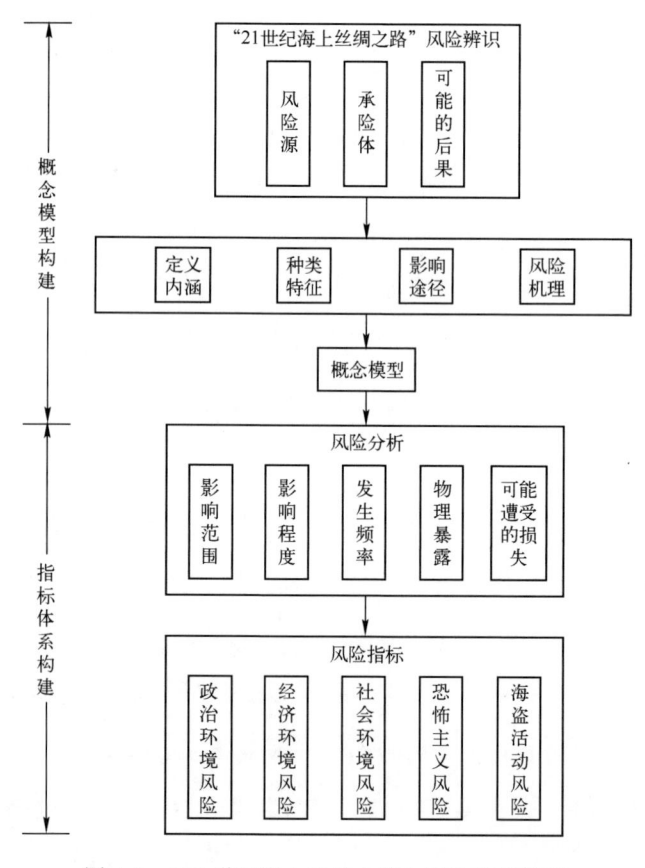

图4.1 "21世纪海上丝绸之路"风险概念模型

由图 4.1 可知，通过对"21 世纪海上丝绸之路"的风险辨识，可筛选出致险因子及其影响途径[6]，在风险概念模型的基础之上，可分析致险因子的影响范围、影响程度、发生频率、物理暴露、可能遭受的损失等，从而构建"21 世纪海上丝绸之路"风险指标体系，进而对政治环境风险、经济环境风险、社会环境风险、恐怖主义风险、海盗活动风险等进行评估，得到风险形成机制[7]。

4.3 风险评价指标体系

基于风险概念模型，可进一步梳理并构建"21 世纪海上丝绸之路"风险评价指标体系。

4.3.1 传统安全风险评价指标体系

传统安全风险通常是指来自军事、政治、外交等安全领域的风险，根据"21 世纪海上丝绸之路"的特点，主要考虑政治、外交等安全领域的风险，构建"21 世纪海上丝绸之路"传统安全风险评价指标体系，见表 4.1。

1. d111——与我国伙伴关系

定义：伙伴关系是指国家之间为寻求共同利益而建立的一种合作关系，本书沿用"伙伴关系"来定位我国与他国的双边关系。

风险机制：伙伴关系能够代表国家之间的合作关系，是官方综合两国政治、经济、贸易合作亲密程度给出的定义。因此，伙伴关系越紧密，两国合作越密切,在政策沟通上越有较好的基础,面临的地缘风险越低。

表4.1 "21世纪海上丝绸之路"传统安全风险评价指标体系

目标层（A）	一级指标层（B）	二级指标层（C）	判别层（D）
传统安全风险（A1）	政治环境（B11）	地缘安全（C11）	与我国伙伴关系（d111）
			与我国双边贸易（d112）
			与我国领土争端（d113）
			与大国结盟程度（d114）
			外交能力指数（d115）
			对外威胁（116）
		政局失稳（C12）	政治稳定性（d121）
			政府效率（d122）
			政府腐败（d123）
			国内冲突指数（d124）
			政策连续性（d125）
		地区冲突（C13）	和平指数（d131）
			外部干扰（d132）
			与他国争端（d133）
			邻国造成的内部紧张局势（d134）
			受到威胁（d135）

2. d112——与我国双边贸易

定义：贸易合作是当前时代背景下两国合作的主要方式,本书以双边贸易量来衡量贸易合作的密切程度。

风险机制：通常,贸易合作程度越密切,贸易互补性越高,相通性越好,依存度越高,受地缘安全影响的可能性越小,地缘安全风险越低。

3. d114——与大国结盟程度

定义：本书将该指标定义为受大国博弈政策和本国发展的影响,沿线国家和地区与大国在政策、国际事务、重大国际和地区问题上所表现出的一致性、捆绑性、附和性程度等。

风险机制：通常，与大国结盟程度越高，受大国影响越深，不稳定因素越高。

4. d115——外交能力指数

定义：本书将该指标定义为，当国家作为外交行为体在国际社会参与各项外交活动时，拥有的一种内在主观条件，能够运用一定的策略和技巧，使外交对象改变态度，接受或服从于本国的主张或意志。

风险机制：通常，一国外交能力越强，在国际事务中就拥有更高的主动权，能够更好地在国际事务中保持本国的意愿，不被地区组织或大国势力影响，受地缘安全影响的可能性越小，风险越低。

5. d116——对外威胁

定义：本书将该指标定义为国家作为主体对其他国家主体发出的威胁信号或实施的威胁行为。

风险机制：通常，国家对外威胁越大，可能接受的反馈越大，地缘安全环境越不稳定，越容易受地缘安全的影响。

6. d121——政治稳定性

定义：本书将政治稳定性指标定义为一个国家政治环境的稳定程度，是指由于政局不稳定或政治因素（含恐怖主义）引起的暴力事件发生的可能性。

风险机制：一个国家的政治越稳定，社会暴力/恐怖主义事件越少，政局稳定性越好，"21世纪海上丝绸之路"项目在当地所处环境越安全，项目建设、海外务工人员遭受威胁的可能性越小。政治稳定性越高，政局颠覆的可能性越小,"21世纪海上丝绸之路"合作项目面临政策突变的可能性越小。

在世界银行(World Bank,WB)每年提供的全球治理指数(Worldwide Go-vernment Index)中,对各国的政治稳定性和无暴力/恐怖主义(Political Stability and Absence of Violence/Terrorism)指数都进行了评估,评估数值介于-2.5~2.5之间,代表性指标见表4.2。

表4.2 世界银行政治稳定性和无暴力/恐怖主义代表性指标

发布机构	指标	发布机构	指标
经济学人智库	有序转移	机构数据库	社会冲突强度(不包括与土地有关的冲突)
	武装冲突	政治风险服务全球风险指南	政府稳定性
	暴力示威		国际冲突
	社会不稳定		外部冲突
	国际紧张局势/恐怖威胁		内部冲突
世界经济论坛全球竞争力报告	反恐成本	全球分析业务状况及风险指标	抗议与骚乱
Cingranelli Richards人权数据库和政治恐怖尺度	政治恐怖尺度		恐怖主义
iJET国家安全风险评级	安全风险评级		洲际战争
机构数据库	内部冲突的强度		内战
	地下政治组织暴力活动强度		

7. d122——政府效率

定义:世界银行将该指数定义为国家及地方政府公共服务的质量、行政事务的质量、相对于政治压力的独立性、政策制定和执行的质量、政府承诺的可信度等。

风险机制:通常,政府效率越高,政府公信力越高,民众对政府信任度越高,政局越稳定,风险越低。

在世界银行每年提供的全球治理指数中，对各国的政府效率（Government Effective）都进行了综合评估，评估数值介于-2.5~2.5之间，数值越高，政府效率越高，代表性指标见表4.3。

表4.3 世界银行政府效率代表性指标

发布机构	指 标	发布机构	指 标
经济学人智库	官僚机构/公共机构的效率质量	机构数据库	饮用水、卫生系统覆盖面积
	冗余官僚机构/官僚习气		电力网覆盖面积
世界经济论坛全球竞争力报告	基础设施		交通设施覆盖面积
	初级教育质量		维护和废物处理覆盖面积
盖洛普世界民调	公共交通满意度	政治风险服务全球风险指南	官僚机构质量
	道路、高速公路满意度		基础设施的破坏
	教育系统满意度	全球分析业务状况及风险指标	失败国家
机构数据库	公立学校覆盖面积		政策不稳定
	基础健康设施覆盖面积		

8. d123——政府腐败

定义：本书将该指标定义为政府官员利用职务结党营私、徇私枉法、贪污受贿等行为程度。

风险机制：通常，政府腐败程度越低，民众对政府信任度越高，政府公信力越高；政府腐败程度较高，海外投资企业越容易面临收贿风险，未行贿的投资者在海外项目建设中可能受阻，而一旦行贿成事实，又将面临反贪腐法律相关规定所带来的民事和刑事处罚，合作项目会被搁置。政府强制征用、没收涉嫌腐败行为的投资资产也是"21世纪海上丝绸之路"项目建设中面临的一大风险。

9. d124——国内冲突指数

定义：贝塔斯曼基金会转化指数将国内冲突指数定义为，由于国家内部的社会、民族、宗教等问题造成冲突事件的严重程度或频率。

风险机制：国内冲突越严重，发生越频繁，安全环境越差。此外，国内冲突往往能够从侧面反映国家政府管理不力，一旦冲突持续爆发，国家政局可能发生不同程度的影响。

10. d125——政策连续性

定义：本书将该指标定义为一国与海外投资、市场经济相关政策的连续性。

风险机制：由于"21世纪海上丝绸之路"建设多为中长期投资项目，投资目标国家政策连续性越低，项目的中长期保障越弱。在投资过程中，很可能由于投资目标国家的政策改变而导致项目脱离预期轨道，致使项目搁置或超出预算等不良后果，出现不可避免的损失。

11. d131——和平指数

定义：全球和平指数（Global Peace Index，GPI）由英国经济学人智库研发，用于评价一个国家或地区安全状况的总体情况。

风险机制：全球和平指数排名越靠后，国家和地区的安全状况总体情况越差，项目所处地区安全威胁越大。

12. d132——外部干扰

定义：本书将该指标定义为由于地区外部环境干扰，如地区冲突、外部武装力量导致的暴力冲突事件的严重程度或频率。

风险机制：外部干扰越严重，地区冲突越严重，安全环境越恶劣，对海外项目的安全威胁越大，由冲突带来的通货膨胀等恶性经济问题也将从内部影响国家政局的稳定程度。

13. d133——与他国争端

定义：本书认为与他国争端包括围绕陆地、河流、湖泊、内海、领海及底床、底土、上空等国家疆域实际占有权展开的民事和军事行动。

风险机制：与他国争端对国家的安全环境有重要影响。领土是一个国家不可分割、不容侵犯的疆域，围绕领土问题展开的争端通常很难达成共识，争端往往呈长期性、波动性，对地区安全环境是一个长期的潜在威胁，在争端存在的情况下，细微的内部扰动或外部因素都有可能导致地区冲突爆发。

14. d134——邻国造成的内部紧张局势

定义：本书将该指标定义为由邻国的暴力行为导致的不稳定、严重滋扰或冲突而造成的局势紧张程度。

风险机制：邻国作为造成国内暴力不稳定、严重滋扰或冲突因素的程度越高，国内局势越紧张，在一定程度上可反映该国所处区域冲突程度越高，海外项目安全风险越高。

15. d135——受到威胁

定义：本书认为受到威胁与对外威胁相对应，是指国家作为主体由于与他国或其他组织的争议而受到的威胁。

风险机制：国家受到威胁越大，国家安全环境越差，安全风险越大。

4.3.2 非传统安全风险评价指标体系

基于孕险环境和致险因子的分析，构建"21世纪海上丝绸之路"地缘人文非传统安全风险评价指标体系，见表4.4。

表4.4 "21世纪海上丝绸之路"地缘人文非传统安全风险评价指标体系

目标层（A）	一级指标层（B）	二级指标层（C）	判别层（D）
非传统安全风险（A2）	经济环境（B21）	投资环境（C21）	物流绩效指数（d211）
			信息通信能力（d212）
			互联网普及率（d213）
			道路交通输送能力（d214）
			电力指数（d215）
			水资源指数（d216）
			法律法规指数（d217）
			全球化指数（d218）
		经济状况（C22）	关税水平（d221）
			营商便利度（d222）
			人均GDP（d223）
			GDP增速（d224）
			贸易自由度（d225）
			经济不均衡程度（d226）
			经济表现指数（d227）
		财政金融（C23）	外汇储备（d231）
			汇率波动性（d232）
			通货膨胀率（d233）
			外商直接投资存量（d234）
			贸易平衡/GDP（d235）
			财务风险（d236）
		债务状况（C24）	外债/GDP（d241）
			国际援助/GDP（d242）
			经常账户余额/GDP（d243）
			财政余额/GDP（d244）
			政府债务/GDP（d245）

续表

目标层（A）	一级指标层（B）	二级指标层（C）	判别层（D）
非传统安全风险（A2）	社会环境（B22）	社会稳定度（C25）	脆弱国家指数（d251）
			教育水平（d252）
			社会福利政策（d253）
			环境保障力度（d254）
			社会治安指数（d255）
			贫困人口比（d256）
		宗教差异（C26）	宗教差异（d261）
		文化差异（C27）	孔子学院/课堂（d271）
			该国民众对我国好感度（d272）
			社会传统认可度（d273）
	恐怖主义和海盗活动（B23）	恐怖主义（C28）	恐怖指数（d281）
		海盗活动（C29）	历史上海盗事件次数（d291）
			历史上海盗所持武器（d292）
			历史上海盗事件团伙人数（d293）
			海域天气状况（d294）
			海域地理环境（d295）
			海域周边国家经济状况（d296）
			海域周边国家政局状况（d297）

1. d211——物流绩效指数

定义：物流绩效指数（Logistics Performance Index）是基于对跨国货运代理商和快递承运商的绩效调研得出的一系列数据，由世界银行联合学术机构、国际组织、私营企业及国际物流从业人员共同完成，能够综合反映一国的物流能力、物流效率。

风险机制：国家物流绩效指数越高，反映国家的物流能力越强，物流效率越高，如清关效率、贸易和运输质量、基础设施质量、具有竞争力货运的难易度、物流服务的质量、追踪查询货物的能力及货物在预定时间内到达收货人的概率等。因此，物流绩效指数越高，投资环境越优，外商投资风险越小。

2. d212——信息通信能力

定义：本书将该指标定义为投资目标国家通信便捷程度及通信效率。

风险机制：信息通信能力越好，反映国家的通信便捷程度越高，通信效率越高，投资环境越优，安全风险越低。

3. d213——互联网普及率

定义：根据互联网普及率计算方式，该指标可表示为各国移动互联网用户数占全国常住人口总数的比例，可反映一个国家和地区的信息化发达程度。

风险机制：互联网普及率越低，反映投资目标国家和地区的信息化发达程度越低，信息传递环境越闭塞，效率越低，投资环境越差，安全风险越高。

4. d214——道路交通输送能力

定义：本书将该指标定义为投资目标国家和地区的运输效率和安全性。

风险机制：投资目标国家和地区的道路交通输送能力越高，运输越便捷，输送效率越高，安全性越高，投资条件越优，安全风险越低。

5. d215——电力指数

定义：本书将该指标定义为投资目标国家和地区获取电力的能力。

风险机制：电力指数越高，供电区域越大，人均发电量越高，可获取电力能力越强，遭遇供电困难的概率越小，安全风险越低。

6. d216——水资源指数

定义：本书将该指标定义为投资目标国家和地区的水资源可利用率。

风险机制：投资目标国家和地区的水资源指数越大，反映国家水资源可利用率越高，投资环境越优，在投资过程中遭遇供水困难的概率越小，安全风险越低。

7. d217——法律法规指数

定义：法律代理人信任并遵守法律法规的程度，特别是合同执行、财产权、警察、法庭的质量，以及犯罪和暴力事件的发生概率。

风险机制：法律法规指数越高，表明投资目标国家和地区的法律法规执行质量越高，执法单位对法律法规的遵守度越高，国家和地区的投资规范度越高，投资相关法律法规执行度越高，在投资过程中由于法律法规模糊性或执行度低而遭受阻碍的概率越低，投资条件越优，安全风险越低。

8. d218——全球化指数

定义：本书将该指标定义为投资目标国家和地区在经济全球化背景下融入全球化市场的程度。

风险机制：全球化指数越高，国家融入全球化市场程度越高，投资政策、制度法规越容易吸引外商投资，投资条件越优，安全风险越低。

9. d221——关税水平

定义：关税水平是指投资目标国家和地区的平均进口税率，本书认为，由于"21世纪海上丝绸之路"的建设重点集中在对基础设施的建设，因此应重点考虑投资目标国家和地区对投资国家基础设施材料，如钢、铁、水泥等的平均关税水平。

风险机制：投资目标国家和地区对投资国家基础设施关税水平越低，投资关税门槛越低，投资成本越低，资金安全风险越低。

10. d222——营商便利度

定义：营商便利度评估了投资目标国家和地区的私营部门发展环境，即企业营商环境，包含对开办企业、办理建筑许可证、获得电力、获得注册权等流程的复杂性、耗时耗资程度，也包含税率、法律等因素。

风险机制：营商便利度越高，从事企业经营活动的条件越宽松，困难度越低，安全风险越低。

11. d223——人均 GDP

定义：人均 GDP 是指投资目标国家和地区在核算期内（通常是一年）实际的国民生产总值与常住人口的比值，反映当地人民生活水平，是衡量国家整体经济活动的重要指标。国民生产总值是所有当地生产者在经济中增加的总值加上产品税，减去未包括在产品价值中的补贴。计算时不扣除伪造资产的折旧或自然资源的损耗和退化。

风险机制：人均 GDP 越高，反映投资目标国家和地区人民生活水平越高，国家宏观经济状况越好，经济稳定度越高，投资环境越好，安全风险越低。

12. d224——GDP 增速

定义：GDP 增速是指每年按市价计算的本地国民生产总值年增长率（以本地货币为基准）。

风险机制：GDP 增速越高，反映国家宏观经济状况越好，国家经济发展稳定度越高，投资环境越好，安全风险越低。

13. d225——贸易自由度

定义：本书将该指标定义为包含贸易、投资和股息的经常账户交易的货币可兑换性。

风险机制：贸易自由度越高，反映国家宏观经济状况越好，国家经济发展稳定度越高，安全风险越低。

14. d226——经济不均衡程度

定义：本书将该指标定义为投资目标国家和地区居民收入差距程度和贫富差距程度。

风险机制：投资目标国家和地区的经济越不均衡，居民收入差距越大，当收入差距不平衡达到一定程度时，易出现社会动荡，危及政权稳定。经济不均衡程度越高，反映国家宏观经济状况越差，国家经济发展越畸形，安全风险越高。

15. d227——经济表现指数

定义：本书将该指标定义为权威机构对投资目标国家和地区宏观经济表现的评估。

风险机制：投资目标国家和地区的宏观经济表现越好，国家经济发展稳定度越好，安全风险越低。

16. d231——外汇储备

定义：外汇储备是指各国的中央银行及其他政府机构所集中掌握的

外汇资产，可用于清偿国际收支逆差、干预外汇市场、提高融资能力、抵抗金融风险，具体形式表现为政府在国外的短期存款或其他可以在国外兑现的支付手段，如外国有价证券及外国银行的支票、期票、外币汇票等。

风险机制：过量的外汇储备可能会加大通货膨胀的压力，导致经济增长的动力结构不均衡、流动性过剩，一般而言，合理的外汇储备是一国进行经济调节、实现内外平衡的重要手段，外汇储备越高，宏观调控能力越强，越有利于维护国家和企业在国际上的信誉，更有助于降低国内企业融资成本，遭受国际金融风险的可能性越低，安全风险越低。

17. d232——汇率波动性

定义：汇率波动性是指货币对外价值的上下波动，包括货币贬值和货币升值。货币贬值是指一国货币对外价值的下降。货币升值是指一国货币对外价值的上升。汇率的波动会对资本流动产生影响。

风险机制：在理想状态下，汇率波动性具有两面性：货币对外贬值，能够促使外国资金流入，有利于增加出口，发展出口工业和进口替代工业，促进国民经济发展，国内就业机会增加；货币对外升值，能够提升在海外的资产购买力，增强企业跨国经营并购的实力，加快货币的国际化进程。实际上，汇率波动性在一定范围内能够刺激国家经济，若波动范围过大，则会损失甚至失去调节经济和贸易的能力。汇率波动性越大，国家经济稳定性越差，可能面临的金融危机越大，安全风险越高。

18. d233——通货膨胀率

定义：通货膨胀率是货币超发部分与实际需要的货币量之比，在经济学中体现为物价平均水平的上升幅度或货币购买力的下降程度。

风险机制：通货膨胀率越高，物价上升比例越高，居民实际收入水平下降，货币购买力越低，国家遭受金融财政危机的可能性越高，投资安全风险越高。

19. d234——外商直接投资存量

定义：外商直接投资存量是指外国直接投资者以现金、实物或无形资产等方式在投资目标国家设立或购买企业在某一时点上流出的量。

风险机制：外商直接投资存量越高，政府金融财政收入越高，国家金融财政危机可能性越低，投资安全风险越低。

20. d235——贸易平衡/GDP

定义：贸易平衡/GDP 是指投资目标国家和地区年度贸易进出口总额的差额占 GDP 的比值。

风险机制：贸易进出口总额的差额有贸易顺差、贸易逆差、贸易平衡等三种类型。贸易顺差是指贸易出口总额大于贸易进口总额。贸易逆差是指贸易出口总额小于贸易进口总额。贸易平衡是指一国在特定年度内贸易进出口总额差额不大或无差别。贸易逆差越大，国家外汇储备减少，商品的国际竞争力减弱，对外贸易越不利。贸易顺差虽然有较大优势，但如果贸易顺差过多，则该国经济增长对外依存度越高，外汇储备增加，会给本国货币带来越大的升值压力。

21. d236——财务风险

定义：财务风险是指投资目标国家和地区财务结构不合理等使主体可能

丧失偿债能力，导致投资者预期收益下降。

风险机制：财务风险越高，国家偿债能力越低，投资者预期收益下降的风险越高，项目投资安全风险越高。

22. d241——外债/GDP

定义：外债是指国家向国外商业机构或政府的借贷，属于国债的一部分，不包括个人或企业向外商所借的债款。外债占 GDP 的比值反映了外债与国民经济实力的比例关系，是对一国外债承受能力的估计。

风险机制：外债占 GDP 的比值越高，表明该国的负债率越高，对外债承受能力越低，债务违约风险越高，投资安全风险越高。

23. d242——国际援助/GDP

定义：国际援助是指相关国家对投资目标国家和地区的赠与和提供的优惠贷款，国际援助占 GDP 的比值反映了国际援助与国民经济实力的关系，是对一国经济实力的衡量，也是对国家债务规模的评估。

风险机制：国际援助占 GDP 的比值越高，国家经济实力越弱，需要偿还的部分优惠贷款越高，偿债能力越低，债务违约风险越高，投资安全风险越高。

24. d243——经常账户余额/GDP

定义：经常账户余额是指一国货物和服务出口净额、收入净额与经常转移净额之和，概括了一国与其外国贸易伙伴之间由当期生产的商品和服务的购买和销售所带来的交易，反映了贸易顺差。经常账户余额占 GDP 的比值，可反映该国对出口的依存度。

风险机制：经常账户余额占 GDP 的比值越高，反映该国对出口依存度越高，当比值过大时，金融环境受外来风险影响越大，投资安全风险越高。

25. d244——财政余额/GDP

定义：财政余额是指投资目标国家和地区通过财政分配所形成的财政收入与财政支出在总量上的差额。财政收入能够保证实现政府职能的需要。财政支出是为满足政府执行职能需要而使用的财政资金。

风险机制：财政余额为正，代表国家财政收入大于财政支出。财政赤字代表国家财政支出大于财政收入。在合理范围内，财政余额越多，政府偿债能力越强，债务违约风险越小，投资安全风险越低。

26. d245——政府债务/GDP

定义：政府债务是指政府向外国政府和银行借款或在国内外发行的债券，分为中央政府债务和地方政府债务。政府债务占 GDP 的比值可反映政府债务与国民经济实力的关系，是对一国政府债务承受能力的估计。

风险机制：政府债务占 GDP 的比值越高，表明该国政府的负债率越高，对债务承受能力越低，债务违约风险越高，投资安全风险越高。

27. d251——脆弱国家指数

定义：原为失败国家指数，现更名为脆弱国家指数，用于评估世界各国总体的社会稳定度，由美国《外交政策》和美国和平基金会共同编制，主要评估 12 项社会、经济、政治及军事指标。

风险机制：脆弱国家指数越大，国家总体的社会稳定度越差，社会环境越恶劣，投资安全风险越高。

28. d252——教育水平

定义：本书将该指标定义为投资目标国家和地区的综合教育状况，包括教育资金投入、教育发展现状等。

风险机制：社会教育水平越高，在一定意义上，精英阶层占总人口的比值越高，社会稳定度越高，社会环境越优，投资安全风险越低。

29. d253——社会福利政策

定义：本书将该指标定义为政府在社会福利方面的支出。政府福利支出占GDP的比值反映国家对社会福利的重视程度及该国的社会福利水平。

风险机制：政府福利支出占GDP的比值越高，国家社会福利越好，低收入者保障越好，社会稳定度越高，投资安全风险越低。

30. d254——环境保障力度

定义：本书将该指标定义为投资目标国家和地区对环境可持续发展问题的重视程度和相关行动的执行力。

风险机制：国家环境保障力度越大，环境可持续发展越好，社会可持续发展越好，投资安全风险越低。

环境绩效指数（Environmental Performance Index，EPI）是对国家政策中环境保障力度的量化，关注国家环境可持续性和当前的环境表现，由耶鲁大学环境法律与政策中心、哥伦比亚大学国际地球科学信息网络中心联合研发。耶鲁大学每年都发布环境绩效指数，数值在0~100之间变化，评价指标体系依据10个政策类别构建，见表4.5。

表 4.5 环境绩效指数评价指标

一级指标	二级指标	一级指标	二级指标
环境疾病负担	环境疾病负担	生物多样性和栖息地	生物群落保护
水对人类的影响	饮用水覆盖		重要栖息地保护
	卫生系统覆盖		海洋保护区域
空气污染对人类的影响	城市空气颗粒	森林	储量增长变化
	室内空气污染		森林覆盖率
空气污染对生态系统的影响	二氧化硫排放量	渔业	海回归线指数
	氮氧化物排放量		拖网捕鱼强度
	挥发性有机化合物排放量	农业	农药管理
	臭氧层超标		农业用水强度
水对生态系统的影响	水质量指数		农业补贴
	水压力指数	气候变化	单位温室气体排放量
	水缺乏指数		电力二氧化碳排放强度
			工业二氧化碳排放强度

31. d255——社会治安指数

定义：本书将该指标定义为国内社会秩序的安宁程度。

风险机制：社会治安越好，社会暴力、社会突发事件越少，社会稳定度越高，投资安全风险越低。

32. d256——贫困人口比

定义：贫困人口比是指投资目标国家和地区收入小于平均 1.25 美元/日的人口占总人口的比例。

风险机制：贫困人口比越高，社会不稳定潜在的威胁因子越高，社会稳定性越低，投资安全风险越高。

33. d261——宗教差异

定义：本书将该指标定义为投资目标国家和地区信仰的主体宗教与我国信仰的主体宗教在意识形态上的差异。

风险机制：我国是多宗教国家，"21世纪海上丝绸之路"沿线国家和地区信仰的主体宗教各不相同，宗教差异越大，项目管理越困难，投资安全风险越高。

34. d271——孔子学院/课堂

定义：孔子学院/课堂是中外合作建立的非营利性教育机构，是中国国家汉语国际推广领导小组办公室在世界各地设立的推广汉语和传播中国文化的机构。

风险机制：孔子学院/课堂的设立，能够加强中国与世界各国教育文化的交流合作，发展中国与世界各国的友好关系，促进世界多元文化的发展。一国孔子学院/课堂的数量，在一定程度上可以反映该国对我国文化感兴趣的程度，能够反映该国对我国文化的了解程度。孔子学院/课堂的数量越多，表明我国与该国文化交流合作程度越高，文化互通性越好，因文化差异而影响"21世纪海上丝绸之路"建设项目及相关事项落实的概率越低，投资安全风险越低。

35. d272——该国民众对我国好感度

定义：本书将该指标定义为投资目标国家和地区的普通民众对我国的好感度。好感度主要受普通民众对我国文化的了解程度、我国在国际社会中的作用、我国对投资目标国家和地区的影响等。

风险机制：一国普通民众对我国的好感度越低，"21世纪海上丝绸之路"项目在投资目标国家和地区的舆情越趋于负面，受当地普通民众负面舆情影响，政府越可能终止或暂停项目建设，投资安全风险越高。

36. d273——社会传统认可度

定义：本书将该指标定义为投资目标国家和地区普通民众对其本国社会传统的赞同度和坚守度。

风险机制：投资目标国家和地区普通民众对其本国特有的社会传统赞同度越高，对于新加入该国和地区的投资者而言，就需要花费更大的努力去融入该国和地区的社会，学习并遵循该国和地区的社会传统，特别是如果我国与该国和地区社会传统之间存在较大差异，就可能导致不必要的冲突，投资安全风险偏高。

37. d281——恐怖指数

定义：恐怖指数是对全球各地恐怖主义的主要趋势和模式的评估，由经济与和平研究所编纂，其数据来自"全球恐怖主义数据库"（GTD，美国START协会建立）。

风险机制：恐怖指数越高，反映当地恐怖主义活动越活跃，恐怖袭击模式越残暴，投资安全风险越高。

38. d291——历史上海盗事件次数

定义：本书将该指标定义为海域或港口有记录以来海盗袭击或袭击未遂事件的次数。

风险机制：如果海域或港口历史上海盗事件次数越多，反映海域或港口周边海盗活动越猖狂,周边国家和地区由于社会环境、经济环境较为恶劣,致使以海盗为生的难民越多,船舶途经时遭受袭击的概率越大,投资安全风险越高。

39. d292——历史上海盗所持武器

定义:本书将该指标定义为海域或港口有记录以来发生海盗袭击或袭击未遂时,海盗团伙所携带的犯罪武器。

风险机制:海盗事件发生时,海盗团伙所携带的武器越精良,对港口和船舶工作人员人身安全威胁越大,海盗袭击的成功率越高,投资安全风险越高。

40. d293——历史上海盗事件团伙人数

定义:本书将该指标定义为海域或港口有记录以来海盗袭击或袭击未遂时海盗团伙人数。

风险机制:海盗事件发生时,海盗团伙人数越多,对港口和船舶工作人员人身安全威胁越大,海盗袭击的成功率越高,历史上海盗事件团伙人数能够反映海域海盗行为特征,若历史上海盗事件团伙人数较多,则船舶途经时的安全风险较高。

41. d294——海域天气状况

定义:本书将该指标定义为评估目标海域风、浪、能见度等气象和海洋条件。

风险机制:统计显示,海盗通常选择风平浪静的天气犯罪,会避开不良天气。若行船当日的海域天气形势、海面状况良好,那么遭受海盗事件的可能性将增加，安全风险随之增加。

42. d295——海域地理环境

定义：本书将该指标定义为评估目标海域暗礁、浅滩、水深等地理条件。

风险机制：海域地理环境为海盗团伙提供了袭击的前提条件，使海盗袭击成功率大大提高。复杂的地理条件是海盗隐蔽、逃匿的优良港湾，如具有"千岛之国"美誉的印度尼西亚附近海域，是海盗袭击事件频发的场所之一。一般而言，所经海域地理环境越复杂，船舶经过时受海盗袭击的可能性越大，安全风险越高。

43. d296——海域周边国家经济状况

定义：本书将该指标定义为评估目标海域沿线国家和地区的经济状况，主要是指与贫困人口相关的指标。

风险机制：一般而言，若海域周边国家经济贫困，民众生活艰苦，就会使难民人数激增，加入海盗团体的人数会有所增加，船舶遭遇海盗袭击的可能性将随之增加。

44. d297——海域周边国家政局状况

定义：本书将该指标定义为评估目标海域沿线国家和地区的政局稳定程度。

风险机制：若海域周边国家政局动荡，国内时常发生冲突，那么一方面国内局势会不稳定，导致流血冲突事件增加，部分民众会出现犯罪行为；另一方面，由于国内经济衰退，致使难民人数增加，也会在一定程度上刺激海盗人数的增加。

4.4 风险分析技术途径

风险分析（Risk Analysis）是基于一定的数据资料和相关专业知识，运用适当的理论和方法研究风险的形成，以及造成损失的可能性、严重程度、影响规模等，是对尚未发生风险的各种可能性的分析。风险分析是风险理论的核心，是风险管理的前提与基础，主要侧重于对原因和过程的分析，目的在于明确风险的内涵、框定风险涉及的系统、分析风险源对承险体的影响和影响的不确定性，从而实现对风险的量化评估。

根据目的和特征，常见的风险分析主要包括三个步骤，即风险辨识、风险评估、风险区划。

- 风险辨识（Risk Identification）：风险分析的基础，利用历史数据及相关知识，对复杂环境背景下的各种风险源进行辨识，明确风险评估的研究内容。
- 风险评估（Risk Assessment）：风险分析的核心，运用适当的理论、方法对风险源的潜在危险性和承险体可能受到的潜在损失进行评判和估计。
- 风险区划（Risk Zonation）：风险分析的表达，采用科学、直观的数学方法，对风险进行等级区划，并绘制地理空间分布。

依据风险分析的三个步骤，基于风险的性质，归纳常用的风险分析方法见表4.6。

表 4.6 常用的风险分析方法

分析阶段	分析方法
风险辨识	问卷调查法、风险列表法、风险因素预先分析法、历史灾情分析法、情景分析法、故障树分析法、事件树分析法
风险评估	概率统计法、层次分析法、模糊风险分析法、人工神经网络、灰色随机风险分析法、主成分分析法、因素分析法、最佳理想解法、投影寻踪法、信息扩散理论
指标量化	灰色关联度法、定量化理论、专家调查打分法
权重确定	专家调查打分法、层次分析法、频数统计法、德尔菲方法、最小评分法、环比评分法、熵值法、相关系数法、离差最大化法、主成分分析法、变异系数法、特征向量法、人工神经网络、数据包络分析、灰色专家评估法
指标融合	加权综合评价法
风险区划	模糊聚类法、自然断裂法、最优分割法、数列分级法、分位数分级法、标准差分级法

4.4.1 风险辨识

对"21世纪海上丝绸之路"沿线国家和地区的社会、经济、地缘人文、安全稳定状况开展的理论分析表明，由于沿线国家和地区的经济发展不均衡及地缘人文环境的动态性、复杂性和不确定性，致使"21世纪海上丝绸之路"倡议在推进与建设进程中面临较大的地缘安全挑战。本书分别从传统安全和非传统安全角度出发，梳理了"21世纪海上丝绸之路"沿线国家和地区政治、经济、社会等环境的致险因子，对致险因子的风险机理和数据来源进行了详细阐述，分析了地缘人文环境对"21世纪海上丝绸之路"倡议的影响过程和影响机理。

4.4.2 风险评估

基于风险辨识结果，可构建"21世纪海上丝绸之路"风险评价指标体系，依据各指标的影响机理，分析指标体系的数据特征，选择或构建适当的算法模型，对"21世纪海上丝绸之路"地缘人文环境开展量化风险评估。

由于地缘人文环境呈现定性化、多元化的特征，不同指标之间的数据可能存在较大量级的差异，甚至是定性属性、定量属性的差异，即使是同一指标的数据，也存在多种来源，在数据均具有较高权威性时，也会由于专家意见分歧、评估标准差异，致使不同权威机构给出的评估结果差异较大，因此地缘人文风险的量化评估需要重点解决专家知识定量化、多元信息无差别融合以及数据与风险比值非线性变化等问题。

4.4.3 风险预警

在"21世纪海上丝绸之路"地缘人文风险量化评估的基础上，采用模糊聚类法、自然断裂法、最优分割法、数列分级法、分位数分级法、标准差分级法等对评估结果进行区划，并绘制地理空间分布，以实现风险提前预警，为政策制定、方案拟定提供有意义的决策依据。政府或企业依据风险预警，可对投资时机、投资周期、投资方案等进行调整和优化，以期达到规避风险、降低风险、防范风险的目的。

4.4.4 风险分析技术流程

综上所述，风险分析技术流程如下：

第4章 地缘风险概念模型与评价指标体系

- 进行风险监测，基于风险孕险环境开展风险源和承险体分析；
- 梳理风险概念模型后，根据不同的风险类型和数据样本，构建风险量化评估模型并开展风险评估；
- 进行风险区划、风险预警和风险管控，达到规避、降低风险的目的；
- 对管控后的残余风险继续进行监测。

风险分析技术流程如图 4.2 所示。

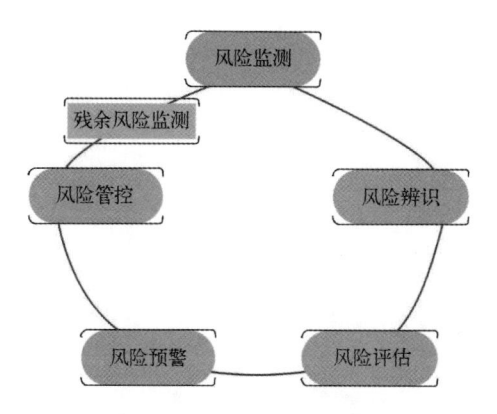

图 4.2 风险分析技术流程

参考文献

[1] 张明. 直面"一带一路"的六大风险 [J]. 国际经济评论, 2015 (4): 38-41.

[2] 张曼菲. 我国"一带一路"战略下的环境风险与解决路径 [J]. 智能城市, 2017 (1): 6-7.

[3] 李玉璧, 王兰. "一带一路"建设中的法律风险识别及应对策略 [J]. 国家行政学院学报, 2017 (2): 77-81.

[4] 王凤娟, 卢毅. "一带一路"海外承包工程非传统安全风险分析——以21世纪海

上丝绸之路为例［J］.工程管理学报,2017,31（1）：129-133.

［5］邹统钎,梁昊光.中国"一带一路"投资与安全研究报告（2016-2017）［M］.北京：社会科学文献出版社,2017.

［6］杨理智,张韧."21世纪海上丝绸之路"地缘环境分析与风险区划［J］.军事运筹与系统工程,2016（1）：5-11.

［7］杨理智."21世纪海上丝绸之路"安全风险评价体系和评估技术研究［D］.长沙：国防科技大学,2018.

第 5 章
海上丝绸之路互联互通与非传统安全风险

政策沟通、设施联通、贸易畅通、资金融通、民心相通是"21世纪海上丝绸之路"倡议的前提和基础。为此，本章将重点针对我国与沿线国家和地区之间互联互通状况及主要海域的非传统安全风险开展研究。

5.1 概述

"21世纪海上丝绸之路"途经亚洲、欧洲、非洲等诸多国家和地区，地缘人文环境复杂。例如，在经济方面，东南亚各国经济发展不平衡：一部分国家因薄弱的经济基础与不稳定的内部环境，经济风险较高；另一部分国家经济基础发展较好，经济前景优良，债务风险较小。

针对该现状，"21世纪海上丝绸之路"倡议积极推进与沿线国家和地区的经济、贸易合作与文化交流，缩短沿线国家和地区在地理空间、物理空间和管理空间上的距离，促进全球生产要素的自由流通，实现与沿线国家和地区互联互通。政策沟通是"21世纪海上丝绸之路"倡议的重要保障，通过充分交流对接，沿线国家和地区能够为"21世纪海上丝绸之路"倡议提供政策支撑。设施联通是"21世纪海上丝绸之路"倡议的优先领域，加强合作国之间基础设施建设方面的沟通，打造畅通的安全运输通道及国际经济合作走廊。贸易畅通是"21世纪海上丝绸之路"倡议的重点内容，加强合作国之间的贸易合作，增强贸易的便利性，消除贸易壁垒，构建一个宽泛、兼容的贸易合作体系。资金融通是"21世纪海上丝绸之路"倡议的重要支撑，针对融资难、融资成本高等问题，加强与沿线国家和地区在金融方面的合作，共同建设亚洲货币稳定体系、信用评价体系。民心相通是"21世纪海上丝绸之路"倡议的社会根基，与合作国开展人才合作、学术交流和人员交流互访等活动，增强双边合作的民意基础。

5.2 沿线国家和地区互联互通状况

"21世纪海上丝绸之路"倡议通过促进与沿线国家和地区的互联互通推进人文交流。目前，我国与合作国家和地区之间的互联互通状况需要加强。以基础设施方面为例，东盟地区虽然人口稠密，但道路、港口等基础设施滞后，也未实现网络的完全链接，致使信息的互联互通滞后；南亚地区基础设施薄弱，部分国家和地区面临口岸、场站设施规模小和公路失修严重等问题，与我国交通联系不密集，交流对话机制待完善，直航线路少。

目前，针对我国与"21世纪海上丝绸之路"倡议沿线国家和地区之间互联互通状况的专项研究较少，现有研究主要围绕互联互通对我国的意义、两三个国家之间的互联互通状况及我国与沿线某地区的互联互通现状等。北京大学"一带一路"五通指数研究课题组[1]构建了评估"一带一路"沿线国家和地区互联互通指数的指标体系，并用专家调查打分法、标准化方法等进行了量化评估。目前我国与"一带一路"合作国家和地区之间的互联互通状况尚缺乏量化分析方法和技术手段。沿线国家和地区的政治、经济、文化等方面与我国的互联互通状况是开展多方面合作的前提和基础，对其进行量化分析具有十分重要的意义。

5.3 沿线国家和地区地缘人文分析

由于地缘人文环境互联互通指数众多，虽然部分指数拥有统计信息，但多数统计信息仅有定性的文字描述，因此互联互通指数的分类需要建立能够同时处理定量和定性混合属性信息的聚类模型。本书引入云模型理论，将定性的文字描述转化为定量的数字刻画，提出语义测度的定义，构建相应的语义云距离测度函数，计算不同语义之间的距离，完成聚类模型的构建。

5.3.1 云模型原理和分析方法

在对某一问题进行分析的过程中，人们通过主观判断，可从繁杂的资料中梳理出问题的脉络框架，并能够根据资料对问题的每一部分内容进行初步评估。这种评估通常是建立在定性的语义基础上的，并不能形成一个清晰的概念，如很好、较好、一般等。当由多位专家对某一问题进行评估时，如何将多位专家的定性概念融合，是需要解决的数学问题。定性概念融合的基础是先将其转换为定量参数，而后通过相应的算法将多个定量参数融合，再将计算结果映射回定性概念，从而完成评估。因此，定性概念与定量数据之间的映射模型是实现定性概念融合的基础。

人类的语言具有不确定性。这种不确定性涵盖模糊性、随机性、不完全性、不稳定性及不一致性等五个方面。模糊性和随机性是最基本的不确定性[2]。模糊性源自概念本身模糊，一个对象是否符合这个概念难以确定，在质上没有明确含义，在量上没有明确边界。这种边界不清的性质，不是由人的主观认识造成的，而是事物的一种客观属性，如青年、中年这样的概念，虽然均有一个大致的轮廓概念，但细看时却没有一个确定的边界。这正是模糊数学需要解决的问题。随机性指的是，事件的出现与否所表现出来的不确定性。由于事件发生的条件不充分，使得条件与结果之间没有确定性的因果关系，如一位专家给予评估对象的评语为"好"，另一位专家对该评估对象的评语为"差"，该评估对象最后的评语不一定是"好"或"差"。这正是概率论需要解决的问题。事实上，在人类的语言中，随机性和模糊性是相互关联、不可分割的，如某一事件的模糊隶属度是随机的，并不是一个确定的值，若是一个确定的数值，则模糊问题就能用精确的数值来表达。

因此，在对定性概念进行表达时，需要同时考虑语言不确定性中的模糊性和随机性两个方面。基于以上思考，李德毅提出隶属云的概念，基本思想：设 U 为精确数值的定量论域，A 是 U 的定性概念，x 是定性概念 A 的一次随机实现，则对 $\forall x \in U$ 都存在一个有稳定倾向的随机数 $\mu(x) \in [0,1]$，称 x 为对 A 的隶属度。隶属度 x 在 U 中的分布即为隶属云，简称云。每一个 x 都是一个云滴。云的整体形状就是对定性概念的整体刻画。隶属云是云模型理论的核心思想，旨在用数学方法将自然语言中的模糊性和随机性进行结合并表达，简明扼要地体现两者之间的关联性，从经典的随机理论和模糊集合理论出发，实现定性概念与定量数值的不确定性转化,避免用过于复杂的数学运算表达概念,确保在评估时保留人类思维的本质,更好地将人类思维反映在量化数值上。云滴 x 随机出现的概率越大,确定度越大,云滴对概念的贡献越大。云滴越多,越能反映定性概念的整体形状。云可以用云图表示。云的几何形状便于对转换概念的直观理解。

1. 云模型的数值特征

定性概念的整体定量特性通过云的三个数值特征来反映,即期望 Ex、熵 En 和超熵 He。

- 期望 Ex:定性概念的信息重心值,是最能够代表定性概念的点。
- 熵 En:定性概念的不确定性度量,首先,En 反映的是对定性概念模糊性的度量,即概念亦此亦彼的裕度,反映可被概念接受的云滴的取值范围;其次,En 又是对定性概念随机性的度量,反映云滴的离散程度;最后,En 还反映模糊性和随机性的关联性。在一般情况下,En 越大,模糊性和随机性越大,量化越困难。
- 超熵 He:定性概念的不确定性度量,即熵的熵,是偏离正态分布程度的度量,由模糊性和随机性共同决定。

2. 云发生器

鉴于正态分布及钟形隶属度函数的普适性,目前最常用的云模型是正态云模型,以其为基础的正态云发生器是目前使用最广泛的云发生器。

正态云是一种特殊形式的云。正态分布通常用均值和方差两个数值特征表示,钟形隶属度函数通常用 $\mu(x) = e^{-\frac{(x-a)^2}{2b^2}}$ 表示。正态云的基本思想:设 U 为精确数值的定量论域,A 是 U 的定性概念,x 是定性概念 A 的一次随机实现，若对 $\forall x \in U$，x 满足 $x \sim N(\text{Ex}, \text{En}'^2)$。其中，$\text{En}' \sim N(\text{En}, \text{He}^2)$，且 x 对 A 的确定度满足 $\mu = e^{-\frac{(x-\text{Ex})^2}{2(\text{En}'^2)}}$，则 x 在 U 上的分布称为正态云。

云发生器分为正向正态云发生器和逆向正态云发生器，通过云模型数值特征产生云滴的为正向正态云发生器。

正向正态云发生器根据云的三个数值特征($\text{Ex}, \text{En}, \text{He}$)产生云滴，实现从定性到定量的映射，具体算法如下：

- 生成以 En 为期望、He^2 为方差的一个正态随机数 En'；
- 生成以 Ex 为期望、En'^2 为方差的一个正态随机数 x；
- 计算 $\mu(x_i) = e^{-\frac{(x_i-\text{Ex})^2}{2(\text{En}'_i)^2}}$；
- 生成隶属度 $\mu(x_i)$ 的 x_i 被称为 U 的一个云滴；
- 重复以上步骤，直到产生所要求的 n 个云滴。

3. 虚拟云算法

在对概念的认知过程中，许多时候并不存在层次结构清楚、边界划分明确的唯一树状结构，概念之间或许存在交叉，一个低层次的概念也可以隶属于多个高层次的概念，整体呈树状结构，局部呈网状结构，称之为泛概念树。事物粒度的转变包括两个方向：从较细粒度的概念跃升到较粗粒度的概念，是对信息或知识的抽象，可以使问题简化，通常这一过程被称为数据简约或归约；从较粗粒度到较细粒度，可以发现纷繁复杂的个性特征，更准确地区分差别，个性要比共性丰富和典型。云综合是将两朵云合成一朵云的过程，在泛概念树的叶节点基础上，直接将概念提升到所需的概念粒度或概念层次，将两个或两个以上的同类型语言值综合为一个更广义的概念语言值。

虚拟云算法是高斯云常用的运算方法,是将给定云的数值特征进行某种运算得到新的数值特征的方法,主要有浮动云、综合云、分解云、几何云等算法。其中,浮动云算法、综合云算法是较为常用的云综合算法;分解云算法是综合云的反向,将一个基云分解为若干个虚拟云,以对概念有更细致的描述,用于概念树层次间的概念细化操作;几何云算法是根据云的局部特征,用数学拟合生成一个完整云。浮动云算法、综合云算法是两种常用的虚拟云算法。

(1) 浮动云算法

浮动云算法能够在两朵基云之间未被覆盖的空白区生成虚拟语言值,适用于两两相对独立的评估指标,即

$$\begin{cases} \mathrm{Ex} = \dfrac{\mathrm{Ex}_1 W_1 + \mathrm{Ex}_2 W_2 + \cdots + \mathrm{Ex}_n W_n}{W_1 + W_2 + \cdots + W_n} \\ \mathrm{En} = \dfrac{W_1^2}{W_1^2 + W_2^2 + \cdots + W_n^2} \cdot \mathrm{En}_1 + \cdots + \dfrac{W_n^2}{W_1^2 + W_2^2 + \cdots + W_n^2} \cdot \mathrm{En}_n \\ \mathrm{He} = \dfrac{W_1^2}{W_1^2 + W_2^2 + \cdots + W_n^2} \cdot \mathrm{He}_1 + \cdots + \dfrac{W_n^2}{W_1^2 + W_2^2 + \cdots + W_n^2} \cdot \mathrm{He}_n \end{cases} \quad (5.1)$$

(2) 综合云算法

综合云算法能够合并若干朵基云,综合成一个更广义的语言值,更适用于相关性较强指标之间的融合。融合后,云的覆盖范围更为广泛。"软或"是综合云中最常用的算法。

设两个相邻的高斯云 $C_1(\mathrm{Ex}_1, \mathrm{En}_1, \mathrm{He}_1)$、$C_2(\mathrm{Ex}_2, \mathrm{En}_2, \mathrm{He}_2)$,若 $\mathrm{Ex}_1 \leqslant \mathrm{Ex}_2$,则经融合后,得到的高斯云 $C_3 = C_1 \cup C_2$。其中,$C_3(\mathrm{Ex}_3, \mathrm{En}_3, \mathrm{He}_3)$ 的参数为

$$\begin{cases} Ex_3 = \dfrac{Ex_1+Ex_2}{2}+\dfrac{En_2-En_1}{4} \\ En_3 = \dfrac{Ex_2-Ex_1}{4}+\dfrac{En_1+En_2}{2} \\ He_3 = \max(He_1,He_2) \end{cases} \quad (5.2)$$

5.3.2 语义云距离测度

自提出云模型理论后，其相关的理论和方法得到了快速发展，许多学者就云的距离进行了研究。

张勇等人[3]提出了相似云的概念，并提出了一种基于随机选取云滴并计算其平均距离值来表征云的相似度的算法（IBCSC）。该算法计算量极大，且计算结果不稳定。张光卫等人[4]从相似性度量方法出发，提出了一种基于云模型的相似度计算方法（LICM），即用夹角余弦计算相似度，虽简化了计算过程，但忽视了熵和超熵的作用。李海林等人[5]克服了前两种算法的缺点，通过求解云模型期望曲线（ECM）和最大边界曲线（MCM）相交的重叠部分面积来表示云模型的相似度：前者忽略了超熵的作用；后者放大了超熵的作用，仅通过交叠面积来计算两朵云之间的相似度是不够的，即忽略了云形状的相似性所代表的语义含义，计算积分函数的复杂度也较高。杨萍[6]提出了一种综合相似度的测算方法，实际上是将基于云滴距离计算的相似度结果和基于数值特征的相似度结果结合起来，也没有优化上述算法中存在的问题。孙妮妮等人[7]虽然通过计算云模型重叠度优化了 ECM 和 MCM 计算复杂的问题，但依然没有解决云的形状对云的相似度的重要性，且算法中确定度的选择过于简单，缺乏依据。

上述算法虽然在云距离测度的推进上做出了积极的贡献，但在运算过程中，都忽略了云的宽泛程度，即忽略或弱化了云的形状差异对两朵云之间距离的影响。这也是从云重叠面积考虑云之间相似性存在的主要问题。

事实上，两朵隶属云之间的距离是指语义的差距，并不仅仅指位置的差异（如"好"与"坏"的差异），还包含宽度的差异（如"很好"与"好"的差异）。厘清了隶属云的距离实则是"语义云"的距离这一概念后，在测度云的距离时，就需要同时考虑云的"位置"与"形状"。云的位置代表语言的中心含义。云的形状代表语言的宽泛程度。当语言的中心含义相同、宽泛程度不同时，语言之间也存在一定程度的不同。

因此，本书将隶属云的距离定义为语义云的距离。语义云的距离指的是，包含语义信息的两朵隶属云之间位置与形状的差异。

云的形状由云的三个数值特征决定。从云期望曲线边缘位置考虑云位置的差异也是一种简单可行的方法。为此，杨理智[8]提出了一种新的同时考虑云的整体位置和云的形状的云距离测度函数（SSCM），即

$$d(C_1, C_2) = \omega_1 \cdot \left[\frac{1}{3} \left(\left(\frac{Ex_1 - Ex_2}{\max(|Ex_1|, |Ex_2|)} \right)^2 + \left(\frac{En_1 - En_2}{\max(|En_1|, |En_2|)} \right)^2 \right. \right.$$
$$\left. \left. + \left(\frac{He_1 - He_2}{\max(|He_1|, |He_2|)} \right)^2 \right) \right]^{1/2}$$
$$+ \omega_2 \cdot \left[\frac{1}{2} \left(\left(\frac{(Ex_1 - 3En_1) - (Ex_2 - 3En_2)}{\max(|Ex_1 - 3En_1|, |Ex_2 - 3En_2|)} \right)^2 \right. \right.$$
$$\left. \left. + \left(\frac{(Ex_1 + 3En_1) - (Ex_2 + 3En_2)}{\max(|Ex_1 + 3En_1|, |Ex_2 + 3En_2|)} \right)^2 \right) \right]^{1/2}$$

(5.3)

式中，ω_1 为"云的位置"的权重；ω_2 为"云的形状"的权重，$\omega_1+\omega_2=1$。为了与其他算法进行对比，选用孙妮妮等人的例子进行比对，如图 5.1 所示。

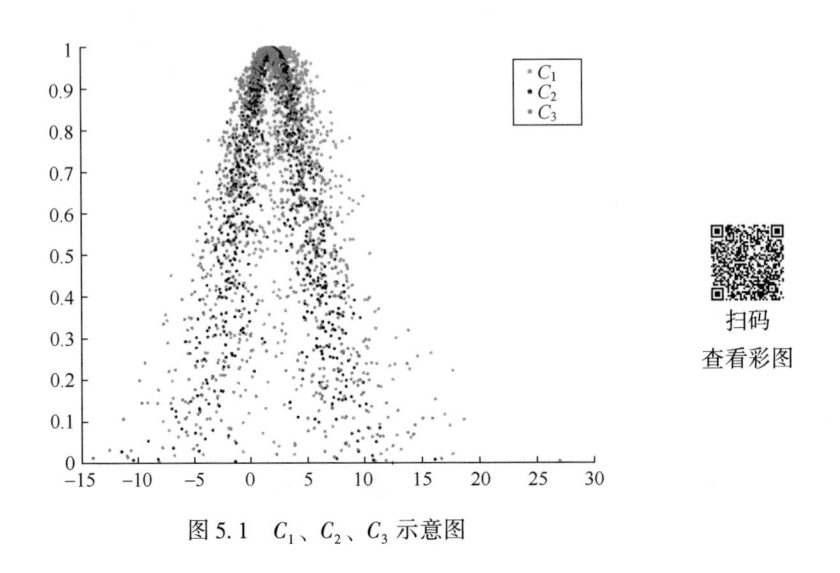

图 5.1　C_1、C_2、C_3 示意图

孙妮妮等人将自己的方法与多种方法进行了比较，见表 5.1。

表 5.1　多种方法比较

方法	相似度/%			方法	相似度/%		
	C_1	C_2	C_3		C_1	C_2	C_3
IBCSC	97.02			OECM	100.00		
	95.59	97.69			90.60	100.00	
	95.19	97.55	98.41		87.40	91.33	100.00
ECM	100.00			OMCM	100.00		
	87.03	100.00			78.40	100.00	
	83.22	91.09	100.00		89.96	88.00	100.00

续表

方法	相似度/%			方法	相似度/%		
	C_1	C_2	C_3		C_1	C_2	C_3
MCM	100.00			SSCM	100.00		
	78.49	100.00			77.28	100.00	
	89.55	88.02	100.00		72.32	80.44	100.00
LICM	100.00						
	97.17	100.00					
	94.38	98.50	100.00				

由此可见，除 MCM 方法和 OMCM 方法之外，杨理智提出的 SSCM 改进方法的结果与其他方法的结果一致。MCM 方法和 OMCM 方法由于放大了 He 的作用，导致结果与其他结果不一致。由图 5.1 可知，C_2 和 C_3 除在云位置上有一定的差别之外，在云的形状上也有一定的差别，C_3 云明显比 C_2 云的离散程度更高，不确定性更大。其余方法高达 90% 以上的相似度估值偏高，是由于这些方法仅考虑了云滴位置，未考虑云整体形状的影响。SSCM 改进方法在一定程度上降低了相似度的虚高估值，且计算简便，实用性较好。

5.3.3 基于语义云距离测度的 K 均值聚类

虽然 K 均值聚类是常用的聚类方法，但 K 均值聚类的初始分类对其运算量和结果均有较大影响。因此，本书基于语义云距离测度函数，先运用最小距离法将对象集聚类，聚类结果作为 K 均值聚类的初始类簇，再运用 K 均值聚类得到更为稳定的聚类结果。具体步骤如下：

① 专家对缺少定量数据的指标进行评估，给出评语；

② 运用云模型将专家评语转化为云的三个数值特征；

③ 在国别聚类研究中，令每一个国家为单独的一个分类，运用式（5.4）计算每组数值之间的距离，得到距离矩阵，即

$$d(A_1, A_2) = \sum_{i=1}^{n} \omega_i |\theta_{A_1}(x_i) - \theta_{A_2}(x_i)|$$

$$+ \left\{ \frac{1}{2} \left[\frac{1}{3} \sum_{k=1}^{n} \omega_k \left(\left(\frac{Ex_{A_1}(x_k) - Ex_{A_2}(x_k)}{\max(|Ex_{A_1}(x_k)|, |Ex_{A_2}(x_k)|)} \right)^2 + \left(\frac{En_{A_1}(x_k) - En_{A_2}(x_k)}{\max(|En_{A_1}(x_k)|, |En_{A_2}(x_k)|)} \right)^2 \right. \right. \right.$$
$$\left. \left. \left. + \left(\frac{He_{A_1}(x_k) - He_{A_2}(x_k)}{\max(|He_{A_1}(x_k)|, |He_{A_2}(x_k)|)} \right)^2 \right] \right]^{1/2}$$
$$+ \frac{1}{2} \left[\frac{1}{2} \sum_{k=1}^{n} \omega_k \left(\left(\frac{(Ex_{A_1}(x_k) - 3En_{A_1}(x_k)) - (Ex_{A_2}(x_k) - 3En_{A_2}(x_k))}{\max(|Ex_{A_1}(x_k) - 3En_{A_1}(x_k)|, |Ex_{A_2}(x_k) - 3En_{A_2}(x_k)|)} \right)^2 \right. \right.$$
$$\left. \left. \left. + \left(\frac{(Ex_{A_1}(x_k) + 3En_{A_1}(x_k)) - (Ex_{A_2}(x_k) + 3En_{A_2}(x_k))}{\max(|Ex_{A_1}(x_k) + 3En_{A_1}(x_k)|, |Ex_{A_2}(x_k) + 3En_{A_2}(x_k)|)} \right)^2 \right] \right]^{1/2} \right\}$$

(5.4)

式中，$X = \{x_1, x_2, \cdots, x_n\}$ 为一有限集合，代表 A_1、A_2 事件中的指标；ω_j、ω_k 分别为第 j 个和第 k 个指标的权重，当第 j 个指标为单数值时，直接计算数值距离，当第 k 个指标为云模型数值时，用语义云测量函数进行计算。

④ 搜索距离最小的两组事件 A_i 和 A_j，将 A_i 和 A_j 合并成一个新的事件 A_{ij}，同时用浮动云算法和均值法计算 A_{ij} 的中心；

⑤ 代入 A_{ij}，更新距离矩阵；

⑥ 重复步骤③④⑤，直到聚为三类；

⑦ 将三类作为 K 均值聚类的初始分类，计算初始分类的中心；

⑧ 计算每个事件到中心的距离，将事件分配到最近的中心；

⑨ 重新计算事件中心；

⑩ 重复步骤⑧⑨，直到中心稳定。

5.4 沿线国家和地区互联互通指标区划

5.4.1 指标体系

"21 世纪海上丝绸之路"沿线国家和地区互联互通涉及政策、设施、贸易、资金、民心等五个方面。对互联互通指标的聚类分析及区划，对于了解"21 世纪海上丝绸之路"沿线国家和地区的人文环境有着重要意义。针对"21 世纪海上丝绸之路"沿线国家和地区的互联互通情况缺乏定量分析的现状，下面引用北京大学"一带一路"五通指数研究课题组构建的"一带一路"沿线国家和地区互联互通评价指标体系，采用定量化方法，根据合理性和数据来源的可获取性对部分指标进行修改，得到指标体系见表 5.2，分为四个层次，共 27 个评价指标，分别对政策、设施、贸易、资金、民心等五个方面的互联互通情况进行聚类分析。

表 5.2 "21 世纪海上丝绸之路"沿线国家和地区互联互通评价指标体系

目 标 层	指 标 层	次级指标层	准 则 层
互联互通指标（A1）	政策沟通（B1）	政治互信（C1）	高层友好交流频繁度（d1）
			伙伴关系（d2）
		合作机制（C2）	驻我国使领馆数（d3）
		政治环境（C3）	政治稳定性（d4）
			政府效率（d5）
			清廉指数（d6）
	设施联通（B2）	交通设施（C4）	物流绩效指数（d7）
			是否与我国直航（d8）
			是否与我国铁路联通（d9）
			是否与我国海路联通（d10）
		通信设施（C5）	电话线路覆盖率（d11）
			互联网普及率（d12）
		能源设施（C6）	道路交通输送能力（d13）
	贸易畅通（B3）	畅通程度（C7）	关税水平（d14）
			双边贸易额（d15）
		投资水平（C8）	双边投资协定（d16）
			我国对该国直接投资流量（d17）
	资金融通（B4）	金融合作（C9）	货币互换合作（d18）
			金融监管合作（d19）
		信贷体系（C10）	信贷便利度（d20）
			信用市场规范度（d21）
		金融环境（C11）	外汇储备量（d22）
			外债占 GDP 比值（d23）
	民心相通（B5）	旅游活动（C12）	旅游目的地热度（d24）
		科教交流（C13）	孔子学院数量（d25）
		民间往来（C14）	我国网民对该国的友好关注度（d26）
			民众好感度（d27）

5.4.2 模拟聚类分析与实验评估区划

1. 东南亚

(1) 指标数值与评语

在表5.2中，部分指标有直接定量化数值，对部分没有定量化数值的指标要根据资料进行评价，评语分为五个等级。对于指标 d8~d10，若有直航，则打分为1；若无直航，则打分为0。基于云模型和语义云测度，东南亚国家互联互通准则层的指标数值与评语见表5.3。

表5.3 东南亚国家互联互通准则层的指标数值与评语

准则层	东南亚国家									
	X1	X2	X3	X4	X5	X6	X7	X8	X9	X10
d1	24	34	25	53	22	15	60	20	40	—
d2	A	A	C	B	C	C	A	A	A	A
d3	3	4	4	6	6	1	6	6	4	4
d4	−0.62	0.11	−1.13	1.23	−1.16	1.13	0.12	0.12	−1.13	−0.22
d5	2.43	3.70	2.58	4.78	2.78	3.42	2.34	1.76	1.05	1.76
d6	3.04	4.78	2.58	10	3.71	5.93	2.89	2.24	1.55	2.38
d7	3.08	3.59	3	4	3.43	—	3.15	2.39	2.25	2.74
d8	1	1	1	1	1	1	1	1	1	1
d9	0	0	0	0	0	0	1	0	0	0
d10	1	1	1	1	1	1	1	0	1	1
d11	142	149.90	139.30	155.40	144.50	145.40	175.30	135.90	7.79	133.1

续表

| 准则层 | 东南亚国家 ||||||||||
	X1	X2	X3	X4	X5	X6	X7	X8	X9	X10
d12	14.16	36.27	14.24	55.14	20.62	40.7	8.152	4.407	14.3	2.226
d13	61.35	90.95	15.80	100	100	83.20	53.31	16.89	52.38	10.34
d14	30.08	37.85	43.3	21.33	35.8	13.52	39.27	27.73	33.92	21.53
d15	635.8	1020.2	432.81	797.4	726.7	19.36	836.4	27.4	69.7	24.99
d16	1	1	1	1	1	0	1	1	1	1
d17	1073.45	347.39	139.66	3534.17	568.41	7.80	369.55	651.08	498.76	491.58
d18	1000	1800	0	3000	700	0	0	0	0	0
d19	2	1	1	1	1	0	1	0	0	1
d20	58.12	79.13	60.07	87.34	71.42	62.93	62.1	53.77	45.27	55.22
d21	-0.52	0.54	-0.46	1.79	-0.16	0.67	-0.42	-0.82	-1.31	-0.98
d22	934	1305	738	2705	1590	30	255	8.39	76	44
d23	8.05	-40.24	-4.86	-298.3	-16.15	-1056	-6.51	54.36	36.65	21.92
d24	较高	中等	较低	较高	极高	极低	较高	极低	较低	较低
d25	1	1	3	1	12	0	1	1	1	1
d26	较高	极高	极低	较高	中等	中等	极低	较高	较高	中等
d27	中等	较高	极低	较高	中等	中等	极低	极高	较低	极高

注：对指标d2，A表示关系密切，之后逐渐降低。

表5.3中有定量数值和定性评语，可对数值分三步进行处理：

① 对d3、d5、d6、d12~d14、d19~d21等9个指标数值进行标准化处理，得到[0,1]之间的数值。

② 由于数值存在缺失或量级差别过大，标准化处理后的结果易导致同一指标数值过大，使得某一指标对结果影响过大，因此当数值量级相差两级以上时，要给定分级标准，如d1、d2、d4、d7、d11、d15、d17、d18、d22、 d23、d25，并对应分级标准给出相应的评语。

③ 运用云模型将所有的评语量化，使每一个评语都转化为对应的云模型数值特征，分别设 0 和 1 为约束上限和约束下限。

（2）聚类结果与特征分析

将处理后的数值代入聚类模型，分别对政策沟通、设施联通、贸易畅通、资金融通、民心相通等五个方面进行聚类分析，结果见表 5.4。

表 5.4　东南亚国家互联互通指标层聚类结果

指　标　层		东南亚国家
政策沟通	一类	X2、X4、X6
	二类	X1、X5、X8、X9、X10
	三类	X3、X7
设施联通	一类	X1、X2、X3、X5、X8、X9、X10
	二类	X4、X6
	三类	X7
贸易畅通	一类	X1、X2、X3、X4、X5、X7
	二类	X8、X9、X10
	三类	X6
资金融通	一类	X1、X2、X3、X4、X5、X7、X10
	二类	X8、X9
	三类	X6
民心相通	一类	X1、X2、X4、X5、X9、X10
	二类	X3、X7
	三类	X6、X8

根据聚类结果，得到聚类中心值模拟实验结果，见表 5.5。

对聚类中心值模拟实验结果的解读如下。

表 5.5 东南亚国家互联互通指标层聚类中心模拟实验结果

指标层		d1	d2	d3	d4	d5	d6	
政策沟通	一类	(0.5, 0.033, 0.0001)	(0.7, 0.033, 0.0001)	0.5	(0.85, 0.06, 0.0001)	0.8	0.67	
	二类	(0.65, 0.042, 0.0001)	(0.73, 0.05, 0.0001)	0.75	(0.35, 0.042, 0.0001)	0.41	0.26	
	三类	(0, 0.067, 0.0001)	(0.05, 0.067, 0.0001)	0.83	(0.5, 0.033, 0.0001)	0.51	0.27	
指标层		d7	d8	d9	d10	d11	d12	d13
设施联通	一类	(0.55, 0.033, 0.0001)	1	0	0.5	(0.1, 0.067, 0.0001)	0.22	0.48
	二类	(0.9, 0.067, 0.0001)	1	0	1	(0.9, 0.067, 0.0001)	1	0.9
	三类	(0.7, 0.033, 0.0001)	1	1	1	(0.9, 0.067, 0.0001)	0.15	0.2
指标层		d14	d15	d16	d17			
贸易畅通	一类	(0.9, 0.067, 0.0001)	(0.75, 0.05, 0.0001)	1	(0.51, 0.035, 0.0001)			
	二类	(0.9, 0.067, 0.0001)	(0.1, 0.067, 0.0001)	1	(0.45, 0.033, 0.0001)			
	三类	(0.9, 0.067, 0.0001)	(0.1, 0.067, 0.0001)	0	(0.1, 0.067, 0.0001)			
指标层		d18	d19	d20	d21	d22	d23	
资金融通	一类	(0.76, 0.063, 0.0001)	0.625	1	0.8	(0.3, 0.05, 0.0001)	(0.65, 0.041, 0.0001)	
	二类	(0.2, 0.05, 0.0001)	0	1	0.6	(0.1, 0.067, 0.0001)	(0.4, 0.033, 0.0001)	
	三类	(0.9, 0.067, 0.0001)	0	0	0.8	(0.1, 0.067, 0.0001)	(0.9, 0.067, 0.0001)	
指标层		d24	d25	d26	d27			
民心相通	一类	(0.63, 0.052, 0.0001)	(0.6, 0.05, 0.0001)	(0.5, 0.035, 0.0001)	(0.51, 0.037, 0.0001)			
	二类	(0.5, 0.033, 0.0001)	(0.4, 0.033, 0.0001)	(0.1, 0.067, 0.0001)	(0.1, 0.067, 0.0001)			
	三类	(0.1, 0.067, 0.0001)	(0.1, 0.067, 0.0001)	(0.5, 0.033, 0.0001)	(0.5, 0.033, 0.0001)			

① 政策沟通。

- 一类国家：与我国政策沟通较好，主要得益于这类国家国内宽松的政治环境，与我国高层交流、使领馆数量等仍有进一步提升空间，称为"畅通型"国家。

- 二类国家：与我国政策交流程度处于中等偏上水平，政治合作力度较大，国内政治环境存在一定风险，称为"良好型"国家。

- 三类国家：受制于地区国际关系和国内政治环境，与我国的政策交流不够通畅，需双方努力改善当前局面，称为"风险型"国家。

② 设施联通。

- 一类国家：与我国设施联通整体程度不高，交通运输渠道较少，自身的物流网络、基础设施水平不高，特别是电话线路覆盖率、互联网普及率较低，有很大的提升空间，称为"潜力型"国家。

- 二类国家：与我国设施联通整体程度较高，不仅本国设施水平较高，与我国也有航空及海路的直接通达，称为"畅通型"国家。

- 三类国家：与我国设施联通处于中等程度，虽然航空、铁路、海路均有联通，但基础设施水平一般，有待发展加强，称为"良好型"国家。

③ 贸易畅通。

- 一类国家：贸易畅通程度较好，由于东南亚国家与我国之间有90%以上的产品实行了零关税，关税水平低，畅通度高，加之较大的贸易量，所以这类国家可称为"良好型"国家。

- 二类国家：贸易畅通程度中等，与我国有相关的投资协定，关税水平低，称为"潜力型"国家。

- 三类国家：贸易畅通程度较低，除关税水平低以外，各项评级均处于较低水平，需共同努力提升合作水平，称为"待发展型"国家。

④ 资金融通。

- 一类国家：资金融通程度较高，各项指标比较平衡，均处于高畅通水平，总体外汇储备量一般，称为"畅通型"国家。
- 二类国家：资金融通程度较低，多数指标处于中等偏下，需在货币互换合作、金融监管合作、信贷便利度、外汇储备量等方面加强合作，称为"风险型"国家。
- 三类国家：资金融通程度尚可，指标评级不均，处于两极分化，与我国在某些方面畅通度较高，某些方面合作受阻，需在重点领域加强有针对性地合作，称为"待发展型"国家。

⑤ 民心相通。

- 一类国家：民心相通程度较好，与我国官方和民间的沟通良好，民众关注度较高，称为"良好型"国家。
- 二类国家：有加强沟通的意愿，民间相互了解渠道不畅，民心相通程度不高，提升比较困难，称为"风险型"国家。
- 三类国家：民心相通程度不高，民众沟通途径少，了解渠道不畅，民众对我国好感度不低，提高民心相通相对容易，称为"待发展型"国家。

（3）聚类结果区划

基于表5.4的聚类结果和对表5.5聚类中心值模拟实验结果的解读，总结东南亚国家在政策沟通、设施联通、贸易畅通、资金融通、民心相通等方面次级指标层属性见表5.6。表中，"畅通型""良好型""潜力型""待发展型""风险型"等五种类型的互联互通程度依次递减，即"畅通型"国家互联互通程度良好，"风险型"国家互联互通程度欠佳。

表 5.6 东南亚国家互联互通次级指标层属性

指标层	东南亚国家									
	X1	X2	X3	X4	X5	X6	X7	X8	X9	X10
政策沟通	良好型	畅通型	风险型	畅通型	良好型	畅通型	风险型	良好型	良好型	良好型
设施联通	潜力型	潜力型	潜力型	畅通型	潜力型	畅通型	良好型	潜力型	潜力型	潜力型
贸易畅通	良好型	良好型	良好型	良好型	良好型	待发展型	良好型	潜力型	潜力型	潜力型
资金融通	畅通型	畅通型	畅通型	畅通型	畅通型	待发展型	畅通型	风险型	风险型	畅通型
民心相通	潜力型	潜力型	风险型	潜力型	潜力型	待发展型	风险型	待发展型	潜力型	潜力型

2. 南亚

（1）指标数值与评语

南亚国家互联互通准则层的指标数值与评语见表 5.7。

表 5.7 南亚国家互联互通准则层的指标数值与评语

准则层	南亚国家				
	Y1	Y2	Y3	Y4	Y5
d1	42	87	51	61	34
d2	C	A	B	C	D
d3	4	4	1	4	2
d4	−1.143	−2.618	−1.307	−0.546	0.124
d5	2.628	1.847	1.903	2.501	2.421
d6	40	32	26	36	36
d7	3.26	2.86	2.65	2.68	2.57
d8	1	1	0	1	1
d9	0	0	0	0	0
d10	1	1	1	1	1
d11	134.4	132.1	127.4	139.8	158.4
d12	13.87	18.93	4.742	15.12	20.85
d13	17.49	3.789	20.05	19.67	5.355
d14	61.28	34.90	35.72	65.17	26.00
d15	112	191	151	45	3
d16	1	1	0	1	0

续表

准则层	南亚国家				
	Y1	Y2	Y3	Y4	Y5
d17	279.25	375.355	24.695	50.09	1.135
d18	0	100	0	100	00
d19	1	1	0	0	0
d20	54.68	51.69	43.1	58.96	55.04
d21	-0.078	-0.831	-0.773	-0.094	-0.524
d22	316.5	24.26	13.51	8.685	0.343
d23	118.1	30.66	10.36	34.23	30.83
d24	较低	极低	极低	中等	极高
d25	4	6	3	3	-
d26	较低	中等	较低	较高	较高
d27	极低	极高	较高	中等	较高

(2) 聚类结果与特征分析

将处理后的数值代入聚类模型，分别对政策沟通、设施联通、贸易畅通、资金融通、民心相通等五个方面进行聚类分析，结果见表5.8。

表5.8 南亚国家互联互通指标层聚类结果

指标层		南亚国家
政策沟通	一类	Y1、Y2、Y4
	二类	Y3、Y5
设施联通	一类	Y1、Y2、Y4、Y5
	二类	Y3
贸易畅通	一类	Y1、Y2、Y4
	二类	Y3、Y5
资金融通	一类	Y1、Y2
	二类	Y3、Y4、Y5
民心相通	一类	Y1
	二类	Y2、Y3、Y4、Y5

根据聚类结果，得到聚类中心值模拟实验结果，见表5.9。

第5章 海上丝绸之路互联互通与非传统安全风险

表5.9 南亚国家互联互通指标层聚类中心值模拟实验结果

<table>
<tr><th>指标层</th><th colspan="7">准则层</th></tr>
<tr><td rowspan="2">政策沟通</td><td></td><td>d1</td><td>d2</td><td>d3</td><td>d4</td><td>d5</td><td>d6</td><td>d7</td></tr>
<tr><td>一类
二类</td><td>0.796
0.489</td><td>(1, 0.067, 0.0001)
(0.5, 0.033, 0.0001)</td><td>1.000
0.375</td><td>0.178
0.406</td><td>0.551
0.541</td><td>0.350
0.310</td><td>0.549
0.530</td></tr>
<tr><td rowspan="2">设施联通</td><td></td><td>d8</td><td>d9</td><td>d10</td><td>d11</td><td>d12</td><td>d13</td><td></td></tr>
<tr><td>一类
二类</td><td>1.000
0.000</td><td>0.000
0.000</td><td>1.000
1.000</td><td>0.925
0.804</td><td>0.188
0.047</td><td>0.083
0.201</td><td></td></tr>
<tr><td rowspan="2">贸易畅通</td><td></td><td>d14</td><td>d15</td><td>d16</td><td>d17</td><td></td><td></td><td></td></tr>
<tr><td>一类
二类</td><td>0.566
0.309</td><td>(0.52, 0.042, 0.0001)
(0.35, 0.05, 0.0001)</td><td>1
0</td><td>(0.65, 0.05, 0.0001)
(0, 0.067, 0.0001)</td><td></td><td></td><td></td></tr>
<tr><td rowspan="2">资金融通</td><td></td><td>d18</td><td>d19</td><td>d20</td><td>d21</td><td>d22</td><td>d23</td><td></td></tr>
<tr><td>一类
二类</td><td>0.150
0.150</td><td>1.000
0.000</td><td>0.532
0.540</td><td>0.386
0.407</td><td>(0.65, 0.05, 0.0001)
(0, 0.067, 0.0001)</td><td>0.347
0.726</td><td></td></tr>
<tr><td rowspan="2">民心相通</td><td></td><td>d24</td><td>d25</td><td>d26</td><td>d27</td><td></td><td></td><td></td></tr>
<tr><td>一类
二类</td><td>(0.375, 0.059, 0.0001)
(0.3, 0.033, 0.0001)</td><td>0.5
0.667</td><td>(0.5, 0.033, 0.0001)
(0.3, 0.033, 0.0001)</td><td>(0.725, 0.042, 0.0001)
(0, 0.067, 0.0001)</td><td></td><td></td><td></td></tr>
</table>

对聚类中心值模拟实验结果的解读如下。

① 政策沟通。

- 一类国家：与我国政策沟通情况良好，高层交流频繁，建立了较好的伙伴关系，并有较成熟的合作机制，国内政局和社会稳定度一般，称为"良好型"国家。

- 二类国家：与我国政策沟通有巨大潜力，双方沟通交流表现不俗，国内政治环境稳定，称为"潜力型"国家。

② 设施联通。

- 一类国家：与我国设施联通程度处于中等水平，受限于自身的物流水平、互联网普及率及道路交通运输能力，称为"潜力型"国家。

- 二类国家：与我国设施联通程度稍弱，除自身互联网普及率不高以外，还缺少必要的陆路、海路和航空交通渠道，称为"待发展型"国家。

③ 贸易畅通。

- 一类国家：与我国贸易畅通水平处于中等偏上水平，关税水平、双边贸易额及我国对该国的直接投资流量均表现较优，与我国有相关贸易协定，称为"良好型"国家。

- 二类国家：与我国贸易畅通程度需要大力发展，关税较高，双边贸易额不高，我国对该国直接投资流量较低，缺乏与我国相关投资协定，称为"待发展型"国家。

④ 资金融通。

- 一类国家：与我国资金融通水平一般，货币互换合作力度不高，信用市场规范度较欠缺，外债占 GDP 比例较高，称为"潜力型"国家。
- 二类国家：与我国资金融通水平有待发展，除与一类国家存在同样的问题外，还缺少与我国必要的金融监管合作，外汇储备量低，外债占GDP比例不高，称为"待发展型"国家。

⑤ 民心相通。

- 一类国家：民心相通程度较好，与我国有科教文化交流，我国民众对该国关注度和好感度较高，旅游目的地认可度有待提高，称为"良好型"国家。
- 二类国家：与我国民心相通程度欠佳，有一定的科教交流，我国民众对该国好感度不高、关注度较低，称为"风险型"国家。

（3）聚类结果区划

基于表5.8的聚类结果和对表5.9聚类中心值模拟实验结果的解读，总结南亚国家在政策沟通、设施联通、贸易畅通、资金融通、民心相通等方面次级指标层属性见表5.10。"畅通型""良好型""潜力型""待发展型""风险型"等五种类型的互联互通程度依次递减，即"畅通型"国家互联互通程度良好，"风险型"国家互联互通程度欠佳。

表5.10 南亚国家互联互通次级指标层属性

指标层	南亚国家				
	Y1	Y2	Y3	Y4	Y5
政策沟通	良好型	良好型	潜力型	良好型	潜力型
设施联通	潜力型	潜力型	待发展型	潜力型	潜力型
贸易畅通	良好型	良好型	待发展型	良好型	待发展型
资金融通	潜力型	潜力型	待发展型	待发展型	待发展型
民心相通	风险型	良好型	良好型	良好型	良好型

3. 中东

（1）指标数值与评语

中东国家互联互通准则层的指标数值与评语见表5.11。

表 5.11　中东国家互联互通准则层的指标数值与评语

准则层	中东国家												
	Z1	Z2	Z3	Z4	Z5	Z6	Z7	Z8	Z9	Z10	Z11	Z12	Z13
d1	11	14	93	14	47	19	6	9	9	69	9	8	62
d2	A	—	A	B	—	A	—	B	—	A	—	B	—
d3	2	1	1	1	1	1	1	1	2	2	1	2	1
d4	-1.24	-0.99	-1.14	1.11	-1.66	-0.39	-2.48	-2.14	0.18	-1.4	0.55	0.83	-0.12
d5	2.071	3.084	3.951	3.507	2.291	2.659	1.438	1.474	2.76	2.18	2.913	3.503	1.642
d6	29	43	64	61	28	46	14	17	41	34	45	66	30
d7	2.55	3.22	3.5	3.5	2.74	3.16	2.3	2.19	3.08	3.06	3.1	3.79	41
d8	1	0	1	1	1	0	1	1	0	1	0	1	0
d9	0	0	0	0	0	0	0	0	0	0	0	0	0
d10	1	1	1	1	1	1	1	1	1	1	1	1	1
d11	142.2	142.5	146.7	152.7	135.1	187.7	126.4	137.7	160.7756	140.8	165.5	155.8	69.88
d12	21.44	45.83	42.52	43.16	23.14	40.77	6.082	33.04	42.27	17.3	40.85	78.1	9.772
d13	1.938	56.6	10.97	10.6	9.065	1.308	1.459	1.404	6.166	2.138	2.213	1.125	1.489
d14	44.1	13.5	27.33	11.3	30.35	14.88	33.45	27.8	12.38	43.55	22.87	15.07	37.77
d15	312.44	14.93	113.47	55.28	21.18	422.77	18.58	182.11	93.71	109.89	141.89	400.61	21.49
d16	1	1	1	1	1	1	0	1	1	1	1	1	0
d17	436.2	-0.13	51.38	66.38	0.4	230.1	45.25	72.36	59.79	84.07	8.21	506.2	8.35
d18	0	0	0	350	0	0	0	0	0	180	0	350	0
d19	1	1	1	2	0	0	0	0	1	0	0	1	0
d20	57.44	66.81	70.56	65.97	56.39	63.17	44.54	46.06	60.17	54.43	65.4	75.1	44.25
d21	-0.96	0.4	1.01	0.96	-0.74	0.24	-1.2	-1.49	0.34	-0.45	0.56	0.59	-0.8
d22	44.11	5.64	67.79	34.87	37.23	435.8	6.03	55.53	30.28	39.01	14.2	43.59	0.25
d23	-54.9	-228	149.7	-256	122.6	-390	38.37	-102	-663	23.81	-280	-144	48.67
d24	较低	极低	中等	较低	较低	较低	极低	较低	较高	较低	较高	中等	极低
d25	2	1	2	0	1	0	0	0	5	0	2	0
d26	中等	较低	较高	较低	中等	中等	较高	较低	较高	中等	较低	较高
d27	中等	中等	中等	较高	中等	较高	中等	较低	较高	较高	中等	较高	中等

（2）聚类结果与特征分析

将处理后的数值代入聚类模型，分别对政策沟通、设施联通、贸易畅通、资金融通、民心相通等五个方面进行聚类分析，结果见表 5.12。

表 5.12 中东国家互联互通指标层聚类结果

指标层		中东国家
政策沟通	一类	Z1、Z2、Z4、Z5、Z6、Z9、Z10、Z11、Z12、Z13
	二类	Z7、Z8
	三类	Z3
设施联通	一类	Z2、Z9、Z11
	二类	Z1、Z3、Z4、Z6、Z10、Z12
	三类	Z5、Z7、Z8、Z13
贸易畅通	一类	Z1、Z3、Z4、Z6、Z7、Z9、Z10、Z11
	二类	Z8、Z12
	三类	Z2、Z5、Z13
资金融通	一类	Z1、Z5、Z6、Z8、Z10
	二类	Z4、Z9、Z12
	三类	Z2、Z3、Z7、Z11、Z13
民心相通	一类	Z2、Z7、Z8、Z13
	二类	Z1、Z3、Z4、Z5、Z6、Z9、Z11、Z12
	三类	Z10

根据聚类结果，得到聚类中心值模拟实验结果，见表 5.13。

对聚类中心值模拟实验结果的解读如下。

① 政策沟通。

- 一类国家：与我国关系良好，国内政局及政治稳定性和政府清廉度相对较好，政府行政效率较高，驻我国使领馆数相对较多，与我国高层交流互动还有提升空间，称为"潜力型"国家。
- 二类国家：在政治互信、合作机制、政治环境及与我国高层交往等方面不足，国内政治稳定性、政府效率和清廉度相对较低，称为"风险型"国家。

表5.13 中东国家互联互通指标层聚类中心值模拟实验结果

指标层		d1	d2	d3	d4	d5	d6	d7
政策沟通	一类	0.28	(0.6,0.05,0.0001)	0.35	0.43	0.67	0.44	0.63
	二类	0.08	(0.35,0.05,0.0001)	0.25	0.04	0.36	0.16	0.69
	三类	1.00	(0.7,0.033,0.0001)	0.25	0.27	0.99	0.64	0.46

指标层		d8	d9	d10	d11	d12	d13	d14
设施联通	一类	0.00	0.00	1.00	0.81	0.44	0.30	0.28
	二类	1.00	0.00	1.00	0.83	0.54	0.03	0.28
	三类	0.00	0.00	1.00	0.54	0.13	0.02	0.38

指标层		d15	d16	d17
贸易畅通	一类	(0.64,0.06,0.0001)	1.00	(0.59,0.06,0.0001)
	二类	(1,0.067,0.0001)	0.00	(0.3,0.033,0.0001)
	三类	(0,0.067,0.0001)	0.00	(0,0.067,0.0001)

指标层		d18	d19	d20	d21	d22	d23
资金融通	一类	0.06	0.03	0.51	0.32	(0.15,0.05,0.0001)	0.50
	二类	1.00	0.75	0.71	0.69	(0.4,0.033,0.0001)	1.00
	三类	0.00	0.50	0.71	0.75	(0.7,0.033,0.0001)	0.00

指标层		d24	d25	d26	d27
民心相通	一类	(0,0.067,0.0001)	0.05	(0.5,0.033,0.0001)	(0.45,0.037,0.0001)
	二类	(0.4,0.033,0.0001)	0.25	(0.48,0.03,0.0001)	(0.6,0.033,0.0001)
	三类	(0.7,0.033,0.0001)	1.00	(0.7,0.033,0.0001)	(0.7,0.033,0.0001)

- 三类国家：在国内政局稳定、政治互信和政策沟通等方面综合表现较好，称为"良好型"国家。

② 设施联通。

- 一类国家：与我国设施联通程度较好，缺乏直通，称为"良好型"国家。

- 二类国家：设施联通程度较第一类高，除自身道路交通疏运能力需加强外，其他方面表现良好，称为"畅通型"国家。

- 三类国家：与我国设施联通程度一般，除了缺乏与我国直通，国内移动电话和互联网普及率也有待进一步提高，道路交通疏运能力需加强，称为"潜力型"国家。

③ 贸易畅通。

- 一类国家：与我国贸易畅通程度较为均衡，关税水平较低，与我国有相关的贸易协定，双边贸易额及我国对该国直接投资均处于中等或中上等水平，称为"良好型"国家。

- 二类国家：贸易畅通程度欠均衡，虽与我国双边贸易额较大且关税水平较低，但缺乏相关的投资贸易协定，我国对该国的直接投资较低，有待进一步发展，称为"潜力型"国家。

- 三类国家：与我国贸易畅通程度较低，双边贸易交流很少，缺乏相关的贸易协定，贸易税率相对该区域其他国家稍高，称为"高风险型"国家。

④ 资金融通。

- 一类国家：与我国资金融通水平较低，除信贷便利度及债务规模处于中等水平以外，其余指标并不理想，特别是缺少货币互换合作和金融监管合作，外汇储备量很少，称为"待发展型"国家。

- 二类国家：与我国资金融通水平良好，各方面表现较优，称为"畅通型"国家。

- 三类国家：与我国资金融通水平发展不均衡，营商便利度、信用市场规范度、外汇储备量较高，与我国货币互换合作和与他国外债交流较低，称为"潜力型"国家。

⑤ 民心相通。

- 一类国家：民心相通程度有待提升，由于该国旅游目的地在我国知名度不高，旅游目的地设施欠佳，科教交流有待发展，我国民众对该国好感度良好，称为"待发展型"国家。

- 二类国家：较一类国家在旅游活动、科教交流两个方面有所完善，仍有较大提升空间，称为"潜力型"国家。

- 三类国家：与我国的民心相通程度很好，旅游活动、科教交流、民众关注度等方面表现优良，称为"畅通型"国家。

（3）聚类结果区划

基于表 5.12 的聚类结果和对表 5.13 聚类中心值模拟实验结果的解读，总结中东国家在政策沟通、设施联通、贸易畅通、资金融通、民心相通等方面次级指标层属性见表 5.14。表中，"畅通型""良好型""潜力型""待发展型""高风险型"等五种类型的互联互通程度依次递减，即"畅通型"国家互联互通程度良好，"高风险型"国家互联互通程度欠佳。

第5章 海上丝绸之路互联互通与非传统安全风险

表 5.14 中东国家互联互通次级指标层属性

指标层	中东国家												
	Z1	Z2	Z3	Z4	Z5	Z6	Z7	Z8	Z9	Z10	Z11	Z12	Z13
政策沟通	潜力型	潜力型	良好型	潜力型	潜力型	潜力型	高风险型	高风险型	潜力型	潜力型	潜力型	潜力型	潜力型
设施联通	畅通型	良好型	畅通型	畅通型	畅通型	畅通型	潜力型	畅通型	良好型	畅通型	良好型	畅通型	潜力型
贸易畅通	良好型	高风险型	良好型	良好型	高风险型	良好型	良好型	良好型	良好型	良好型	良好型	良好型	高风险型
资金融通	待发展型	潜力型	潜力型	畅通型	待发展型	待发展型	潜力型	待发展型	畅通型	待发展型	潜力型	畅通型	潜力型
民心相通	潜力型	待发展型	潜力型	潜力型	潜力型	潜力型	待发展型	待发展型	潜力型	畅通型	潜力型	潜力型	待发展型

5.5 沿线国家和地区非传统安全风险分析

"21世纪海上丝绸之路"面临的非传统安全风险主要涉及海盗、恐怖主义、公共卫生安全及海洋自然灾害、环境污染、生态破坏等。其中，海盗是威胁海洋航运安全、海洋工程安全的主要因素。对全球各海域的海盗事件进行纵向对比发现，不同海域的海盗事件具有不同的特质，如发生在东非海域的海盗事件多为劫持船舶、绑架人质等恶性事件。各海域海盗事件的特性不能简单地归结为某一类犯罪事件，了解特定海域不同性质的海盗分布特征，对海盗事件进行聚类分析，有助于"21世纪海上丝绸之路"建设在制定方案时规避风险，提高贸易运输的安全性。

针对海盗问题的研究，早期多是从定性角度着手的，如从法律、政策等角度。近年来，数学建模思想逐步引入海盗问题的研究。譬如，引入博弈理论、直觉模糊方法等规划船舶规避海盗的海上航行安全航迹；引入动态贝叶斯网络方法对海盗行为进行模拟和预测。Bouejla[9]和Chaze[10]等人分别运用贝叶斯网络和 SARGOS 系统构建了海盗袭击应急决策系统和风险管理系统，对海盗问题的风险评估也可支持船舶拥有者和船长进行风险管理。

综上所述，现有研究还缺少对海盗事件的分类判别和聚类分析。对海盗事件的聚类分析，可从发生的地点、时间、犯罪人数、犯罪工具、犯罪行为等方面归纳提炼海盗事件的特点。IMO（国际海事组织）海事报告对每次海盗事件都有较为详细的描述，虽然所述内容较为全面，但也存在一些问题：

- 一是每次报告都会在某一个方面或某几个方面存在信息缺失或信息模糊；
- 二是每次报告的信息通常多是文字记录，缺少统一的数学度量。

为此，下面将引入语义云距离测度对文字信息的距离进行测量，同时结合直觉模糊数理论，邀请专家依据掌握的知识和已有的数据，运用语言文字或直觉模糊数填补缺失信息，通过引入直觉模糊数距离测度对模糊数信息进行测量，并对处理后的数据集进行聚类分析。这里选用由 IMO 统计的 2010—2014 年间在某海域发生的 513 次海盗袭击船舶的事件，运用 K 均值聚类方法，对海盗事件的特性及分布特征进行分析，以期为该海域的船舶航行安全提供风险防范的决策建议。

5.5.1 数据分析与处理

自 2010 年起，IMO 每月都发布一次海盗事件报告，报告内容包括船舶类型、时间、地点等。对相关信息进行提取，可得到能够表征海盗事件特征的相关属性，以随机挑选的 5 次海盗事件相关信息为例，信息提取结果见表 5.15。

第5章 海上丝绸之路互联互通与非传统安全风险

表5.15 5次海盗事件信息提取结果

序号	船舶类型		海盗事件信息							
	船舶类型	总吨位	月份	时间	海域类型	海盗人数	伤害船员	对船舶的伤害	海盗武器	货物损失
1	集装箱货轮	24836	01	02:05 LT	领水	3	—	对船舶的伤害	海盗武器	偷窃
2	拖船	296	02	00:02 LT	I 国际水域	8	伤害船员	—	海盗武器	货物损失
3	化学品运输船	5256	03	03:30 LT	领水	—	人质	劫持	枪械	—
4	拖船	255	04	13:33 UTC	国际水域	—	暴力捆绑	—	刀具	发动机备件被盗
5	散装货船	17599	06	22:00 LT	I 国际水域	8	伤害船员	对船舶的伤害	海盗武器	个人物品被盗

145

由表 5.15 可知，与海盗事件相关的信息多为定性文字描述，存在大量的缺失信息，数据集并不能直接计算数据之间的距离，在进行聚类运算之前，需要对数据集进行处理。针对文字描述和缺失信息，引入如下两种处理方式。

1. 专家评价法

当数据资料为文字时，专家可通过对文字的判断给出评语，用来表达对事件的研判。当数据资料缺失度较高时，专家只能通过对现实环境的预判推断事件的信息。专家评价法仅需要专家对事件给出评语，相对于给出数值的评价方法更符合大脑的思维习惯，即先用语言表达对事件的认知，再通过建立数学模型实现定性评语和定量数据的转化，在转化过程中尽可能保留语言中的模糊性和随机性，为此，引入云模型理论，将专家评语转化为云模型数值特征，继而进行综合评价和云距离测度计算。

2. 直觉模糊数法

对各类行为的决策和心理学的研究表明，决策者在复杂环境下处理决策问题时，容易受认知过程的限制，会存在不同程度的不确定性，在认知结果上表现为赞同、否定和不确定等三种属性。当数据资料的部分指标缺失时，专家对部分指标虽然有一定的了解，但也带有一定的不确定性，如在提取"船舶类型"数据信息时，得到的通常是"拖船"、"集装箱货轮"、"油轮"等文字资料。专家对各类船舶受袭击时所承受的危险性有大体的判断和犹豫性，其犹豫性来源于专家对船舶具体运送物资和船舶本身的情况不了解，不确定性程度取决于报告的详细情况。对于这类情况，专家可通过直觉模糊数表示对该类数据的认知和不确定性，从而进行综合评价，并计算直觉模糊数距离测度。

通过上述方法将表 5.15 中的数据转化为可用于聚类分析的数据集，见表 5.16。

第5章 海上丝绸之路互联互通与非传统安全风险

表5.16 5次海盗事件特征信息转化的数据集

序号	船舶类型	总吨位	月份	时间	海域类型	海盗人数	伤害船员	对船舶的伤害	海盗武器	货物损失
1	(0.5, 0.2)	0.6	0.6	0.6	0.5	(0.3, 0.6)	(0, 0.067, 0.001)	(0.3, 0.033, 0.001)	(0.3, 0.033, 0.001)	(0.4, 0.133, 0.001)
2	(0.2, 0.7)	0.1	0.6	0.4	0.3	(0.8, 0.1)	(0.7, 0.033, 0.001)	(0.9, 0.067, 0.001)	(0.9, 0.067, 0.001)	(0.7, 0.033, 0.001)
3	(1, 0)	0.3	0.2	0.6	0.5	(0.4, 0.3)	(0.4, 0.067, 0.001)	(0.3, 0.033, 0.001)	(0.3, 0.033, 0.001)	(0.7, 0.033, 0.001)
4	(0.2, 0.7)	0.1	0.2	0.4	0.3	(0.1, 0.5)	(0, 0.067, 0.001)	(0, 0.067, 0.001)	(0.3, 0.033, 0.001)	(0.3, 0.033, 0.001)
5	(0.3, 0.3)	0.5	0.8	0.4	0.3	(0.8, 0.1)	(0.4, 0.067, 0.001)	(0.5, 0.033, 0.001)	(0.4, 0.067, 0.001)	(0.3, 0.033, 0.001)

147

完成数据处理后，根据数据特征，对直觉模糊数和云模型数值特征距离进行测量，结合 K 均值聚类方法，可对海盗事件特征进行聚类分析。

5.5.2 语义云与直觉模糊距离测度 K 均值聚类

基于对海盗事件聚类数据集特征的分析，建立对应的聚类模型：

① 邀请 N 位专家对缺失数据的样本用直觉模糊数或评语进行补充；

② 运用云模型将专家评语转化为云的三个数值特征；

③ 将 N 位专家的意见用直觉模糊数加权平均算子或浮动云算法进行综合，即

$$\text{IFWA}_\omega(\widetilde{a}_1, \widetilde{a}_2, \cdots, \widetilde{a}_n) = \sum_{j=1}^n \omega_j \widetilde{a}_j = \left(1 - \prod_{j=1}^n (1-\mu_j)^{\omega_j}, \prod_{j=1}^n \nu_j^{\omega_j}\right) \quad (5.5)$$

$$\begin{cases} \text{Ex} = \dfrac{\text{Ex}_1 W_1 + \text{Ex}_2 W_2 + \cdots + \text{Ex}_n W_n}{W_1 + W_2 + \cdots + W_n} \\ \text{En} = \dfrac{W_1^2}{W_1^2 + W_2^2 + \cdots + W_n^2} \cdot \text{En}_1 + \cdots + \dfrac{W_n^2}{W_1^2 + W_2^2 + \cdots + W_n^2} \cdot \text{En}_n \\ \text{He} = \dfrac{W_1^2}{W_1^2 + W_2^2 + \cdots + W_n^2} \cdot \text{He}_1 + \cdots + \dfrac{W_n^2}{W_1^2 + W_2^2 + \cdots + W_n^2} \cdot \text{He}_n \end{cases} \quad (5.6)$$

④ 令每一次事件为单独的一个分类，引入直觉模糊数加权距离测度和语义云距离测度方法，运用式（5.5）计算每组数据之间的距离，即

$$d(A_1, A_2) = \sum_{i=1}^n \omega_i |\theta_{A_1}(x_i) - \theta_{A_2}(x_i)|$$
$$+ \left[\frac{1}{2}\sum_{j=1}^n \omega_j \left((\mu_{A_1}(x_j) - \mu_{A_2}(x_j))^2 + (\nu_{A_1}(x_j) - \nu_{A_2}(x_j))^2 + (\pi_{A_1}(x_j) - \pi_{A_2}(x_j))^2\right)^{1/2}\right]$$

$$+\left\{\frac{1}{2}\left[\frac{1}{3}\sum_{k=1}^{n}\omega_k\left(\left(\frac{\mathrm{Ex}_{A_1}(x_k)-\mathrm{Ex}_{A_2}(x_k)}{\max(|\mathrm{Ex}_{A_1}(x_k)|,|\mathrm{Ex}_{A_2}(x_k)|)}\right)^2+\left(\frac{\mathrm{En}_{A_1}(x_k)-\mathrm{En}_{A_2}(x_k)}{\max(|\mathrm{En}_{A_1}(x_k)|,|\mathrm{En}_{A_2}(x_k)|)}\right)^2\right.\right.\right.$$
$$\left.\left.+\left(\frac{\mathrm{He}_{A_1}(x_k)-\mathrm{He}_{A_2}(x_k)}{\max(|\mathrm{He}_{A_1}(x_k)|,|\mathrm{He}_{A_2}(x_k)|)}\right)^2\right)\right]^{1/2}$$
$$+\frac{1}{2}\left[\frac{1}{2}\sum_{k=1}^{n}\omega_k\left(\left(\frac{(\mathrm{Ex}_{A_1}(x_k)-3\mathrm{En}_{A_1}(x_k))-(\mathrm{Ex}_{A_2}(x_k)-3\mathrm{En}_{A_2}(x_k))}{\max(|\mathrm{Ex}_{A_1}(x_k)-3\mathrm{En}_{A_1}(x_k)|,|\mathrm{Ex}_{A_2}(x_k)-3\mathrm{En}_{A_2}(x_k)|)}\right)^2\right.\right.$$
$$\left.\left.\left.+\left(\frac{(\mathrm{Ex}_{A_1}(x_k)+3\mathrm{En}_{A_1}(x_k))-(\mathrm{Ex}_{A_2}(x_k)+3\mathrm{En}_{A_2}(x_k))}{\max(|\mathrm{Ex}_{A_1}(x_k)+3\mathrm{En}_{A_1}(x_k)|,|\mathrm{Ex}_{A_2}(x_k)+3\mathrm{En}_{A_2}(x_k)|)}\right)^2\right)\right]^{1/2}\right\}$$

(5.7)

式中，$X=\{x_1,x_2,\cdots,x_n\}$为一有限集合，代表 A_1、A_2 事件的指标；ω_i、ω_j、ω_k 为第 i 个、第 j 个和第 k 个指标的权重，当第 i 个指标为单数值时直接计算数值距离，当第 j 个指标为直觉模糊数据集时用直觉模糊距离测度进行计算，当第 k 个指标为云模型数据时用语义云距离测度进行计算；

⑤ 搜索距离最小的两次事件 A_i 和 A_j，将 A_i 和 A_j 合并成一个事件 A_{ij}，通过直觉模糊数加权平均算子、浮动云算法、均值法计算 A_{ij} 的中心；

⑥ 代入 A_{ij}，更新距离矩阵；

⑦ 重复步骤④⑤⑥，直到聚为三类；

⑧ 将三类作为 K 均值聚类的初始分类，计算初始分类的中心；

⑨ 计算每次事件到中心的距离，将事件分配到最近的中心；

⑩ 重新计算事件中心；

⑪ 重复步骤⑨⑩，直到中心稳定。

5.5.3 聚类分析

在由 IMO 发布的 2010—2014 年间的海盗事件报告中，提取某海域海盗事件的相关信息，包括月份、时间、船舶类型、船舶吨位、海盗人数、对船舶的伤害、货物损失、使用的武器及伤害船员等进行聚类分析，得到三个聚类中心，见表5.17。

表5.17　某海域海盗事件聚类中心

相关信息	聚类中心		
	一类	二类	三类
月份	0.8	0.6	0.2
时间	0.45	0.4	0.6
船舶类型	(0.993,0.0016)	(0.6,0.1)	(0.9,0.1)
船舶吨位	0.5	0.9	0.1
海盗人数	(0.9424,0.012)	(0.2,0.3)	(1,0)
对船舶的伤害	(0.15,0.05,0.0001)	(0,0.067,0.0001)	(0.5,0.033,0.0001)
货物损失	(0.3,0.033,0.0001)	(0.5,0.033,0.0001)	(0,0.067,0.0001)
使用的武器	(0.2,0.067,0.0001)	(0.7,0.033,0.0001)	(0.7,0.033,0.0001)
伤害船员	(0.25,0.05,0.0001)	(0.5,0.033,0.0001)	(0.6,0.067,0.0001)

分别对表5.17中的三类中心进行分析，结合数据处理原则，通过反推可得到海盗事件的行为特征。

① 一类海盗事件：多发生在夏季6~8月，以12~18点为主要活动时间；一般以袭击油轮为主，吨位一般不大；海盗人数通常较多，一般在港口或内水活动；武器装备较差，常携带刀、棍等武器，对船舶和人员威胁不大，以盗取财物为主。这类海盗可称为小偷型海盗。

② 二类海盗事件：多发生在冬季12月至翌年2月，以12~18点为主要活动时间；一般袭击载驳船等吨位较大的船舶；海盗人数通常较少，常活跃在公海或内水；武器装备较为精良，多配有手枪、刀、长匕首等，对船舶威胁不大，偶尔会对船员造成伤害，以盗取大量财物为主要目的。这类海盗可称为大盗型海盗。

③ 三类海盗事件：多发生在春季3~5月，以夜晚18~24点为主要活动时间；一般以袭击油轮类高价值船舶为主，吨位较小；海盗人数一般偏多，多活

动在公海；武器装备较为精良，多配有手枪、刀、长匕首等，通常对货物威胁不大，以挟持人质、破坏船舶等恶劣手段居多。这类海盗可称为强盗型海盗。

参考文献

［1］北京大学"一带一路"五通指数研究课题组．"一带一路"沿线国家五通指数报告［M］．北京：经济日报出版社，2017．

［2］李德毅．不确定性人工智能［M］．2版．北京：国防工业出版社，2014．

［3］张勇，赵东宁，李德毅．相似云及其度量分析方法［J］．信息与控制，2004，33（2）：129-132．

［4］张光卫，李德毅，李鹏．基于云模型的协同过滤推荐算法［J］．软件学报，2007，18（10）：2403-2411．

［5］李海林，郭崇慧，邱望仁．正态云模型相似度计算方法［J］．电子学报，2011，39（11）：2561-2567．

［6］杨萍．基于正态云模型的不确定信息集结模型研究［D］．南京：南京航空航天大学，2014．

［7］孙妮妮，陈泽华，牛昱光，等．基于云模型重叠度的相似性度量［J］．计算机应用，2015，35（7）：1955-1958．

［8］杨理智．"21世纪海上丝绸之路"安全风险评价体系和评估技术研究［D］．长沙：国防科技大学，2018．

［9］BOUEJLA A，CHAZE X，GUARNIERI F，et al. A Bayesian network to manage risks of maritime piracy against offshore oil fields［J］．Safety Science，2014，68：222-230．

［10］CHAZE X，BOUEJLA A，NAPOLI A，et al. Integration of a Bayesian network for response planning in a maritime piracy risk management system［C］// 7th International Conference on System of Systems Engineering-IEEE SoSE，2012：137-142．

第 6 章
海上丝绸之路沿线国家和地区地缘人文风险评估

"21世纪海上丝绸之路"沿线国家和地区地缘人文风险是指由于政治、经济、社会等因素影响，合作或投资的项目及项目参与者在当地遭遇不利事件，威胁项目参与者自身的安全与收益和相关企业的利益，以及国家经济发展的风险。

"21世纪海上丝绸之路"沿线国家和地区地缘人文环境较为复杂，目前的大量研究多聚焦于对地缘人文环境的定性分析，亟待开展量化研究。下面将基于前面构建的"21世纪海上丝绸之路"沿线国家和地区地缘人文风险评价指标体系，针对各类风险的数值特征，研究并构建相应的风险评估模型，分别对政治环境、经济环境、社会环境以及海盗活动和恐怖主义等风险进行量化评估。

6.1 数据来源与特征提取

基于前面构建的"21世纪海上丝绸之路"沿线国家和地区地缘人文风险评价指标体系，对2016—2020年间的相关数据进行分类处理：对部分年际变化较大或缺失的指标数据分不同情形进行提前处理，如2016年指标数据缺失较多，则认为该指标数据缺失，不用其余较近年份的指标数据插补；对部分年际变化较小的指标数据，若缺失，则用近三年的指标数据插补。

6.1.1 政治环境

"21世纪海上丝绸之路"沿线国家和地区政治环境风险评价指标体系的数据资料有如下特征。

- 定性资料与定量数据交织，或只有定性语言描述，或只有量化数据，或只有如世界银行、国际货币基金组织、经济学人智库等权威机构的量化评估或预测报告。
- 某些定量数据之间的量级相差较大，如某些国家的定量数据之间，量级最高相差4级，若对定量数据仅进行简单的标准化处理，将会放大某些国家的优势或劣势。
- 部分国家数据缺失，当不同机构进行评估时，由于关注的重点不同，会导致所关注国家的指标数据存在差异。由于不同机构在评估时所采用的标准不同，且缺乏沟通，因此为了保持评估的一致性，不能轻易用其他指标数据插补。
- 不同机构对同一指标数据的评估结果可能不同。由于不同机构邀请的专家不同、评价体系存在差异、评估侧重点不同，因此评估结果可能存在一定的差异。为了尽可能完整地保留专家意见，在评估过程中，不能使用简单的加权平均算法进行综合，否则会导致部分信息失真。

6.1.2 经济环境

搜集、整理的"21世纪海上丝绸之路"沿线国家和地区经济环境风险评价指标数据见表6.1。

表 6.1 "21 世纪海上丝绸之路"沿线国家和

	指标	X1	X2	X3	X4	X5	X6	X7	X9	X10	Z1	Z2
投资条件风险	物流绩效指数	3.08	3.59	3.00	4.00	3.43	—	3.15	2.25	2.74	2.55	3.22
	电话线路覆盖率	142.00	149.90	139.30	155.40	144.50	145.40	175.30	7.79	133.10	142.20	142.50
		39.31	52.06	41.37	80.36	38.66	61.86	42.50	3.95	35.32	37.95	74.00
		17.38	14.25	8.46	31.16	9.26	16.85	20.33	1.54	3.40	29.69	15.40
	互联网普及率	14.16	36.27	14.24	55.14	20.62	40.70	8.15	14.30	2.23	21.44	45.83
		61.35	90.95	15.80	100.00	100.00	83.20	53.31	52.38	10.34	81.83	86.79
	道路交通输送能力	3.34	5.97	7.42	52.00	4.23	7.60	7.22	0.86	2.36	1.94	56.60
		0.25	0.68	-0.06	0.57	0.06	0.76	0.33	-0.68	-0.30	0.22	0.94
	电力指数	84.20	99.58	86.76	100.00	89.05	99.69	100.00	55.97	41.88	98.56	99.84
		0.21	1.12	0.22	2.55	0.92	1.90	0.25	0.06	0.05	0.87	2.95
	水资源指数	-0.13	0.82	0.11	0.96	0.34	0.92	-0.07	-0.43	-0.80	0.68	0.93
		-0.52	0.54	-0.46	1.79	-0.16	0.67	-0.43	-1.31	-0.98	-0.96	0.40
	法律法规指数	6.30	4.80	6.00	5.80	3.30	—	2.50	2.80	2.30	7.00	3.50
		62	40	55	8	52	—	53	85	65	80	48
		1.80	2.40	2.20	3.60	3.00	1.80	1.80	2.40	1.20	2.80	2.60
	全球化指数	7.70	8.00	7.30	9.00	5.70	—	7.00	6.30	5.00	3.30	6.00
		3.61	6.44	5.28	0.15	4.07	6.40	0.13	1.32	9.63	4.85	8.44
经济指标风险	关税水平	20.00	0.00	12.00	7.00	7.00	0.00	0.00	5.00	10.00	19.00	5.00
	营商便利度	58.12	79.13	60.07	87.34	71.42	62.93	62.10	45.27	55.22	57.44	66.81
	人均 GDP	3.86	9.66	3.02	53.88	6.34	27.99	2.31	1.27	1.39	5.25	25.17
	GDP 增速	5.00	4.20	6.90	2.00	3.20	-2.50	6.20	5.90	7.00	13.40	—
	贸易自由度	2.00	2.00	2.00	2.00	2.00	2.00	2.00	2.00	2.00	0.00	2.00
	经济不均衡程度	0.36	0.47	0.45	0.40	0.40	0.21	0.37	0.43	0.37	0.38	0.35
		5.80	5.00	5.70	3.80	5.30	7.80	5.00	7.70	6.60	5.60	4.60
	经济表现指数	7.00	8.00	8.00	9.00	5.00	—	8.00	5.00	7.00	3.00	8.00
		35.00	10.00	30.00	25.00	35.00	—	30.00	30.00	15.00	65.00	40.00
金融财政危机	外汇储备量	934.00	1305.00	738.00	2705.00	1590.00	30.00	255.00	76.00	44.00	44.11	5.64
	汇率波动性	1.00	1.05	1.03	1.07	1.02	1.77	1.07	0.90	1.25	1.02	1.44
	通货膨胀率	3.50	2.10	1.80	-0.50	0.20	-0.70	2.70	6.80	3.00	9.00	2.80
	外商直接投资存量	14.39	58.17	23.09	191.90	49.63	25.74	68.94	0.83	57.16	11.69	84.55
	贸易平衡/GDP	2.06	9.38	-2.59	8.65	2.90	-5.99	-7.41	-6.36	-13.82	9.10	0.09
	财务风险	46	17	50	4	38	—	50	71	58	71	46
债务违约	外债/GDP	8.05	-40.24	-4.86	-298.30	-16.15	-1056	-6.51	36.65	21.92	-54.93	-228.5
	国际援助/GDP	0.11	0.02	0.09	0.00	0.00	0.00	2.81	0.00	6.33	0.03	0.00
	经常账户余额/GDP	-1.80	2.33	-0.31	19.03	11.85	15.49	4.01	-3.18	-8.87	—	—
	财政余额/GDP	-3.05	-2.24	-3.49	1.99	-0.89	1.86	-0.94	-7.05	3.30	0.79	-1.78
	政府债务/GDP	41.70	51.19	56.56	68.02	29.15	44.76	47.49	47.99	25.71	-2.23	39.25

第6章 海上丝绸之路沿线国家和地区地缘人文风险评估

地区经济环境风险评价指标数据

Z3	Z4	Z5	Z6	Z7	Z8	Z9	Z10	Z11	Z12	Z13	Y1	Y2	Y3	Y4	Y5
3.50	3.50	2.74	3.16	2.30	2.19	3.08	3.06	3.10	3.79	41.00	3.26	2.86	2.65	2.68	2.57
146.70	152.70	135.10	187.70	126.40	137.70	160.78	140.80	165.50	155.80	69.88	134.40	132.10	127.40	139.80	158.40
76.64	63.13	35.82	62.28	32.14	34.65	66.09	37.12	69.54	76.70	20.32	36.24	33.56	32.77	39.05	55.36
34.28	15.61	19.33	13.19	4.24	5.22	17.11	10.43	9.32	16.73	2.95	3.17	2.14	0.80	18.90	15.93
42.52	43.16	23.14	40.77	6.08	33.04	42.27	17.30	40.85	78.10	9.77	13.87	18.93	4.74	15.12	20.85
100.00	91.76	86.06	28.89	12.43	87.69	87.29	92.49	57.73	99.98	48.19	60.93	77.58	15.53	22.28	99.38
10.97	10.60	9.07	1.31	1.46	1.40	6.17	2.14	2.21	1.13	1.49	17.49	3.79	20.05	19.67	5.36
0.65	0.76	0.45	0.13	−1.03	−0.14	0.48	0.23	0.60	−0.16	0.09	0.52	0.00	−0.28	0.51	0.00
99.80	97.57	99.98	99.19	97.91	99.35	100.00	99.45	97.91	100.00	52.50	82.89	71.19	51.82	81.32	100.00
1.87	2.44	0.55	1.91	0.06	0.35	3.59	0.40	1.48	3.54	0.19	0.21	0.14	0.06	0.19	0.21
0.95	0.95	0.74	0.81	−0.50	0.39	0.94	0.55	0.78	0.85	0.17	−0.50	−0.34	−0.60	0.06	0.55
1.01	0.96	−0.74	0.24	−1.20	−1.49	0.34	−0.45	0.56	0.59	−0.80	−0.08	−0.83	−0.77	−0.09	−0.52
—	3.80	5.30	2.30	3.00	3.50	4.80	3.50	2.30	4.00	—	7.30	3.30	4.30	3.30	—
28	40	—	42	—	80	55	45	45	48	—	58	58	68	45	—
3.80	2.80	—	2.00	—	—	2.80	1.60	2.20	2.00	—	2.20	2.00	1.80	2.00	—
—	7.00	6.00	5.00	6.70	6.00	—	6.30	6.30	6.30	8.00	—	7.30	4.30	6.70	6.70
8.21	6.53	0.12	5.89	9.25	6.74	6.51	8.24	5.64	4.68	0.10	4.40	8.67	8.50	9.94	0.11
18+80 dollar	5.00	—	10.00	—	极高	5.00	26.00	5.00	10.00	—	19.00	3.00	25.00	41.00	25.00
70.56	65.97	56.39	63.17	44.54	46.06	60.17	54.43	65.40	75.10	44.25	54.68	51.69	43.10	58.96	55.04
39.94	60.81	11.68	20.96	0.86	4.96	27.24	3.50	17.40	37.35	2.04	1.82	1.47	1.53	3.91	12.57
4.10	2.20	2.00	1.70	−9.80	11.00	3.50	4.30	—	3.00	—	7.10	5.50	7.10	4.40	6.20
2.00	2.00	1.50	1.50	—	1.50	2.00	2.00	2.00	2.00	—	1.00	2.00	2.00	2.00	—
0.39	0.40	0.33	0.37	0.45	0.31	0.37	0.31	0.45	0.35	0.39	0.34	0.30	0.34	0.38	0.37
6.80	4.70	5.60	5.00	8.20	7.30	4.20	6.00	4.60	3.40	7.90	7.00	6.50	6.70	7.10	3.60
—	10.00	5.00	7.00	2.00	3.00	9.00	5.00	6.00	10.00	—	8.00	5.00	7.00	8.00	—
40.00	25.00	—	30.00	—	45.00	30.00	65.00	15.00	20.00	—	30.00	40.00	20.00	40.00	—
67.79	34.87	37.23	435.80	6.03	55.53	30.28	39.01	14.20	43.59	0.25	316.50	24.26	13.51	8.69	0.34
0.99	1.20	0.79	1.02	0.89	1.04	1.06	0.99	1.11	1.04	1.02	0.99	1.00	1.02	0.97	1.28
−0.50	2.70	−0.80	3.50	5.00	0.40	3.50	3.20	10.20	1.80	2.70	4.50	2.90	5.70	0.80	0.80
45.97	34.79	88.96	43.27	23.09	7.39	6.09	50.92	33.95	36.69	78.23	15.47	23.17	8.35	18.21	64.02
3.58	25.43	−6.95	23.58	−10.42	11.99	17.60	−8.33	15.41	8.04	−20.00	−25.25	−9.60	−10.44	−7.36	−3.59
17	33	—	29	—	79	33	46	46	33	—	38	62	42	54	—
149.70	−256.90	122.60	−390.70	38.37	−102.7	−663.20	23.81	−279.8	−143.6	48.67	118.10	30.66	10.36	34.23	30.83
0.00	0.00	1.37	0.00	1.95	1.32	3.00	0.30	0.13	14.11	0.15	1.32	1.29	1.13	3.21
3.74	−5.46	−19.75	−4.26	—	2.24	0.58	−6.05	−18.58	—	—	−0.54	−2.47	0.60	−2.39	−19.88
−3.49	−0.44	−1.84	1.18	0.86	−2.67	−0.56	−2.25	0.19	9.64	11.91	−4.55	−3.38	−0.58	−6.31	6.29
168.10	3.72	92.06	47.33	68.48	54.56	15.31	94.95	10.02	−52.06	−25.71	73.60	89.37	32.34	95.69	92.92

表 6.1 中的指标数据有以下特征。

- 同一指标数据的量级相差较大，如人均 GDP、外债/GDP 等，若对指标数据仅进行简单的标准化处理，则会放大某些国家的优势。
- 部分指标数据的风险等级并不呈现线性分布，如外债/GDP、政府债务/GDP 等：当外债为负值时，风险很小；当外债从负值趋近于 0 时，风险增加；当外债为正值时，风险随外债的增加而增大。
- 部分指标数据与风险不满足单调的正比或反比关系，不是简单地随指标数据增大而风险增大或指标数据减小而风险减小，如贸易平衡/GDP、汇率波动性、通货膨胀率等。国家最好的状态是，维持贸易平衡，稍有贸易顺差。贸易顺差过大，表明国家经济过于依赖出口，会有风险。贸易逆差过大，说明国家在国际贸易中处于弱势地位，风险较大。
- 部分国家的指标数据缺失。不同机构在进行评估时，由于关注的重点不同，致使部分机构的报告缺少对某些国家的评估或预测结果。由于不同机构在评估时所采用的标准不同，因此为了保持评估的一致性，不能简单地用其他指标数据或专家知识插补。
- 不同机构对同一指标数据的评估结果不同。由于不同机构邀请的专家不同、评价体系存在差异、评估侧重点不同，因此对同一指标数据的评估结果会有一定差异。

6.1.3 社会环境

搜集、整理的"21 世纪海上丝绸之路"沿线国家和地区社会环境风险评价指标数据见表 6.2。

第6章 海上丝绸之路沿线国家和地区地缘人文风险评估

表6.2 "21世纪海上丝绸之路"沿线国家和地区社会环境风险评价指标数据

国家和地区	虚弱国家指数	教育水平	社会福利政策	环境保障力度	社会治安指数	贫困人口比	孔子学院数量	该国民众对我国好感度	社会传统认可度		
			社会治安					文化差异			
X1	72.9	10.98	95.58	3.6	10.01	65.85	1.33	3	2.25	0.11	1	极低	6	4	2.33
X2	65.4	29.65	94.4	5	13.31	74.23	2	3	4	0	1	较低	6	1	3
X3	84.4	21.19	96.24	—	1.998	73.7	1	2	4	0.15	3	极低	4	4	2.33
X4	32.5	84.88	97.23	2.9	0.019	87.04	—	4	4	0	1	较低	6	4	3
X5	76.2	28.8	95.2	4.1	5.477	69.54	1.67	3.5	1.75	0	12	中等	6	4	3.33
X6	61.6	14.82	100	4.4	14.18	67.86	1.67	3.5	3.5	0	0	较高	—	2	3
X7	70.2	14.16	95.19	5.7	4.397	58.5	1.33	4	3.25	0.09	1	极低	9	3	3.33
X9	95.7	14.08	97.34	—	0.334	48.98	1.67	3	1.25	0.23	1	中等	9	3	3
X10	85.7	6.768	78.83	1.9	2.531	51.24	0.67	2.5	3.75	0.08	1	较高	9	4	3.33
Z1	85.8	28.93	99.18	2.9	9.9	66.32	3	3	3.5	0	2	较高	7	4	2
Z2	64.9	53.53	95.46	2.7	4.282	70.07	—	3.5	3	0	1	中等	6	4	3.67
Z3	78.9	92.43	92.94	5.8	10.6	78.14	2.67	3.5	3.75	0	2	中等	—	4	1.33
Z4	44	14.82	98.03	3.6	6.452	69.94	2.67	4	4	0	2	中等	9	4	4
Z5	88.2	41.82	90.85	2.6	9.62	69.14	2.5	2.5	0			较高	3	3	3.67
Z6	71.2	22.5	89.27	—	13.21	68.63	0.67	4	4	0	0	较高	10	3	3.67
Z7	111.1	9.031	87.77		4.68	49.79	—			0.19	0	较高	6	—	
Z8	105.4	24.25	82.27		7.694	63.97	1.33	0.5		0	0	较低	8	3	3.33
Z9	58.5	23.62	96.9	—	16.64	64.41		4	3.75	0	0	中等	6	4	4
Z10	89.8	22.88	95.91		11.19	66.45	1.33	2.5	—	0.01	5	极高	4	4	3.33
Z11	52.5	57.64	88.41	5	1.522	60.13	3	4	4	0	0	中等	8	4	3.33
Z12	43.7	74.18	91	—	5.258	69.35	2.33	4	4	0	2	中等	9	4	
Z13	88.9	5.926	77.35		0.505	45.29				0.12	0	较高			
Y1	77.9	18.59	67.59	3.8	8.031	53.58	1.67	3	4	0.23	4	较低	5	4	2.67
Y2	98.9	12.89	60.4	2.6	4.943	51.42	1	2	2.75	0.16	6	极高	6	4	2.67
Y3	89.1	13.24	63.57	1.9	2.35	41.77	1	2.5	2.75	0.33	3	中等	6	4	3
Y4	86.6	15.28	92.3	2.2	3.6	65.55	1.33	3.5	2.5	0.02	3	较高	5	3	2.67
Y5	74.4	21.54	99.1	5.2	1.899	57.1	—	—		0	0	较高	—	—	

表 6.2 中的指标数据有以下特征。

- 定性资料与定量数据交织，或只有定性语言描述，或只有量化数据，或只有权威机构的评估或预测。
- 部分国家指标数据缺失。不同机构在发布评估报告时，由于关注的重点不同，致使部分机构的报告缺少对某些国家的评估或预测结果。
- 不同机构对同一指标数据的评估结果不同。由于不同机构邀请的专家不同、评价体系存在差异，致使对同一指标数据的评估结果会有一定差异。

6.1.4 海盗活动和恐怖主义

在"21世纪海上丝绸之路"沿线国家和地区海盗活动和恐怖主义风险评价指标体系中，恐怖主义风险引用"全球恐怖主义指数"进行评估。这里重点关注"21世纪海上丝绸之路"主要海域的海盗活动风险，提取由 IMO 发布的 2010—2014 年间一次海盗事件的特征信息见表 6.3。

表 6.3 一次海盗事件的特征信息

船舶类型	总吨位	日期	时间	海域类型
拖船	296	06/02	00:02 LT	国际水域
海盗人数	伤害船员	对船舶的伤害	货品损失	海盗武器
8	扣作人质	劫持	—	枪械

由表 6.3 可知，海盗事件的相关数据均为统计数据，是对该海域事件的一个评估：

一方面，统计数据不完整，如报告中部分指标数据缺失；

另一方面，海盗事件风险评估涉及数据统计、专家知识、定性资料等多方面信息融合，处理的不仅是单纯的定性资料或定量统计数据。

6.2 地缘人文风险评估建模

基于上述指标数据的特征,杨理智等人[1-2]引入人工智能领域的云模型理论和贝叶斯网络模型,结合模糊数学领域中的犹豫模糊数,构建了犹豫云模型和云模型-贝叶斯网络模型,用于解决不完整和不确定的指标数据在量化评估地缘人文风险时存在的问题和困难。

6.2.1 犹豫云模型

1. 犹豫云

基于上述指标数据特征的分析,评估模型要能够处理定性资料和定量数据,以及评估信息缺失的问题,并尽可能多地保留不同专家的意见。虽然有些机构对指标数据的评估是精确的,但精确的指标数据并不能体现专家在评估时的不确定性。事实上,基于不同机构对指标数据的评估结果,专家能够大致在大脑中形成一个定性评语,通过云模型将定性评语转化为云模型数值特征,并运用虚拟云算法进行综合计算。此算法是通过云模型数值特征的熵和超熵反映专家在评估时的不确定性,以及由虚拟云算法产生的不确定性。另外,通过对云滴基本元素的分析,可将云模型数值特征映射回评语,得到定性与定量相结合的评估结果,对决策更具有现实意义。

在转化指标数据的过程中,不完整数据集实际上可被看作一个广义的犹豫集,即专家在对某一指标数据进行评估时,由于有时会对目标的评判和问题的把握拿不准或犹豫,因此某元素的评语集允许有多个。

在实际评估的过程中，常常出现以下两种情况：

- 一是由于专家自身的专业知识和对评估对象的了解均有限，不能对部分指标数据给出确定的评语，对某事件、某对象的评判会犹豫不决；
- 二是由于不同专家的关注重点、专业知识对象不同，在对不同对象的同一指标数据进行评估时，会给出多个不同的评估结果，产生广义的犹豫评语集。当不同专家给出不同的评语时，不能对评语进行简单的加权平均，如专家1对A事物的评语为"好"，专家2对A事物的评语为"差"，两位专家权重相当，不能简单地将两位专家的意见综合为"中等"，忽略专家的不同意见，需要在综合评估过程中，表达由于专家意见相差较大而得出的不确定性。

云模型可以较好地实现定性评语和定量数据之间的转化，并能够在转化过程中表达评语的不确定性，包括评语的模糊性和随机性，在此基础之上，当专家意见存在犹豫时，专家还可以同时给出犹豫的评语，并将其转化为对应的云模型数值特征。包含犹豫集的指标层，可通过犹豫模糊加权算子生成对应的犹豫模糊数，并分别生成期望（Ex）、熵（En）、超熵（He），得到覆盖专家意见空白区域的犹豫模糊云组。根据专家评语的差别程度和评语本身的不确定性，这些犹豫模糊云组具有各自的中心值和不同的不确定性，通过综合运算，可得到云模型期望，再通过计算熵和超熵，得到中心值的不确定性。

犹豫云模型可对"21世纪海上丝绸之路"沿线国家和地区的政治环境、经济环境和社会环境等风险进行评估。

2. 犹豫模糊集

在构建犹豫云模型评价体系之前，这里先简要介绍和阐述犹豫模糊集的

第6章 海上丝绸之路沿线国家和地区地缘人文风险评估

概念。

美国控制论专家 L. A. Zadeh 于 1965 年提出的模糊集理论在各个学科领域都得到了广泛的应用和发展,如直觉模糊集、区间值模糊集等拓展模型。然而,在现实决策问题中,专家有时对目标的评判和问题的把握拿捏不准或出现犹豫,可能会在几个决策方案之间徘徊,上述拓展模型也难以有效解决。为此,Torra 等人[3]提出了犹豫模糊集的概念。其基本思想可表述为:设 $A=\{h_1,h_2,\cdots,h_n\}$ 是一组犹豫模糊数,ϑ 是关于 A 的一个函数,若 $\vartheta:[0,1]^n \to [0,1]$,则

$$\vartheta_A = \bigcup_{\gamma \in \{h_1 \times h_2 \times \cdots \times h_n\}} \{\vartheta(\gamma)\}$$

犹豫模糊集在传统模糊集的基础上,允许元素的隶属度有几个可能值。目前,犹豫模糊集在决策领域得到了广泛应用,适于解决多位专家的知识宽度不统一或同一专家对决策目标认知程度存在较大差异的问题。犹豫模糊数学思想被提出以来,不同领域的学者均进行了深入研究,理论和应用得到了快速发展。徐泽水等人[4-5]对犹豫模糊集的发展做出了重要贡献,提出了一系列犹豫模糊集的距离与相似性测量的公理化和犹豫模糊熵等相关定义,定义了犹豫模糊元的代数运算和犹豫模糊聚算子,包括犹豫模糊加权平均(HFWA)等算子,并在相关决策问题中得到了有效应用。

定义 6.1. 设 $h_i(i=1,2,\cdots,n)$ 为犹豫模糊集,犹豫模糊加权平均算子实现映射 $\Theta^n \to \Theta$:

$$\text{HFWA}(h_1,h_2,\cdots,h_n) = \bigoplus_{i=1}^{n} w_i h_i = \bigcup_{\gamma_1 \in h_1, \gamma_2 \in h_2, \cdots, \gamma_n \in h_n} \left\{ 1 - \prod_{i=1}^{n} (1-\gamma_i)^{w_i} \right\} \quad (6.1)$$

式中,$\boldsymbol{W}=(w_1,w_2,\cdots,w_n)^T$ 是 $h_i(i=1,2,\cdots,n)$ 的权重,满足 $w_i \in [0,1]$,$\sum_{i=1}^{n} w_i = 1$。若 $\boldsymbol{W}=\left(\dfrac{1}{n},\dfrac{1}{n},\cdots,\dfrac{1}{n}\right)^T$,则犹豫模糊加权算子简化为犹豫模糊平均算子,即

$$\text{HFWA}(h_1,h_2,\cdots,h_n)=\frac{1}{n}\underset{i=1}{\overset{n}{\oplus}}h_i=\underset{\gamma_1\in h_1,\gamma_2\in h_2,\cdots,\gamma_n\in h_n}{\bigcup}\left\{1-\prod_{i=1}^{n}(1-\gamma_i)^{\frac{1}{n}}\right\}$$

(6.2)

3. 犹豫云模型的构建

基于前述建模思想和犹豫模糊集理论，构建犹豫云模型的基本步骤如下。

（1）构建评语集

专家根据对评估对象指标数据集$\{B_i\}(i=1,2,\cdots,n)$的判断，给出各指标数据的评语$\{C_{j_k}\}(j_k=1,2,\cdots,m_k)$，得到$k$位专家评语矩阵$\{C_{1j_1},C_{2j_2},\cdots,C_{kj_k}\}$。

（2）云模型数值特征的评语表达

较低、中等、较高等双边约束评语可用式（6.3）来表达。式中，a为约束的下边界；b为约束的上边界；k为常数，取值一般通过反复实验确定，反映的是某几个元素的不均衡性，用于评估偏离正态分布程度的度量。对于极低、极高这类单边约束问题，可将单边界作为默认期望，用半降半升云，即式（6.4）来表达。

$$\begin{cases}Ex=(a+b)/2\\En=(b-a)/6\\He=k\end{cases} \quad (6.3)$$

$$\begin{cases}Ex=a \text{ or } b\\En=(b-a)/3\\He=k\end{cases} \quad (6.4)$$

（3）生成犹豫云组

根据专家评语矩阵$\{C_{1j_1},C_{2j_2},\cdots,C_{kj_k}\}$的云模型数值特征表达，生成三组关于$n$个指标的犹豫模糊集$\{h_{11},h_{12},\cdots,h_{1n}\}$、$\{h_{21},h_{22},\cdots,h_{2n}\}$、$\{h_{31},h_{32},\cdots,$

$h_{3n}\}$，分别对应 Ex、En、He。运用 HFWA 算子分别集成三组犹豫模糊集，生成关于 Ex、En、He 的犹豫模糊集，集合 $\{Ex, En, He\}$ 即为犹豫云组。设第 i 个指标由 k_i 位专家给出评语，则犹豫云组 $l = \prod_{i=1}^{n} k_i$。

（4）生成综合云

将犹豫云组 $\{C_1(Ex_1, En_1, He_1), C_2(Ex_2, En_2, He_2), \cdots, C_l(Ex_l, En_l, He_l)\}$ 两两相邻云的期望进行比较，启用"软或"算法，即式（6.5）进行云综合，经过迭代计算，得到一组覆盖所有犹豫云组的综合云，即

$$\begin{cases} Ex_3 = \dfrac{Ex_1 + Ex_2}{2} + \dfrac{En_2 - En_1}{4} \\ En_3 = \dfrac{Ex_2 - Ex_1}{4} + \dfrac{En_1 + En_2}{2} \\ He_3 = \max(He_1, He_2) \end{cases} \quad (6.5)$$

（5）云模型数值特征映射评语

运用正向正态云发生器生成综合评语概念云图，正向正态云模型生成 n 个云滴，构成不同的云滴群，不同的云滴群对概念的贡献大小不同，通常将云滴群分为 4 类元素，如图 6.1 所示。

- 骨干元素。云滴位于区间 $[Ex-0.67En, Ex+0.67En]$，占全部元素的 22.33%，对定性概念的贡献占总贡献的 50%。
- 基本元素。云滴位于区间 $[Ex-En, Ex+En]$，占全部元素的 33.33%，对定性概念的贡献占总贡献的 68.26%。
- 外围元素。云滴位于区间 $[Ex-2En, Ex-En]$ 和 $[Ex+En, Ex+2En]$，占全部元素的 33.33%，对定性概念的贡献占总贡献的 27.18%。
- 弱外围元素。云滴位于区间 $[Ex-3En, Ex-2En]$ 和 $[Ex+2En, Ex+3En]$，占全部元素的 33.33%，对定性概念的贡献占总贡献的 4.3%。

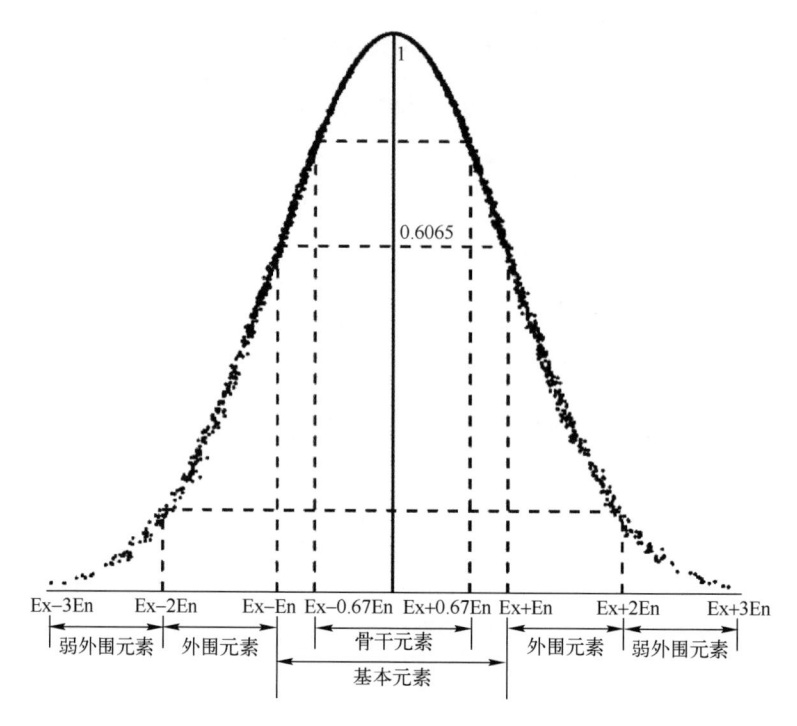

图 6.1 云滴群元素示意图

根据评估实验的不同目的和精度要求，取相应的概念云元素，观察其落入的区间，即可得到综合评估结果。

6.2.2 云模型-贝叶斯网络模型

1. 问题的提出

由于贝叶斯网络具有能够从复杂系统中直接提取信息的优势，因此适于海盗活动风险评估建模。海盗活动风险评估涉及统计数据、专家知识、定性资料等多方面信息的融合。由于贝叶斯网络节点之间的相对独立性和网络推理的便捷性，因此适于海盗活动这类突发性事件的多元信息融合和风险识别。此外，贝叶斯网络的快速推理功能可将海域固有的海盗袭击风险评估，快速转化为对途经该海域船舶可能遭受海盗袭击风险的评估，并将其纳入船舶脆弱性和抗险性的评估。

海盗活动风险评估涉及定量统计数据、定性资料及专家知识等多元信息，传统的贝叶斯网络在建模过程中不能很好地处理多位专家定性知识的融合问题，现有处理参数不完备的方法，如 Expectations Maximization 算法、Gibbs 算法等也不适于处理纯定性知识的参数设定问题，此外，在不需要精确概率的情况下，尽管扩展的贝叶斯网络模型（定性贝叶斯网络）可以很好地应用于知识表达和数据挖掘问题，但也只能得到一个定量的结果。

海盗活动风险评估的难点是网络节点没有定量统计数据，仅有专家定性知识或定性资料等信息。先验概率的设定是贝叶斯网络的基础，也是决定评估结果科学性的重要因素和难点。为此，杨理智等人基于贝叶斯网络原理，引入云模型思想和云变换方法，优化贝叶斯网络模型先验概率设定，构建了云模型-贝叶斯网络模型。

2. 云模型-贝叶斯网络原理

基于云模型的概念和原理，下面将进一步阐述云变换的思想和基本方法。

任何数据的分布都能表示为若干个高斯分布之和，被称为高斯变换。云变换是在高斯变换的基础上，用缩减比例将数据的分布转变为若干个高斯云分布。

缩减比例是指使两个高斯分布弱外围元素区域 [Ex-3En, Ex-2En]、[Ex+2En, Ex+3En] 不重叠所需要缩减的距离，即

$$\begin{cases} \mu_{k-1}+3\cdot\alpha_1\cdot\sigma_{k-1}=\mu_k-3\cdot\alpha_1\cdot\sigma_k \\ \mu_k+3\cdot\alpha_2\cdot\sigma_k=\mu_{k+1}-3\cdot\alpha_2\cdot\sigma_{k+1} \\ \alpha=\min(\alpha_1,\alpha_2) \end{cases} \quad (6.6)$$

式中，μ_{k-1} 和 μ_{k+1} 表示期望；α、α_1、α_2 表示缩放比例；σ_k、σ_{k-1}、σ_{k+1} 表示标

准差。由此，高斯分布能够转换为高斯云分布，即

$$\begin{cases} Ex_k = \mu_k \\ En_k = \sigma_k - (1-\alpha) \times \sigma_k/2 \\ He_k = (1-\alpha) \times \sigma_k/6 \\ CD_k = (1-\alpha)/(1+\alpha) \end{cases} \quad (6.7)$$

式中，CD_k 为概念的含混度。CD_k 越小，高斯云分布的分类越成熟。因此，高斯云变换还可根据云概念之间的重叠程度计算概念划分的成熟度，通过划分条件的调整，可得到更为成熟的划分结果。

譬如，在中国科学院 776 名院士（2022 年 11 月数据）中，43—99 岁的年龄分布如图 6.2 所示，用高斯云变换，可得到不同类别的高斯云分布：对原

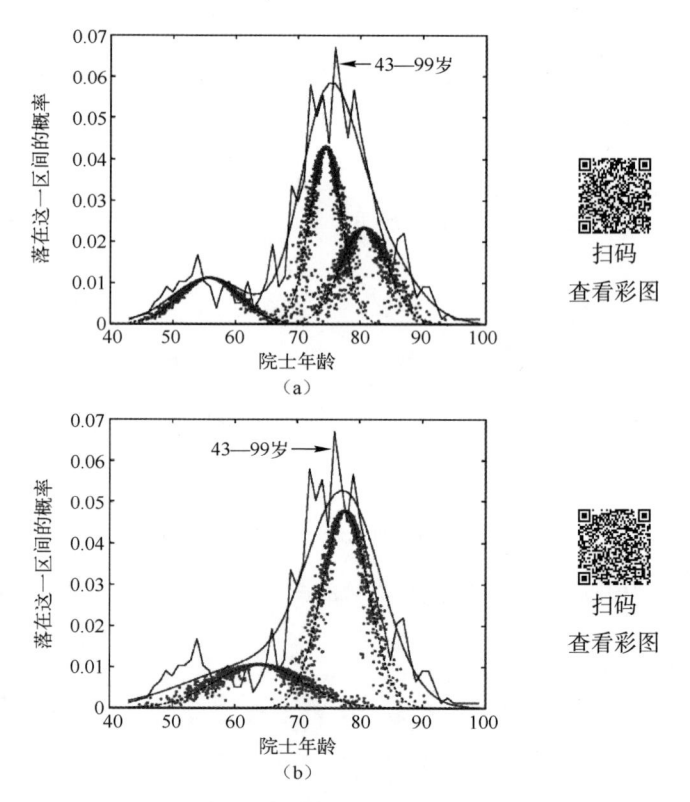

图 6.2　院士年龄的高斯云变换

分布按三类高斯云划分后,概念之间的重叠部分较多,如图6.2(a)所示,两个高斯云的基本元素区域有重叠,概念划分相当含混;对原分布按两类高斯云划分后,如图6.2(b)所示,概念仅有弱外围元素区域有重叠,概念划分较为成熟。

由此,云变换完成了数据分布的还原,能大致描述数据分布较集中的区域,得到一组数据分布概率较大的数值区间。

3. 云模型-贝叶斯网络先验概率设定

指标的概率分布代表内在属性,意味着指标需要有大量的定量统计数据或明确的概念。当从IMO报告、IFS数据库、ICAODS数据集及STEM30数据集中提取海盗数据时,有两类数据的概率分布难以获取:

- 一类是不完备定量统计数据;
- 另一类是定性资料。

为了得到这两类数据的概率分布,可采用云模型理论和云变换方法进行处理。

(1) 定性资料节点

海盗事件相关部分节点仅有一些定性资料,如海盗所使用的武器、海盗对船员(船舶/货物)的犯罪行为等。为了获取部分节点的定量统计数据概率分布,需要采用数学模型将定性资料转化为定量统计数据。在转化过程中,需要尽可能地保留定性语言的不确定性,用云模型的数值特征表示定性资料,采用虚拟云算法综合不同专家的意见,生成相应的云滴,通过计算风险云图中云滴落入各风险等级的频率可获取部分节点的概率分布,具体步骤如下。

① 邀请 n 位专家根据定性资料对指标进行评估,构建专家评语集⟨EXP1,EXP2,⋯,EXPn⟩,满足⟨EXP1,EXP2,⋯,EXPn⟩∈{极低风险,较低风险,中等风险,

较高风险,极高风险}。其中,EXP1,EXP2,…,EXPn 为第 1,2,…,n 位专家的评语。

② 依据式（6.8）、式（6.9）将专家评语转化为云模型数值特征。

$$\begin{cases} \text{Ex} = (a+b)/2 \\ \text{En} = (b-a)/6 \\ \text{He} = k \end{cases} \quad (6.8)$$

$$\begin{cases} \text{Ex} = a \text{ or } b \\ \text{En} = (b-a)/3 \\ \text{He} = k \end{cases} \quad (6.9)$$

式中,Ex 为期望;En 为熵;He 为超熵。

③ 运用浮动云算法,即式（6.10）综合云模型数值特征。

$$\begin{cases} \text{Ex} = \dfrac{\text{Ex}_1 W_1 + \text{Ex}_2 W_2 + \cdots + \text{Ex}_n W_n}{W_1 + W_2 + \cdots + W_n} \\ \text{En} = \dfrac{W_1^2}{W_1^2 + W_2^2 + \cdots + W_n^2} \cdot \text{En}_1 + \cdots + \dfrac{W_n^2}{W_1^2 + W_2^2 + \cdots + W_n^2} \cdot \text{En}_n \\ \text{He} = \dfrac{W_1^2}{W_1^2 + W_2^2 + \cdots + W_n^2} \cdot \text{He}_1 + \cdots + \dfrac{W_n^2}{W_1^2 + W_2^2 + \cdots + W_n^2} \cdot \text{He}_n \end{cases} \quad (6.10)$$

式中,W_i 代表各位专家的权重,$i=1,2,\cdots,n$。

④ 采用正向正态云发生器生成风险云图。

⑤ 计算云滴落在各评语区间的频率,以此表示其对各风险等级的隶属度。

（2）不完备定量统计数据节点

虽然 IMO 对每次海盗袭击事件均有记录,但总有细节缺失,导致有些数据丢失。为了得到这些节点的概率分布,先选用云变换方法从不完备定量统计数据中提取数值特征,再通过计算云滴在各区域的分布频率,得到这些节点的概率分布,具体步骤如下。

第6章 海上丝绸之路沿线国家和地区地缘人文风险评估

① 将节点不完备定量统计数据的频率分布转化为高斯云分布。运用高斯变换理论 $p(x) \to \sum_{i=1}^{n}(a_i \cdot G(\mu_i, \sigma_i))$，将不完备统计数据的频率分布转化为若干个高斯分布，由此得到对应的高斯云分布。

② 设定限制条件，得到符合限制条件的高斯云分布。若将限制条件设定为高斯云之间不相互重叠，则启用循环算法：

- 若高斯云相互重叠；
- 则高斯云数量由 M 减为 $M-1$，两个相邻的高斯云综合为一个高斯云；
- 综合后的高斯云与相邻的高斯云对比，若依然重叠，则回到②；
- 不相互重叠的高斯云代表节点的分布。

③ 计算云滴落在各评语区域的频率，以此表示其对各风险等级的隶属度。

4. 云模型-贝叶斯网络评估建模

基于上述先验概率的设定模型，以海盗活动为例，运用贝叶斯网络进行风险评估建模，基本步骤和技术流程如图 6.3 所示。

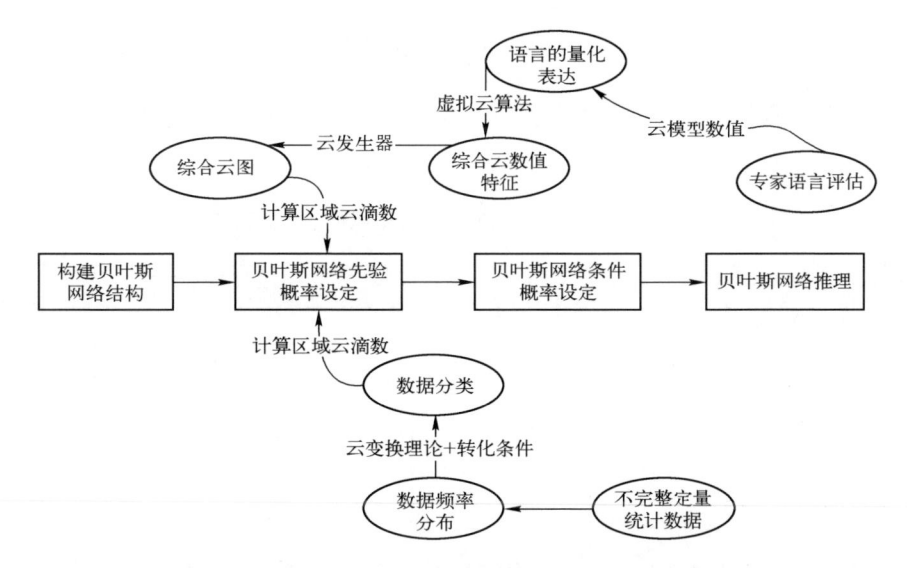

图 6.3 云模型-贝叶斯网络评估建模基本步骤和技术流程

由图 6.3 可知，云模型-贝叶斯网络评估建模步骤如下：

① 基于评估事件内部因果关系构建贝叶斯网络结构 G；

② 设定贝叶斯网络结构中父节点的先验概率；

③ 设定父节点与子节点之间的条件概率；

④ 通过贝叶斯网络推理得到目标节点的后验概率分布。

6.3 沿线国家和地区地缘环境风险实验评估

基于搜集和整理得到的数据资料，采用犹豫云模型的建模方法和技术途径，对"21世纪海上丝绸之路"沿线国家和地区的地缘环境风险进行量化评估实验。

6.3.1 犹豫评语集的构建

依据搜集和整理的数据资料，对各指标进行评估，给出相应的评语，若不同机构的评语一致，则只保留一个评语，如X2、X6两国的地缘环境风险犹豫评语集见表6.4。

表6.4 X2、X6两国的地缘环境风险犹豫评语集

准则层	X2	X6
d111	较低	较低
d112	极高	极低
d113	较高	较低
d114	较高	极低
d115	较低偏低	较高
d116	极低	极低
d121	中等，较低	较低
d122	较低，中等	较低

续表

准则层	X2	X6
d123	中等，较高	较低偏低，较低
d124	中等，较低偏低	较低
d125	中等，较低	—
d131	较低偏低	—
d132	较低偏低	较低
d133	极高	较低
d134	中等	较低
d135	极低	极低

6.3.2 评语集的云模型数值特征表达

将评语用云模型数值特征表达，设定评语集 $V=\{$极高风险,较高风险,中等风险,较低风险,极低风险$\}$ 对应的取值区间分别为 $[0.8,1)$、$[0.6,0.8)$、$[0.4,0.6)$、$[0.2,0.4)$、$(0,0.2)$。

在评语集中，"较低偏低""较低""中等偏低""中等""中等偏高""较高"等双边约束评语，可用式（6.3）表达，"极低""极高"等单边约束评语，可将其单边界作为默认期望值，用半降半升云，即式（6.4）表达。通过实验，$He=0.003$ 最符合评估事件分布特征，得到 X2、X6 两国各指标评语的云模型数值特征表达，见表 6.5。

表 6.5 X2、X6 两国各指标评语的云模型数值特征表达

准则层	X2	X6
d111	(0.3,0.033,0.003)	(0.3,0.033,0.003)
d112	(1,0.067,0.003)	(0,0.067,0.003)
d113	(0.7,0.033,0.003)	(0.3,0.033,0.003)
d114	(0.7,0.033,0.003)	(0,0.067,0.003)
d115	(0.2,0.033,0.003)	(0.7,0.033,0.003)
d116	(0,0.067,0.003)	(0,0.067,0.003)
d121	(0.5,0.033,0.003),(0.3,0.033,0.003)	(0.3,0.033,0.003)
d122	(0.3,0.033,0.003),(0.5,0.033,0.003)	(0.3,0.033,0.003)

续表

准则层	X2	X6
d123	(0.5,0.033,0.003),(0.7,0.033,0.003)	(0.4,0.33,0.003),(0.3,0.33,0.003)
d124	(0.5,0.033,0.003),(0.4,0.033,0.003)	(0.3,0.33,0.003)
d125	(0.5,0.033,0.003),(0.3,0.033,0.003)	—
d131	(0.2,0.033,0.003)	—
d132	(0.4,0.033,0.003)	(0.3,0.033,0.003)
d133	(1,0.067,0.003)	(0.3,0.033,0.003)
d134	(0.5,0.033,0.003)	(0.3,0.033,0.003)
d135	(0,0.067,0.003)	(0,0.067,0.003)

6.3.3 生成犹豫云组

鉴于地缘环境政局稳定风险指标下的次级指标具有犹豫评语集特征，因此选用 HFWA 算子对政局稳定风险指标下的次级指标进行集成，以 X2、X6 两国为例，分别生成如下对应的犹豫云组。

X2 地缘环境政局稳定风险犹豫云组共有 32 个：(0.3654,0.033,0.003)，(0.3881,0.033,0.003)，(0.4067,0.033,0.003)，(0.4067,0.033,0.003)，(0.4067,0.033,0.003)，(0.4271,0.033,0.003)，(0.428,0.033,0.003)，(0.428,0.033,0.003)，(0.428,0.033,0.003)，(0.4453,0.033,0.003)，(0.4453,0.033,0.003)，(0.4453,0.033,0.003)，(0.4476,0.033,0.003)，(0.4643,0.033,0.003)，(0.4643,0.033,0.003)，(0.4643,0.033,0.003)，(0.4652,0.033,0.003)，(0.4652,0.033,0.003)，(0.4652,0.033,0.003)，(0.4814,0.033,0.003)，(0.4835,0.033,0.003)，(0.4835,0.033,0.003)，(0.4835,0.033,0.003)，(0.4992,0.033,0.003)，(0.4992,0.033,0.003)，(0.4992,0.033,0.003)，(0.5,0.033,0.003)，(0.5171,0.033,0.003)，(0.5171,0.033,0.003)，(0.5171,0.033,0.003)，(0.5318,0.033,0.003)，(0.5486,0.033,0.003)。

X6 地缘环境政局稳定风险犹豫云组共有 2 个：(0.2482,0.0265,0.003)，

(0.2711,0.0265,0.003)。

6.3.4 生成综合云

生成犹豫云组后,为了完整保留专家的评估意见,考虑犹豫云组之间的相互关联性,采用"软或"算法对犹豫云组进行综合计算。鉴于地缘政治、政局失稳和地区冲突等风险指标间的独立性,综合云需在基云之间的空白区域生成虚拟语言值,因而选用浮动云算法进行融合,可得到27个国家的地缘环境风险云模型数值特征,见表6.6。

表6.6　27个国家的地缘环境风险云模型数值特征

国家	地缘政治	政局失稳	地区冲突	政治环境
X1	(0.22,0.04,0.003)	(0.54,0.08,0.003)	(0.46,0.04,0.003)	(0.41,0.06,0.003)
X2	(0.32,0.04,0.003)	(0.46,0.07,0.003)	(0.42,0.05,0.003)	(0.44,05,0.003)
X3	(0.43,0.06,0.003)	(0.56,0.06,0.003)	(0.46,0.05,0.003)	(0.48,0.06,0.003)
X4	(0.32,0.05,0.003)	(0.1,0.07,0.003)	(0.16,0.05,0.003)	(0.19,0.06,0.003)
X5	(0.3,0.05,0.003)	(0.6,0.07,0.003)	(0.48,0.03,0.003)	(0.46,0.05,0.003)
X6	(0.38,0.05,0.003)	(0.26,0.03,0.003)	(0.18,0.03,0.003)	(0.27,0.04,0.003)
X7	(0.4,0.05,0.003)	(0.74,0.14,0.003)	(0.56,0.04,0.003)	(0.57,0.08,0.003)
X9	(0.57,0.04,0.003)	(0.73,0.13,0.003)	(0.56,0.03,0.003)	(0.62,0.07,0.003)
X10	(0.33,0.06,0.003)	(0.79,0.1,0.003)	(0.4,0.04,0.003)	(0.51,0.07,0.003)
Z1	(0.27,0.06,0.003)	(0.65,0.07,0.003)	(0.78,0.05,0.003)	(0.56,0.06,0.003)
Z2	(0.58,0.06,0.003)	(0.71,0.1,0.003)	(0.46,0.05,0.003)	(0.58,0.07,0.003)
Z3	(0.58,0.05,0.003)	(0.31,0.06,0.003)	(0.86,0.05,0.003)	(0.58,0.06,0.003)
Z4	(0.33,0.05,0.003)	(0.53,0.15,0.003)	(0.3,0.04,0.003)	(0.39,0.08,0.003)
Z5	(0.38,0.06,0.003)	(0.9,0.09,0.003)	(0.66,0.05,0.003)	(0.65,0.07,0.003)
Z6	(0.18,0.04,0.003)	(0.63,0.13,0.003)	(0.46,0.03,0.003)	(0.42,0.07,0.003)
Z7	(0.43,0.06,0.003)	(0.91,0.13,0.003)	(0.46,0.04,0.003)	(0.6,0.08,0.003)
Z8	(0.47,0.04,0.003)	(0.95,0.08,0.003)	(0.86,0.06,0.003)	(0.76,0.04,0.003)
Z9	(0.5,0.04,0.003)	(0.56,0.07,0.003)	(0.42,0.03,0.003)	(0.49,0.06,0.003)
Z10	(0.33,0.04,0.003)	(0.79,0.1,0.003)	(0.7,0.04,0.003)	(0.61,0.06,0.003)
Z11	(0.43,0.05,0.003)	(0.62,0.15,0.003)	(0.32,0.04,0.003)	(0.46,0.08,0.003)
Z12	(0.23,0.04,0.003)	(0.53,0.15,0.003)	(0.44,0.03,0.003)	(0.4,0.07,0.003)
Z13	(0.38,0.06,0.003)	(0.64,0.08,0.003)	(0.34,0.04,0.003)	(0.45,0.06,0.003)

续表

国家	地缘政治	政局失稳	地区冲突	政治环境
Y1	(0.5,0.06,0.003)	(0.56,0.1,0.003)	(0.8,0.05,0.003)	(0.62,0.07,0.003)
Y2	(0.2,0.06,0.003)	(0.92,0.1,0.003)	(0.88,0.05,0.003)	(0.67,0.07,0.003)
Y3	(0.4,0.04,0.003)	(0.65,0.07,0.003)	(0.46,0.04,0.003)	(0.5,0.05,0.003)
Y4	(0.37,0.05,0.003)	(0.55,0.08,0.003)	(0.38,0.04,0.003)	(0.43,0.06,0.003)
Y5	(0.47,0.06,0.003)	(0.6,0.08,0.003)	(0.14,0.03,0.003)	(0.4,0.06,0.003)

6.3.5 云模型数值特征的定性评语映射

启用正向正态云发生器，生成代表评语的定性概念云图，以 X2、X6 两国为例，如图 6.4 所示。

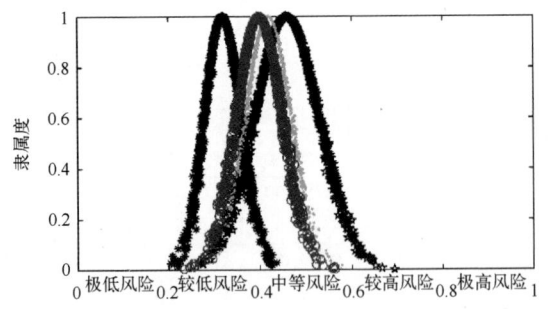

* 地缘政治云 (0.32, 0.04, 0.003)　　● 地区冲突云 (0.42, 0.05, 0.003)
☆ 政局失稳云 (0.46, 0.07, 0.003)　　○ 政治环境云 (0.4, 0.05, 0.003)

(a) X2

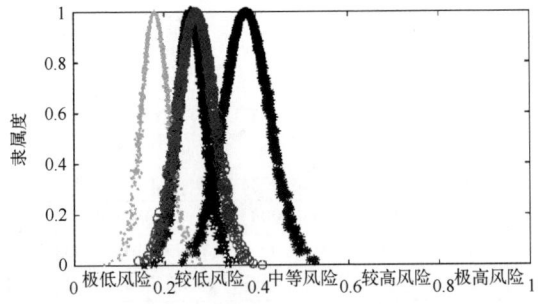

* 地缘政治云 (0.38, 0.05, 0.003)　　● 地区冲突云 (0.18, 0.05, 0.003)
☆ 政局失稳云 (0.26, 0.03, 0.003)　　○ 政治环境云 (0.27, 0.04, 0.003)

(b) X6

图 6.4　X2、X6 两国地缘环境风险定性概念云图

第6章 海上丝绸之路沿线国家和地区地缘人文风险评估

云滴的基本元素位于[Ex-En,Ex+En]，占全部元素的33.33%，对定性概念的贡献占总贡献的68.26%，选取云滴基本元素落入的区域，将各国的云模型数值特征映射回定性语言，对"21世纪海上丝绸之路"沿线27个国家的地缘政治、政局失稳、地区冲突、政治环境等风险指标进行评估实验，结果见表6.7。

表6.7　27个国家的地缘环境风险云模型数值特征评语映射结果

国家	地缘政治	政局失稳	地区冲突	政治环境
X1	较低偏低	中等	中等	中等偏低
X2	较低	中等偏高	中等偏低	中等偏低
X3	中等	中等偏高	中等	中等
X4	较低	极低	极低	较低偏低
X5	较低	中等偏高	中等	中等
X6	中等偏低	较低	极低	较低
X7	中等偏低	较高偏高	中等	中等偏高
X9	中等	较高偏高	中等	中等偏高
X10	较低	较高偏高	中等偏低	中等
Z1	较低	较高	较高偏高	中等偏低
Z2	中等偏高	较高	中等	中等偏低
Z3	中等偏高	较低	极高	中等偏高
Z4	较低	中等偏高	较低	中等偏低
Z5	中等偏低	极高	较高	较高
Z6	较低	中等偏高	中等	中等偏低
Z7	中等偏低	极高	中等	中等偏低
Z8	中等	极高	极高	较高偏高
Z9	中等	中等偏高	中等	中等
Z10	较低	较高偏高	较高	中等偏低
Z11	中等偏低	中等偏高	较低	中等偏高
Z12	较低	中等偏高	中等	中等偏高
Z13	中等偏低	中等偏高	较低	中等
Y1	中等	中等偏高	较高偏高	中等偏高
Y2	较低偏低	极高	极高	较高
Y3	中等偏低	较高	中等	中等
Y4	中等偏低	中等偏高	较低	中等偏高
Y5	中等	中等偏高	极低	中等偏低

6.4 沿线国家和地区经济环境风险实验评估

基于搜集和整理得到的数据资料，采用犹豫云模型的建模方法和技术途径，对"21世纪海上丝绸之路"沿线国家和地区的经济环境风险进行量化评估实验。

6.4.1 犹豫评语集的构建

基于搜集和整理的数据资料，对各指标进行评估，给出相应的评语，若不同机构的评语一致，则只保留一个评语，如X2、X6两国的经济环境风险犹豫评语集见表6.8。

表6.8 X2、X6两国的经济环境风险犹豫评语集

准则层	X2	X6
d211	较高	中等
d212	较低，偏低，中等偏高，中等	较低，中等偏高，中等，偏低
d213	中等	中等
d214	极低	较低，较低
d215	极低，较高	极低，较低
d216	极低	极低
d217	中等偏低，中等	较低，中等
d218	较低，偏低，较高	较高
d221	极低	极低
d222	较低，偏低	较低
d223	中等	较低，偏低
d224	中等	较高
d225	中等	中等
d226	较高，中等	较低，偏低，较高

续表

准则层	X2	X6
d227	较低，偏低，极低	—
d231	极低	极高
d232	极低	极高
d233	极低	极低
d234	中等偏低	较高
d235	较低	中等偏高
d236	较低偏低	—
d241	极低	极低
d242	极低	极低
d243	较高	较低、偏低
d244	极高	中等
d245	中等	中等

6.4.2 评语集的云模型数值特征表达

将评语用云模型数值特征表达，设定评语集 $V=\{$极高风险,较高风险,中等风险,较低风险,极低风险$\}$ 对应的取值区间分别为 $[0.8,1)$、$[0.6,0.8)$、$[0.4,0.6)$、$[0.2,0.4)$、$(0,0.2)$，用式（6.3）、式（6.4）分别对评语进行云模型数值特征表达，以 X2、X6 两国为例，见表 6.9。

表 6.9　X2、X6 两国经济环境风险评语集的云模型数值特征表达

准则层	X2	X6
d211	(0.7,0.033,0.003)	(0.5,0.033,0.003)
d212	(0.2,0.033,0.003)(0.6,0.033,0.003) (0.5,0.033,0.003)	(0.3,0.033,0.003)(0.6,0.033,0.003) (0.4,0.033,0.003)
d213	(0.5,0.033,0.003)	(0.5,0.033,0.003)
d214	(0,0.067,0.003)	(0.3,0.033,0.003)(0,0.067,0.003)

续表

准则层	X2	X6
d215	(0,0.067,0.003)(0.7,0.033,0.003)	(0,0.067,0.003)(0.3,0.033,0.003)
d216	(0,0.067,0.003)	(0,0.067,0.003)
d217	(0.4,0.033,0.003)(0.5,0.033,0.003)	(0.3,0.033,0.003)(0.5,0.033,0.003)
d218	(0.2,0.033,0.003)(0.7,0.033,0.003)	(0.7,0.033,0.003)
d221	(0,0.067,0.003)	(0,0.067,0.003)
d222	(0.2,0.033,0.003)	(0.3,0.033,0.003)
d223	(0.5,0.033,0.003)	(0.2,0.033,0.003)
d224	(0.5,0.033,0.003)	(0.7,0.033,0.003)
d225	(0.5,0.033,0.003)	(0.5,0.033,0.003)
d226	(0.7,0.033,0.003)(0.5,0.033,0.003)	(0.2,0.033,0.003)(0.7,0.033,0.003)
d227	(0.2,0.033,0.003)(0,0.067,0.003)	—
d231	(0,0.067,0.003)	(1,0.067,0.003)
d232	(0,0.067,0.003)	(1,0.067,0.003)
d233	(0,0.067,0.003)	(0,0.067,0.003)
d234	(0.4,0.033,0.003)	(0.7,0.033,0.003)
d235	(0.3,0.033,0.003)	(0.6,0.033,0.003)
d236	(0.2,0.033,0.003)	—
d241	(0,0.067,0.003)	(0,0.067,0.003)
d242	(0,0.067,0.003)	(0,0.067,0.003)
d243	(0.7,0.033,0.003)	(0.2,0.033,0.003)
d244	(1,0.067,0.003)	(0.5,0.033,0.003)
d245	(0.5,0.033,0.003)	(0.5,0.033,0.003)

6.4.3 生成犹豫云组

选用HFWA算子分别对投资条件风险、经济指标风险两个指标下的次级指标进行集成，以X2、X6两国为例，分别生成对应的犹豫云组。

X2 投资条件风险犹豫云组共有 24 个：(0.2219,0.0416,0.003)，

(0.2394,0.0416,0.003), (0.2663,0.0416,0.003), (0.2828,0.0416,0.003), (0.2865,0.0416,0.003), (0.3025,0.0416,0.003), (0.3117,0.0416,0.003), (0.3272,0.0416,0.003), (0.3306,0.0416,0.003), (0.3457,0.0416,0.003), (0.3509,0.0416,0.003), (0.3656,0.0416,0.003), (0.3688,0.0459,0.003), (0.3688,0.0459,0.003), (0.383,0.0459,0.003), (0.383,0.0459,0.003), (0.3862,0.0459,0.003), (0.4,0.0459,0.003), (0.4078,0.0459,0.003), (0.4212,0.0459,0.003), (0.4416,0.0459,0.003), (0.4542,0.0459,0.003), (0.457,0.0459,0.003), (0.4692,0.0459,0.003)。

X6投资条件风险犹豫云组共有24个：(0.3383,0.0373,0.003), (0.3509,0.0373,0.003), (0.3656,0.0373,0.003), (0.3672,0.0373,0.003), (0.3672,0.0373,0.003), (0.3777,0.0373,0.003), (0.3792,0.0416,0.003), (0.3792,0.0416,0.003), (0.383,0.0416,0.003), (0.3932,0.0416,0.003), (0.3932,0.0416,0.003), (0.3948,0.0416,0.003), (0.4048,0.0416,0.003), (0.4048,0.0416,0.003), (0.4063,0.0416,0.003), (0.4084,0.0416,0.003), (0.4099,0.0416,0.003), (0.4099,0.0416,0.003), (0.4197,0.0459,0.003), (0.4308,0.0459,0.003), (0.4342,0.0459,0.003), (0.4342,0.0459,0.003), (0.4356,0.0459,0.003), (0.4589,0.0459,0.003)。

6.4.4 生成综合云

生成犹豫云组后，为了完整保留专家的评估意见，考虑犹豫云组之间的相互关联性，采用"软或"算法对犹豫云组进行综合计算。鉴于投资条件、经济失稳、金融财政危机、债务违约、经济指标等风险指标之间的独立性，综合云需要在基云之间的空白区域生成虚拟语言值，因而选用浮动云算法进行融合,可得到 27 个国家的经济环境风险云模型数值特征,见表 6.10。

表 6.10　27 个国家的经济环境风险云模型数值特征

国家	投资条件	经济失稳	金融财政危机	债务违约	经济指标
X1	(0.62,0.11,0.003)	(0.51,0.04,0.003)	(0.28,0.06,0.003)	(0.6,0.05,0.003)	(0.5,0.06,0.003)
X2	(0.37,0.1,0.003)	(0.38,0.06,0.003)	(0.15,0.05,0.003)	(0.44,0.05,0.003)	(0.34,0.07,0.003)
X3	(0.63,0.11,0.003)	(0.52,0.04,0.003)	(0.3,0.05,0.003)	(0.56,0.05,0.003)	(0.5,0.07,0.003)
X4	(0.11,0.09,0.003)	(0.38,0.07,0.003)	(0.05,0.06,0.003)	(0.24,0.05,0.003)	(0.19,0.07,0.003)
X5	(0.59,0.14,0.003)	(0.46,0.04,0.003)	(0.15,0.05,0.003)	(0.28,0.05,0.003)	(0.37,0.07,0.003)
X6	(0.41,0.07,0.003)	(0.61,0.05,0.003)	(0.55,0.04,0.003)	(0.24,0.05,0.003)	(0.45,0.05,0.003)
X7	(0.63,0.13,0.003)	(0.64,0.04,0.003)	(0.33,0.04,0.003)	(0.52,0.03,0.003)	(0.53,0.06,0.003)
X9	(0.84,0.09,0.003)	(0.69,0.04,0.003)	(0.62,0.04,0.003)	(0.6,0.05,0.003)	(0.69,0.06,0.003)
X10	(0.93,0.08,0.003)	(0.76,0.08,0.003)	(0.57,0.04,0.003)	(0.54,0.04,0.003)	(0.7,0.06,0.003)
Z1	(0.55,0.09,0.003)	(0.76,0.04,0.003)	(0.55,0.04,0.003)	(0.1,0.05,0.003)	(0.49,0.06,0.003)
Z2	(0.45,0.14,0.003)	(0.32,0.05,0.003)	(0.45,0.06,0.003)	(0.24,0.04,0.003)	(0.37,0.07,0.003)
Z3	(0.35,0.07,0.003)	(0.51,0.04,0.003)	(0.23,0.05,0.003)	(0.74,0.06,0.003)	(0.46,0.06,0.003)
Z4	(0.34,0.1,0.003)	(0.37,0.05,0.003)	(0.6,0.04,0.003)	(0.34,0.06,0.003)	(0.41,0.06,0.003)
Z5	(0.56,0.15,0.003)	(0.55,0.08,0.003)	(0.35,0.04,0.003)	(0.82,0.05,0.003)	(0.57,0.08,0.003)
Z6	(0.5,0.1,0.003)	(0.48,0.12,0.003)	(0.33,0.05,0.003)	(0.4,0.05,0.003)	(0.43,0.08,0.003)
Z7	(0.91,0.08,0.003)	(0.84,0.04,0.003)	(0.52,0.03,0.003)	(0.42,0.03,0.003)	(0.67,0.04,0.003)
Z8	(0.71,0.15,0.003)	(0.72,0.06,0.003)	(0.48,0.05,0.003)	(0.5,0.05,0.003)	(0.6,0.08,0.003)
Z9	(0.34,0.09,0.003)	(0.36,0.05,0.003)	(0.53,0.05,0.003)	(0.3,0.05,0.003)	(0.38,0.06,0.003)
Z10	(0.7,0.15,0.003)	(0.76,0.05,0.003)	(0.53,0.04,0.003)	(0.76,0.05,0.003)	(0.69,0.07,0.003)
Z11	(0.46,0.1,0.003)	(0.5,0.11,0.003)	(0.5,0.04,0.003)	(0.4,0.05,0.003)	(0.46,0.08,0.003)
Z12	(0.25,0.11,0.003)	(0.34,0.05,0.003)	(0.32,0.04,0.003)	(0,0.05,0.003)	(0.23,0.07,0.003)
Z13	(0.74,0.1,0.003)	(0.61,0.03,0.003)	(0.4,0.04,0.003)	(0.34,0.05,0.003)	(0.52,0.06,0.003)
Y1	(0.7,0.14,0.003)	(0.75,0.04,0.003)	(0.45,0.06,0.003)	(0.76,0.05,0.003)	(0.67,0.07,0.003)
Y2	(0.79,0.13,0.003)	(0.67,0.05,0.003)	(0.55,0.04,0.003)	(0.76,0.05,0.003)	(0.69,0.07,0.003)
Y3	(0.9,0.1,0.003)	(0.82,0.05,0.003)	(0.6,0.05,0.003)	(0.48,0.03,0.003)	(0.7,0.06,0.003)
Y4	(0.71,0.13,0.003)	(0.72,0.05,0.003)	(0.58,0.05,0.003)	(0.76,0.05,0.003)	(0.7,0.07,0.003)
Y5	(0.58,0.14,0.003)	(0.63,0.03,0.003)	(0.4,0.04,0.003)	(0.66,0.05,0.003)	(0.57,0.06,0.003)

6.4.5 云模型数值特征的定性评语映射

启用正向正态云发生器,生成代表评语的定性概念云图,以 X2、X6 两国为例,如图 6.5 所示。

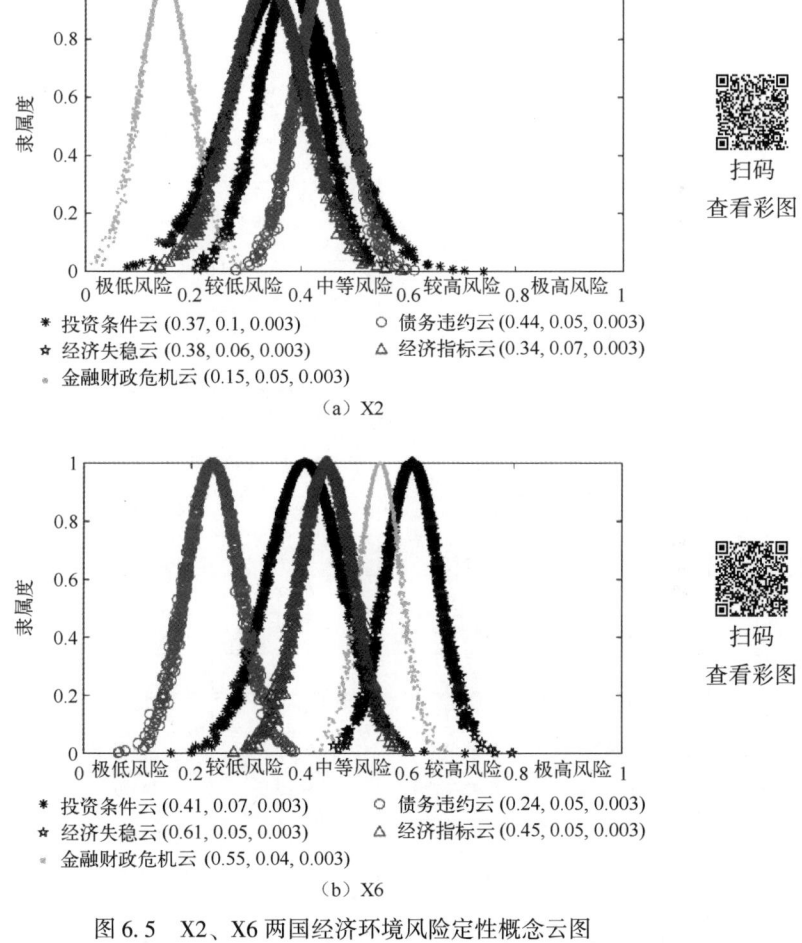

(a) X2

* 投资条件云 (0.37, 0.1, 0.003)　　○ 债务违约云 (0.44, 0.05, 0.003)
☆ 经济失稳云 (0.38, 0.06, 0.003)　　△ 经济指标云 (0.34, 0.07, 0.003)
▫ 金融财政危机云 (0.15, 0.05, 0.003)

(b) X6

* 投资条件云 (0.41, 0.07, 0.003)　　○ 债务违约云 (0.24, 0.05, 0.003)
☆ 经济失稳云 (0.61, 0.05, 0.003)　　△ 经济指标云 (0.45, 0.05, 0.003)
▫ 金融财政危机云 (0.55, 0.04, 0.003)

图 6.5　X2、X6 两国经济环境风险定性概念云图

云滴的基本元素位于[Ex-En,Ex+En],占全部元素的 33.33%,对定性概念的贡献占总贡献的 68.26%,选取云滴基本元素落入的区域,将各国的云模

型数值特征映射回定性语言,对"21世纪海上丝绸之路"沿线 27 个国家的投资条件、经济失稳、金融财政危机、债务违约、经济指标等风险分别进行评估,结果见表 6.11。

表 6.11　27 个国家的经济环境风险云模型数值特征评语映射结果

国家	投资条件	经济失稳	金融财政危机	债务违约	经济指标
X1	中等偏高	中等	较低	中等偏高	中等
X2	中等偏低	中等偏低	极低	中等	较低
X3	中等偏高	中等	较低	中等偏高	中等
X4	极低	中等偏低	极低	较低	较低偏低
X5	中等偏高	中等	极低	较低	中等偏低
X6	中等偏低	中等偏高	中等	较低	中等
X7	中等偏高	较高	较低	中等	中等
X9	较高偏高	较高	较高	中等偏高	较高
X10	极高	较高偏高	中等	中等	较高
Z1	中等偏高	较高	中等	极低	中等
Z2	中等偏低	较低	中等	较低	中等偏低
Z3	较低	中等	较低偏低	较高	中等
Z4	中等偏低	较低	中等偏高	较低	中等偏低
Z5	中等偏高	中等偏高	较低	较高偏高	中等偏高
Z6	中等	中等偏低	较低	中等偏低	中等偏低
Z7	极高	极高	中等	中等	较高
Z8	较高偏高	较高	中等	中等	中等偏高
Z9	中等偏低	较低	较低	中等	中等偏低
Z10	较高偏高	较高	中等	较高	较高
Z11	中等偏低	中等	中等	中等偏低	中等
Z12	较低偏低	较低	较低	极低	较低偏低
Z13	较高偏高	中等偏高	中等偏低	较低	中等
Y1	较高偏高	较高	中等	较高	较高
Y2	较高偏高	较高	中等	较高	较高
Y3	极高	极高	中等偏高	中等	较高
Y4	较高偏高	较高	中等偏高	较高	较高
Y5	中等偏高	较高	中等偏低	较高	中等偏高

6.5 沿线国家和地区社会环境风险实验评估

基于搜集和整理得到的数据资料，采用犹豫云模型的建模方法和技术途径，对"21世纪海上丝绸之路"沿线国家和地区的社会环境风险进行量化评估实验。

6.5.1 犹豫评语集的构建

基于搜集和整理的数据资料，对各指标进行评估，给出相应的评语，若不同机构的评语一致，则只保留一个评语，如X2、Z7两国的社会环境风险犹豫评语集见表6.12。

表6.12 X2、Z7两国的社会环境风险犹豫评语集

准则层	X2	Z7
d251	中等	极高
d252	较高，极低，较低，偏低	极高，极低
d253	中等	较高，偏高
d254	较低，中等	中等偏高
d255	较低，极低	—
d256	极低	中等偏高
d261	中等	较高
d271	中等	较高
d272	较低	较高
d273	中等偏高，较低，较高	中等偏高

6.5.2 评语集的云模型数值特征表达

将评语用云模型数值特征表达，设定评语集 $V=\{$极高风险,较高风险,中等风险,较低风险,极低风险$\}$ 对应的取值区间分别为 [0.8,1)、[0.6,0.8)、[0.4,0.6)、[0.2,0.4)、(0,0.2)，用式（6.3）、式（6.4）分别对评语进行云模型数值特征表达，以 X2、Z7 两国为例，见表 6.13。

表 6.13 X2、Z7 两国社会环境风险评语集的云模型数值特征表达

准则层	X2	Z7
d251	(0.5,0.033,0.001)	(10,0.67,0.01)
d252	(0.7,0.033,0.001)(0,0.67,0.01)(2,0.33,0.01)	(10,0.67,0.01)(0,0.67,0.01)
d253	(0.5,0.033,0.001)	(8,0.33,0.01)
d254	(0.3,0.033,0.001)(0.5,0.033,0.001)	(6,0.33,0.01)
d255	(0.3,0.033,0.001)(0,0.067,0.001)	—
d256	(0,0.067,0.001)	(0.6,0.033,0.001)
d261	(0.5,0.033,0.001)	(0.7,0.033,0.001)
d271	(0.5,0.033,0.001)	(0.7,0.033,0.001)
d272	(0.3,0.033,0.001)	(0.7,0.033,0.001)
d273	(0.6,0.033,0.0.01)(0.3,0.033,0.001)(0.7,0.033,0.001)	(0.6,0.033,0.001)

6.5.3 生成犹豫云组

选用 HFWA 算子分别对社会治安、文化差异等风险三个指标下的次级指标进行集成，以 X2、Z7 两国为例，分别生成对应的犹豫云组。

X2 社会治安风险犹豫云组共有 12 个：(0.2521,0.0388,0.003)，(0.2794,0.0388,0.003)，(0.2929,0.0388,0.003)，(0.2953,0.0388,0.003)，(0.3187,

0.0445,0.003），（0.321,0.0445,0.003），（0.3337,0.0445,0.003），（0.358, 0.0445,0.003），（0.3881,0.0445,0.003），（0.4215,0.0445,0.003），（0.4234, 0.0502,0.003），（0.4548,0.0502,0.003）。

Z7 社会治安风险犹豫云组共有 2 个：（0.7385,0.0391,0.003），（0.8786, 0.0391,0.003）。

6.5.4 生成综合云

生成犹豫云组后，为了完整保留专家的评估意见，考虑犹豫云组之间的相互关联性，采用"软或"算法对犹豫云组进行综合计算。鉴于社会治安、宗教差异、文化差异、环境风险等风险指标之间的独立性，综合云需在基云之间的空白区域生成虚拟语言值，因而选用浮动云算法进行融合，可得到 27 个国家的社会环境风险云模型数值特征，见表 6.14。

表 6.14　27 个国家的社会环境风险云模型数值特征

国家	社会治安	宗教差异	文化差异	环境风险
X1	（0.62,0.12,0.003）	（0.3,0.03,0.003）	（0.92,0.07,0.003）	（0.61,0.08,0.003）
X2	（0.36,0.09,0.003）	（0.5,0.03,0.003）	（0.6,0.06,0.003）	（0.49,0.06,0.003）
X3	（0.77,0.07,0.003）	（1,0.07,0.003）	（0.86,0.05,0.003）	（0.88,0.06,0.003）
X4	（0.58,0.08,0.003）	（0,0.07,0.003）	（0.68,0.12,0.003）	（0.45,0.09,0.003）
X5	（0.48,0.09,0.003）	（0,0.07,0.003）	（0.65,0.15,0.003）	（0.38,0.1,0.003）
X6	（0.48,0.15,0.003）	（0.5,0.03,0.003）	（0.57,0.06,0.003）	（0.51,0.08,0.003）
X7	（0.62,0.12,0.003）	（0.3,0.03,0.003）	（0.93,0.07,0.003）	（0.62,0.08,0.003）
X9	（0.84,0.08,0.003）	（0,0.07,0.003）	（0.72,0.11,0.003）	（0.52,0.09,0.003）
X10	（0.8,0.09,0.003）	（0.3,0.03,0.003）	（0.72,0.1,0.003）	（0.61,0.08,0.003）
Z1	（0.44,0.09,0.003）	（0.7,0.03,0.003）	（0.64,0.15,0.003）	（0.59,0.09,0.003）
Z2	（0.46,0.08,0.003）	（0/7,0.03,0.003）	（0.7,0.12,0.003）	（0.62,0.08,0.003）
Z3	（0.21,0.22,0.003）	（0.5,0.03,0.003）	（0.63,0.15,0.003）	（0.45,0.14,0.003）

续表

国家	社会治安	宗教差异	文化差异	环境风险
Z4	(0.5,0.15,0.003)	(0.7,0.03,0.003)	(0.73,0.04,0.003)	(0.64,0.07,0.003)
Z5	(0.48,0.06,0.003)	(0.5,0.03,0.003)	(0.64,0.16,0.003)	(0.54,0.08,0.003)
Z6	(0.43,0.11,0.003)	(1,0.07,0.003)	(0.74,0.11,0.003)	(0.72,0.09,0.003)
Z7	(0.81,0.07,0.003)	(0.7,0.03,0.003)	(0.53,0.03,0.003)	(0.68,0.05,0.003)
Z8	(0.87,0.06,0.003)	(0.7,0.03,0.003)	(0.72,0.04,0.003)	(0.76,0.04,0.003)
Z9	(0.32,0.08,0.003)	(0.7,0.03,0.003)	(0.75,0.11,0.003)	(0.59,0.07,0.003)
Z10	(0.51,0.08,0.003)	(0.7,0.03,0.003)	(0.52,0.22,0.003)	(0.58,0.11,0.003)
Z11	(0.63,0.07,0.003)	(0.7,0.03,0.003)	(0.67,0.04,0.003)	(0.67,0.05,0.003)
Z12	(0.36,0.06,0.003)	(0.7,0.03,0.003)	(0.63,0.04,0.003)	(0.56,0.04,0.003)
Z13	(0.81,0.07,0.003)	(0.7,0.03,0.003)	(0.5,0.03,0.003)	(0.67,0.04,0.003)
Y1	(0.62,0.07,0.003)	(0.5,0.03,0.003)	(0.72,0.12,0.003)	(0.61,0.07,0.003)
Y2	(0.74,0.09,0.003)	(0.7,0.03,0.003)	(0.54,0.19,0.003)	(0.66,0.1,0.003)
Y3	(0.91,0.06,0.003)	(0.7,0.03,0.003)	(0.68,0.15,0.003)	(0.76,0.08,0.003)
Y4	(0.79,0.1,0.003)	(0.3,0.03,0.003)	(0.42,0.06,0.003)	(0.51,0.06,0.003)
Y5	(0.69,0.06,0.003)	(0.7,0.03,0.003)	(0.7,0.03,0.003)	(0.7,0.04,0.003)

6.5.5 云模型数值特征的定性评语映射

启用正向正态云发生器，生成代表评语的定性概念云图，以 X2、Z7 两国为例，如图 6.6 所示。

云滴的基本元素位于[Ex-En,Ex+En]，占全部元素的 33.33%，对定性概念的贡献占总贡献的 68.26%，选取云滴基本元素落入的区域，将各国的云模型数值特征映射回定性语言，对"21 世纪海上丝绸之路"沿线 27 个国家的社会治安、宗教差异、文化差异和环境风险等进行评估，结果见表 6.15。

第6章 海上丝绸之路沿线国家和地区地缘人文风险评估

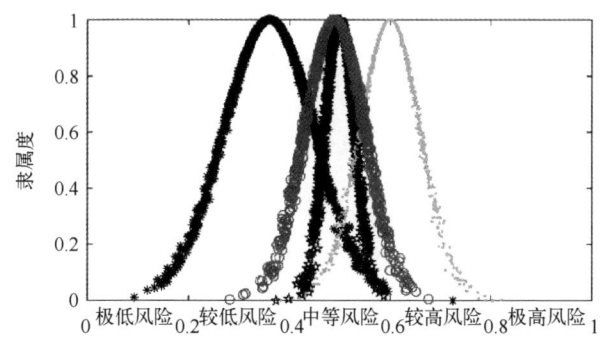

※ 社会治安云 (0.36, 0.09, 0.003)　　■ 文化差异云 (0.6, 0.06, 0.003)
★ 宗教差异云 (0.5, 0.03, 0.003)　　○ 环境风险云 (0.49, 0.06, 0.003)

（a）X2

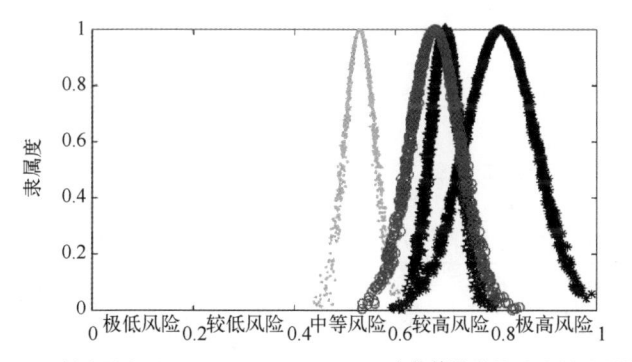

※ 社会治安云 (0.81, 0.07, 0.003)　　■ 文化差异云 (0.53, 0.03, 0.003)
★ 宗教差异云 (0.7, 0.03, 0.003)　　○ 环境风险云 (0.68, 0.05, 0.003)

（b）Z7

图6.6　X2、Z7两国社会环境风险定性概念云图

表6.15　27个国家社会环境风险云模型数值特征评语映射结果

国家	社会治安	宗教差异	文化差异	环境风险
X1	中等偏高	较低	极高	中等偏高
X2	中等偏低	中等	中等偏高	中等
X3	较高偏高	极高	极高	极高
X4	中等偏高	极低	中等偏高	中等偏低
X5	中等	极低	较高	中等偏低
X6	中等	中等	中等	中等

续表

国家	社会治安	宗教差异	文化差异	环境风险
X7	中等偏高	较低	极高	中等偏高
X9	较高偏高	极低	较高	中等
X10	较高偏高	较低	较高	中等偏高
Z1	中等偏低	较高	中等偏高	中等偏高
Z2	中等	较高	较高	中等偏高
Z3	低	中等	中等偏高	中等
Z4	中等	较高	较高	较高
Z5	中等	中等	较高偏高	中等
Z6	中等偏低	极高	较高偏高	较高
Z7	较高偏高	较高	中等	较高
Z8	极高	较高	较高	较高
Z9	较低	较高	较高偏高	中等偏高
Z10	中等	较高	中等	中等偏高
Z11	中等偏高	较高	较高	较高
Z12	较低	较高	较高	中等
Z13	较高偏高	较高	中等	较高
Y1	中等偏高	中等	较高偏高	中等偏高
Y2	较高	较高	中等	中等偏高
Y3	极高	较高	中等偏高	较高偏高
Y4	较高偏高	较低	中等偏低	中等
Y5	较高	较高	较高	较高

6.6 海盗活动风险评估

美国经济与和平研究所（Institute for Economics and Peace，IEP）每年都会发布《全球恐怖主义指数》报告，总结过去若干年来全球恐怖主义的主要趋势和模式。对于全球海盗活动风险尚未有权威机构给予评估。以报告中的数据作为基础，杨理智等人[6]针对"21世纪海上丝绸之路"主要海域的海盗活动风险进行了评估。

6.6.1 海盗活动风险体系

海盗活动风险体系是由海盗袭击的危险性、遭受袭击的船舶及其运输物资的脆弱性、船舶和护航力量等抗险性因素综合构成的。致险因子作用于承险体。承险体在遭遇不利事件时会有一定的损失，损失的大小决定于作用在其上的致险因子的强度、自身的暴露性及对致险因子的敏感程度。一般而言，致险因子的强度越强，承险体的暴露性越大，对致险因子的敏感程度越高，损失越大。此外，船舶自身的抗险性和护航力量会对风险起到一定的抵御作用，在一定程度上可降低风险。

1. 承险体的脆弱性

承险体的脆弱性主要是指受风险影响的特性。这种特性与两个方面有关：

- 一个方面是承险体暴露在致险因子之下；
- 另一个方面是承险体系统的敏感性，使其在致险因子的影响下表现出不良反应，即承险体受致险因子影响的特性与系统的暴露性和敏感性有关。

海盗通过暴力手段致使船舶、物资遭受损失，甚至危及船员的生命安全。因此，海盗袭击的承险体包括船舶上的物资和船员。承险体暴露在风险之中，其暴露性主要体现在物资价值和船员数量上。物资价值越高、船员数量越多，暴露性越高，遭受风险时的损失越大。承险体的敏感性表现为对运输物资的需求程度，即对外依存度，依存度越高，需求程度越高，敏感性越高。

2. 承险体的防范能力

承险体的防范能力主要是指承险体对抗风险的能力，即反海盗活动的力量。这种能力既来自承险体自身，也来自外部系统。

（1）护航力量部署

当前，国际上对海盗活动的防治工作非常重视，通过区域合作、国际合作等形式，采用区域联防、编队护航等手段对海盗活动进行打击，已取得显著成效。

（2）船舶的通信设施和自卫装备

发生海盗事件或发现海盗有登船行径时，船员可向附近的信息中心发送求救报告，附近的信息中心在收到求救报告后，会展开救援活动。因此，船舶的通信设施和自卫装备是及时获得救援的关键因素。船舶本身应配备一定的自卫装备或安保人员以对抗海盗活动。船舶自卫装备水平是对抗海盗袭击、降低损失的重要防卫措施。

（3）应急预案水平与应急处置能力

由于海盗活动是威胁远洋船舶的最大安全因素之一，因此许多船舶公司针对海盗活动都制定了相应的应急预案，一旦所属船舶遭受海盗活动，则公司会即刻启动应急预案，将海盗活动造成的损失降到最低。

6.6.2 贝叶斯网络推理建模

基于海盗活动机理分析及其风险评价体系，采用云模型-贝叶斯网络模型对"21世纪海上丝绸之路"海域的固有海盗活动风险进行评估，随机挑选两个真实案例，对船舶遭受的损失进行量化评估，并与实际结果进行对比。

第6章 海上丝绸之路沿线国家和地区地缘人文风险评估

1. 贝叶斯网络模型的构建

根据专家知识或历史统计数据梳理指标之间的因果关系,通过专家知识归纳海盗活动风险的影响因素,在此基础之上,构建海盗活动风险的贝叶斯网络模型,如图6.7所示。

2. 数据来源及处理

海盗活动风险的脆弱性和防范能力主要取决于船舶。为了评估海域的固有海盗活动风险,应收集海盗活动的相关数据。数据来源及处理方法如下。

从1982年至今,国际海事组织对有报告的全球海域的海盗活动均有记录,包括发生的细节,如海盗人数、海盗所持武器、船员的应对手段等,从报告中提取相关数据,通过统计,即可计算海盗活动的发生频率。

国际货币基金组织、世界银行等机构每年都会记录与经济有关的各种统计数据,如人均GDP、贫困人口比、基尼系数、贫困指数等。不同机构的测量标准、数据单位不同,难以对数据进行简单的标准化处理。因此,可将全球数据分为5个层次,根据国家排名所对应的等级进行语言评价。

透明国际、世界银行等机构每年都对与政治有关的指标进行评估,如国家不稳定指数、国家内战指数、政府清廉指数、政府效率指数等。不同机构的评估对象不同,致使部分国家的部分指标数据缺失,且不同机构的数据测量标准不同,因此可邀请专家根据国家排名给出指标语言评价。

国际综合海洋大气数据集可提供海洋表层数据,包括船舶(商业、海军、研究)测量或观测数据、系泊浮标和漂流浮标数据、海岸站点数据和其他海洋站数据,要素包含风速、波高、能见度等。这些数据不能提供与海盗活动有关的天气状况的完整信息。为了弥补这一缺陷,可提取与海盗活动发生日相关的环境要素变量,并进行变量频谱分析。

图 6.7 海盗活动风险的贝叶斯网络模型

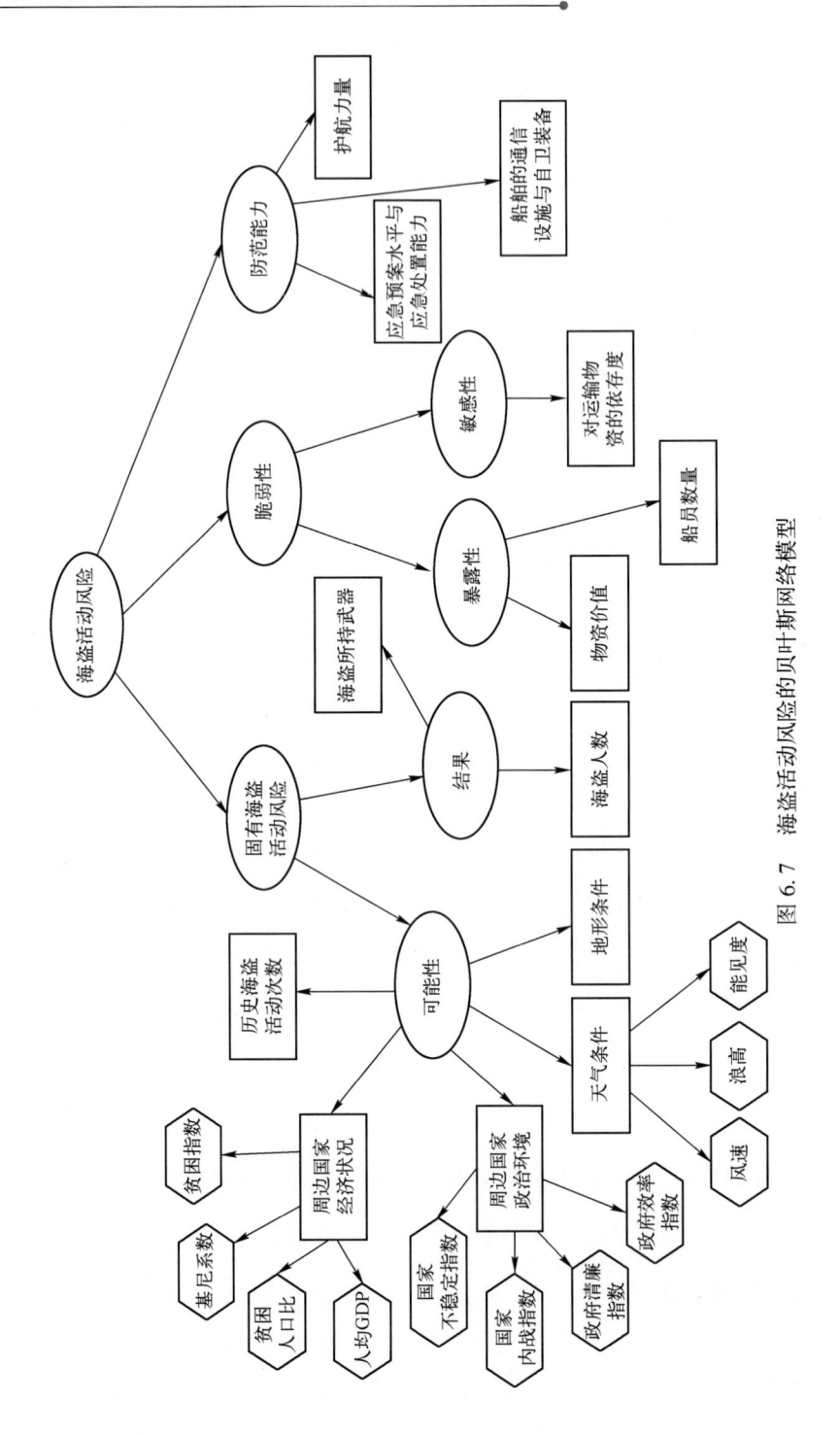

第6章 海上丝绸之路沿线国家和地区地缘人文风险评估

美国国家海洋和大气管理局（NOAA）发布的全球地形网格数据集包含陆地高程、海洋水深、冰面（南极和格陵兰岛的冰面）数据和岩基数据，空间范围为90°S~90°N、180°W~180°E，空间分辨率为1′×1′。

6.6.3 风险评估与实验仿真

1. 海盗活动风险评估

海盗活动的危险性是固有的，不随承险体的变化而变化。海域的固有海盗活动风险可通过历史数据评估得到，即将先验概率和条件概率输入Netica贝叶斯网络平台进行推理，在此基础之上，计算海域的危险性对风险等级的隶属度，如图6.8所示。

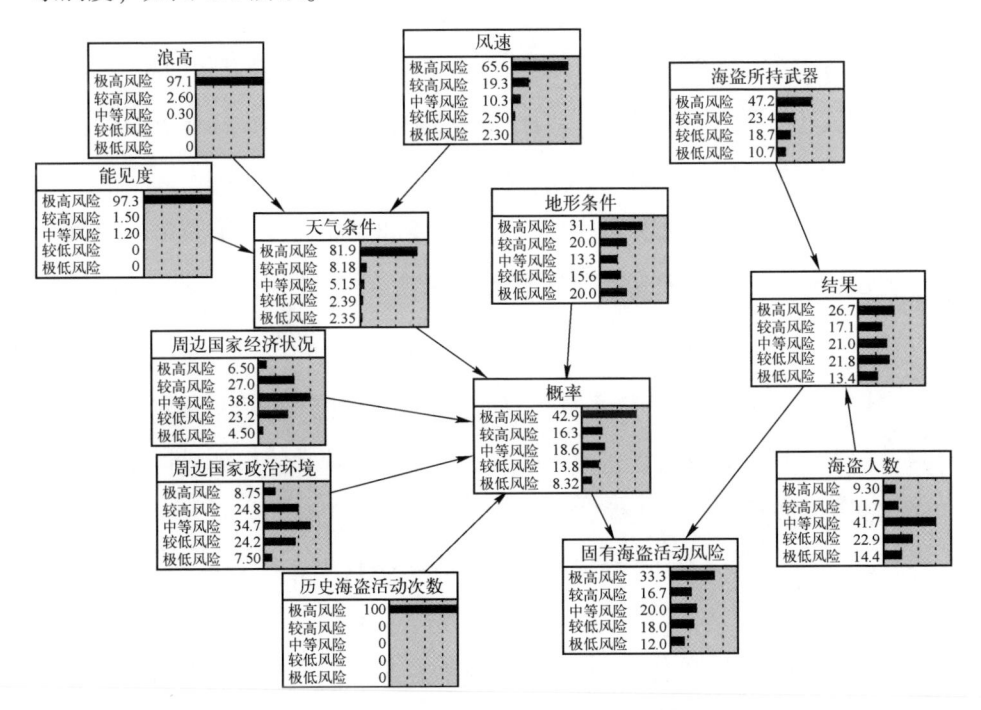

图6.8 海域固有海盗活动风险贝叶斯网络推理模型

图 6.8 中,"概率"节点的极高风险等级达 42.9%,表明途经海域的船舶遭遇海盗活动风险的概率极高;"结果"节点的极高风险等级达 26.7%;由此可得,海域的固有海盗活动风险的极高风险等级为 33.3%。

2. 模型验证

下面以国际海事组织记录的两次海盗活动事件为例,阐述完整的风险评估模型应用步骤,并验证评估模型的科学性。

(1) 海盗活动事件一

事件记录如下:拖船从新加坡出发,前往柬埔寨拖曳驳船,船上有 12 名船员,被 8 名身穿黑色服装、装备枪械和刀具的海盗劫持。起初,海盗把所有船员都锁在船舱里,后来被困在救生筏上漂流,最终被马来西亚海军营救。

结合海盗活动事件发生时的天气状况、海域地理条件及其他的相关资料,估算得到贝叶斯网络先验概率。首先输入参数,然后计算目标节点的后验概率,推理结果如图 6.9 所示。

由图 6.9 可知,该次事件劫持了全体船员和船舶,属于极为严重的风险(隶属度为 30.7%),推理结果与真实事件相符。

(2) 海盗活动事件二

事件记录如下:4 名海盗手持长刀登上前舱,此前船舶已被锚定,海盗试图解除两名值班人员的武装后进入舱室,由于一些警觉的船员封锁了所有入口,因此海盗仅窃取了一些货物就逃跑了。

同样,将事件的相关信息输入贝叶斯网络模型,推理结果如图 6.10 所示。

由图 6.10 可知,在该次事件中,海盗仅窃取了一些货物就逃跑了,未发生船员伤亡和船舶损失,风险相对较低(较低风险等级隶属度为 42.6%),推理结果与真实事件相符。

第6章 海上丝绸之路沿线国家和地区地缘人文风险评估

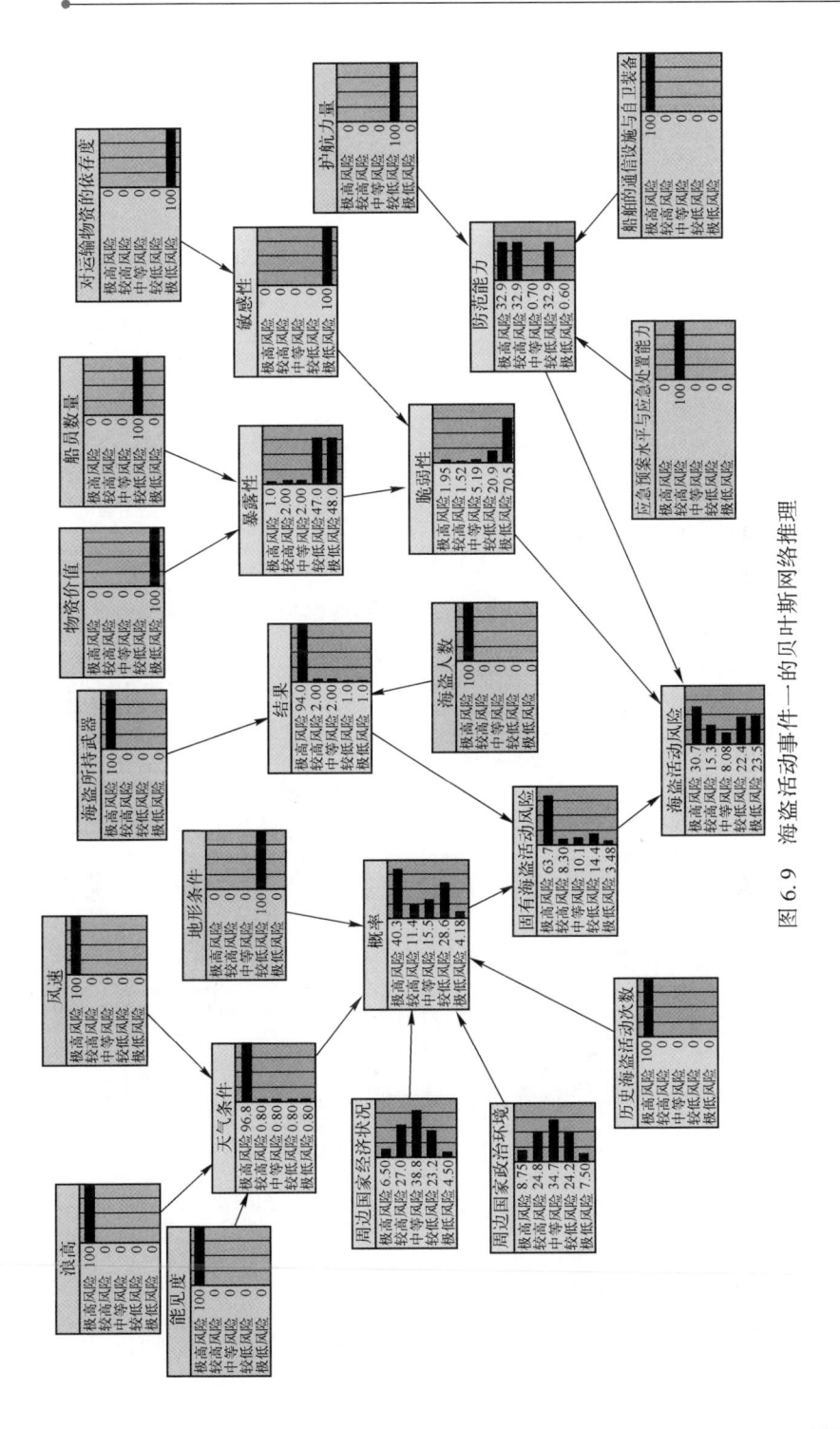

图 6.9 海盗活动事件——的贝叶斯网络推理

海上丝绸之路地缘风险评估与决策支持

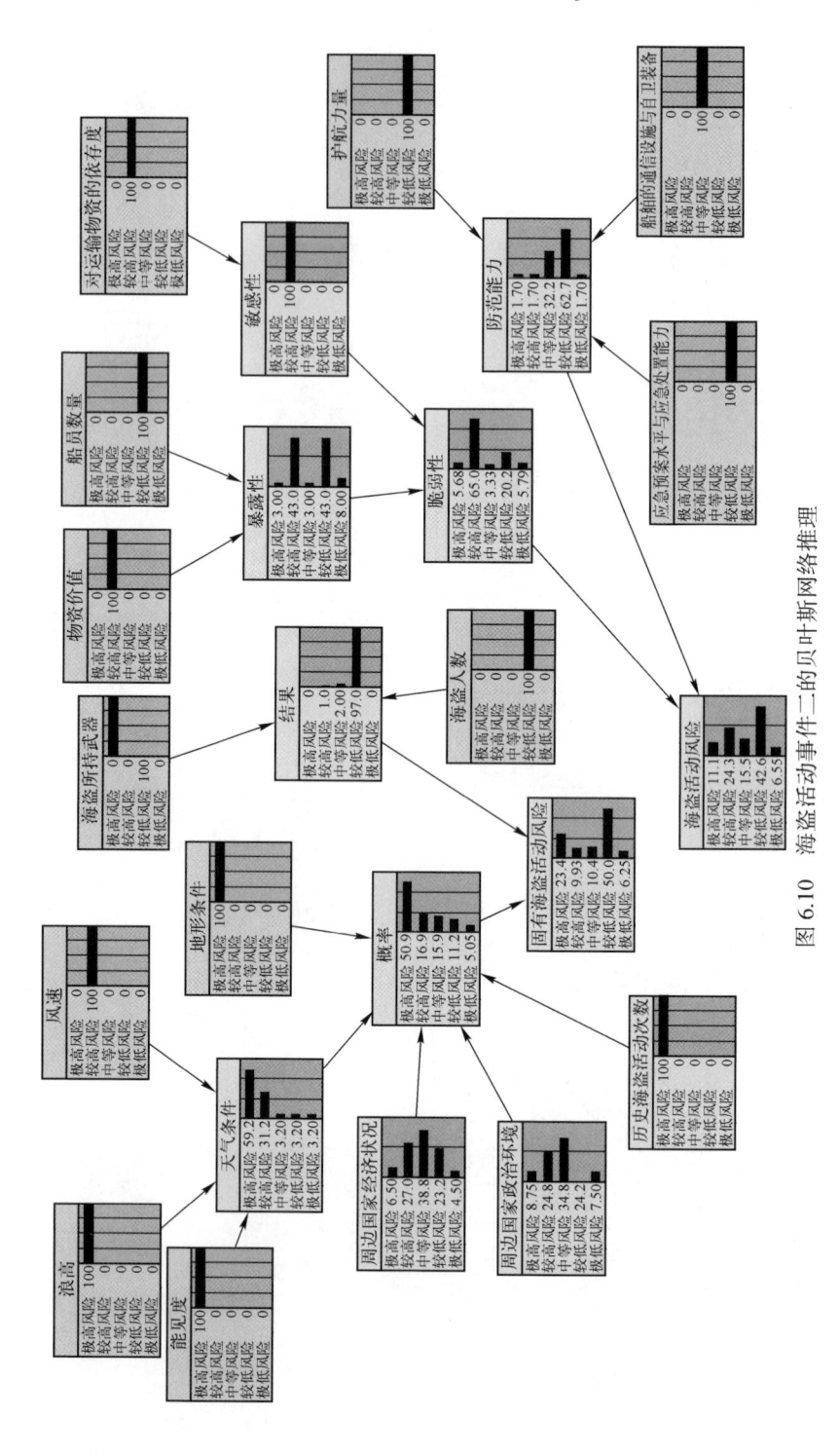

图 6.10 海盗活动事件二的贝叶斯网络推理

第6章　海上丝绸之路沿线国家和地区地缘人文风险评估

参考文献

［1］杨理智，张韧."21世纪海上丝绸之路"地缘环境分析与风险区划［J］.军事运筹与系统工程，2016（1）：5-11.

［2］杨理智."21世纪海上丝绸之路"安全风险评价体系和评估技术研究［D］.长沙：国防科技大学，2018.

［3］TORRA V, NARUKAWA Y. On hesitant fuzzy sets and decision. ［C］// IEEE International Conference on Fuzzy Systems, 2009：1378-1382.

［4］XU Z S, XIA M M. On distance and correlation measures of hesitant fuzzy information ［J］. International Journal of Intelligent Systems, 2011, 26（5）：410-425.

［5］XU Z S. Hesitant fuzzy sets theory ［M］. Berlin：Springer International Publishing, 2014.

［6］杨理智，张韧，白成祖.基于贝叶斯网络的我国海上能源通道海盗袭击风险分析与实验评估［J］.指挥控制与仿真，2014，36（2）：51-57.

第7章
海上丝绸之路投资安全风险评估与决策规划

"21世纪海上丝绸之路"倡议的机遇与风险并存。我国是海上贸易大国，随着经济的快速发展和海外投资的稳步增长，需要全球范围内的经济支撑点。港口的建设使我国有了保障海上贸易的基地。港口的作用主要体现在陆地与海洋的结合、海上贸易活动中心和海上运输保障基地等方面。

目前，对以"21世纪海上丝绸之路"倡议为背景的海外港口建设的相关研究不多。曾庆成[1]研究了海上丝绸之路港口基础设施、港口生产、港口管理政策的发展状况。谢文卿[2]探讨了运输需求与通道分析、沿线港口发展举措和海外投资风险警示。刘大海等人[3]和赵山花[4]讨论了港口建设的模式和风险。张洪雨[5]采用神经网络方法从港口自身条件、港口所在国环境、国际关系条件出发，对"21世纪海上丝绸之路"倡议背景下境外39个枢纽港口进行了选点分析。

上述研究均从定性层面出发，探讨了海外港口的现状、投资风险等，鲜有从定量角度探讨海外港口的价值和风险，特别是缺乏将海外港口投资风险和价值收益进行有机统一的研究，从而不能对海外港口的投资环境进行排序。海外港口投资的风险和机遇并存，不仅需要单纯考虑风险或机遇，还需要评估价值收益与风险的投入产出比。

第 7 章 海上丝绸之路投资安全风险评估与决策规划

7.1 重要港口价值评估

前面对"21世纪海上丝绸之路"沿线国家和地区的政治、经济、社会等环境风险进行了量化评估,下面主要对其重要港口的价值进行评估。

7.1.1 评价指标体系

港口价值评价指标体系可分为三个次级指标,分别为大国博弈程度、投资建设收益和港口自身价值,见表7.1。

表 7.1 港口价值评价指标体系

目 标 层	指 标 层	判 别 层
港口价值收益(A3)	大国博弈程度(B31)	与大国历史结盟程度(d311)
		与大国利益关联性(d312)
	投资建设收益(B32)	与我国历史渊源(d321)
		与我国利益关联性(d322)
	港口自身价值(B33)	港口年吞吐量(d331)
		港口水深(d332)
		岸线长度(d333)
		港口所处位置(d334)

1. d311——与大国历史结盟程度

指标定义:该国与大国历史上的结盟程度。由于国家利益通常具有连续性,因此该指标能够在一定程度上反映该国对大国的重要性。

收益机制：该国与大国历史结盟程度越高，在一定程度上，该国对大国的重要性越大。

2. d312——与大国利益关联性

指标定义：该国所处地理位置、国际地位等在当前时代背景下与大国的关联程度。

收益机制：该国与大国利益关联性越高，对大国的重要性越大。

3. d321——与我国历史渊源

指标定义：该国与我国的历史渊源和紧密程度。由于国家利益通常具有连续性，因此该指标能够在一定程度上反映该国对我国的重要性。

收益机制：该国与我国历史渊源程度越高，在一定程度上，对我国的重要性越大。此外，该国与我国的历史渊源程度越紧密，在投资海外港口的过程中便利度越高，价值收益越高。

4. d322——与我国利益关联性

指标定义：该国所处地理位置、国际地位等在当前时代背景下与我国利益的关联程度。

收益机制：该国与我国利益关联程度越高，对我国的重要性越大，在该国投资港口建设的意义越大。

5. d331——港口年吞吐量

指标定义：每个年度经水运输出、输入港区并经过装卸作业的货物总量。

收益机制：港口的年吞吐量越大，投资收益越大。

6. d332——港口水深

指标定义：港口区域内最深处从水面到海底的垂直距离。

收益机制：港口的水深、开阔度、自然条件是决定港口通航条件的重要指标，港口通航条件越好，在一定程度上就会有更多的船舶选择停靠，港口收益就越高。

7. d333——岸线长度

指标定义：港口的岸线长度是指港口建筑物靠船舶一侧的竖向平面与水平面的交线，即停靠船舶的沿岸长度。

收益机制：港口的岸线长度在一定程度上能够反映港口的规模。岸线长度越长、能够同时停靠码头作业的船舶数量越多、港口容量和流动性越高，投资收益越大。

8. d334——港口所处位置

指标定义：港口所处位置可决定在全球海运航线中的重要程度。

收益机制：港口所处位置对全球海运航线的重要程度越高、港口的枢纽价值越大，投资该港口对全球海运航线的重要程度就越大，投资价值收益就越大。

7.1.2 评估实验区划

搜集并整理相关数据，采用云模型方法，对 27 个国家的 27 个主要港口的价值进行评估实验，得到 27 个主要港口的大国博弈程度、投资建设收益、港口自身价值和港口价值收益的云模型数值特征，见表7.2。

表7.2 27个主要港口的云模型数值特征

港口	B31	B32	B33	A3
G1	(0.75,0.05,0.001)	(0.85,0.05,0.001)	(0.78,0.042,0.001)	(0.79,0.046,0.001)
G2	(0.85,0.05,0.001)	(0.85,0.05,0.001)	(0.85,0.05,0.001)	(0.85,0.05,0.001)
G3	(1,0.067,0.001)	(0.5,0.033,0.001)	(0.58,0.033,0.001)	(0.66,0.042,0.001)
G4	(0.85,0.05,0.001)	(0.75,0.05,0.001)	(0.93,0.059,0.001)	(0.86,0.054,0.001)
G5	(0.85,0.05,0.001)	(0.85,0.05,0.001)	(0.58,0.033,0.001)	(0.71,0.042,0.001)
G6	(0.25,0.05,0.001)	(0.6,0.033,0.001)	(0.25,0.05,0.001)	(0.37,0.044,0.001)
G7	(0.75,0.05,0.001)	(0.6,0.033,0.001)	(0.63,0.033,0.001)	(0.65,0.037,0.001)
G8	(0.6,0.033,0.001)	(0.7,0.033,0.001)	(0.28,0.042,0.001)	(0.46,0.042,0.001)
G9	(0.5,0.033,0.001)	(0.85,0.05,0.001)	(0.3,0.033,0.001)	(0.49,0.037,0.001)
G10	(0.35,0.05,0.001)	(0.7,0.033,0.001)	(0.83,0.044,0.001)	(0.66,0.043,0.001)
G11	(0.85,0.05,0.001)	(0.4,0.033,0.001)	(0.475,0.033,0.001)	(0.55,0.037,0.001)
G12	(1,0.067,0.001)	(0.4,0.033,0.001)	(0.45,0.033,0.001)	(0.575,0.04,0.001)
G13	(0.65,0.05,0.001)	(0.7,0.033,0.001)	(0.78,0.042,0.001)	(0.73,0.042,0.001)
G14	(0.15,0.05,0.001)	(0.3,0.033,0.001)	(0.6,0.033,0.001)	(0.41,0.037,0.001)
G15	(0.65,0.05,0.001)	(0.8,0.05,0.001)	(0.75,0.042,0.001)	(0.74,0.046,0.001)
G16	(0.25,0.05,0.001)	(0.5,0.033,0.001)	(0.575,0.042,0.001)	(0.475,0.042,0.001)
G17	(0.75,0.05,0.001)	(0.7,0.033,0.001)	(0.63,0.033,0.001)	(0.68,0.038,0.001)
G18	(0.5,0.033,0.001)	(0.5,0.033,0.001)	(0.8,0.044,0.001)	(0.63,0.038,0.001)
G19	(0.5,0.033,0.001)	(0.5,0.033,0.001)	(0.675,0.042,0.001)	(0.59,0.037,0.001)
G20	(0.4,0.033,0.001)	(0.75,0.05,0.001)	(0.55,0.033,0.001)	(0.56,0.037,0.001)
G21	(0.5,0.033,0.001)	(0.7,0.033,0.001)	(0.9,0.056,0.001)	(0.73,0.043,0.001)
G22	(0.5,0.067,0.001)	(0.7,0.033,0.001)	(0.63,0.042,0.001)	(0.61,0.046,0.001)
G23	(0.5,0.033,0.001)	(0.75,0.05,0.001)	(0.7,0.044,0.001)	(0.66,0.043,0.001)
G24	(0.25,0.05,0.001)	(0.85,0.05,0.001)	(0.6,0.033,0.001)	(0.58,0.043,0.001)
G25	(0.85,0.05,0.001)	(0.4,0.033,0.001)	(0.45,0.033,0.001)	(0.54,0.037,0.001)
G26	(0.75,0.05,0.001)	(0.75,0.05,0.001)	(0.68,0.033,0.001)	(0.71,0.042,0.001)
G27	(0.4,0.033,0.001)	(0.4,0.033,0.001)	(0.65,0.033,0.001)	(0.48,0.033,0.001)

通过正向正态云发生器,生成对应的风险云图,计算云滴基本元素所在区间,映射回对应的评语,得到 27 个主要港口的语言评价,见表 7.3。

表 7.3 27 个主要港口的语言评价

港口	B31	B32	B33	A3
G1	较高	极高	较高偏高	较高偏高
G2	极高	极高	极高	极高
G3	极高	中等	中等	较高
G4	极高	较高	极高	极高
G5	极高	极高	中等	较高
G6	较低	中等偏高	较低	中等偏低
G7	较高	中等偏高	较高	较高
G8	中等偏高	较高	较低	中等
G9	中等	极高	较低	中等
G10	较低	较高	较高偏高	较高
G11	极高	中等偏低	中等	中等
G12	极高	中等偏低	中等	中等偏高
G13	较高	较高	较高偏高	较高
G14	极低	较低	中等偏高	中等偏低
G15	较高	较高偏高	较高	较高
G16	较低	中等	中等偏高	中等
G17	较高	较高	较高	较高
G18	中等	中等	较高偏高	较高
G19	中等	中等	较高	中等偏高
G20	中等偏低	较高	中等	中等偏高
G21	中等	较高	极高	较高
G22	中等	较高	中等偏高	中等偏高
G23	中等	较高	较高	较高
G24	较低	极高	中等偏高	中等偏高
G25	极高	中等偏低	中等	中等
G26	较高	较高	较高	较高
G27	中等偏低	中等偏低	较高	较高

7.2 港口投资决策建模

"21世纪海上丝绸之路"沿线港口具有重要的战略意义和经济价值。在规划和决策海外港口投资时，不仅需要考虑投资收益，还需要评估港口价值收益与风险的比值，选择价值收益与风险的比值最优的港口进行投资，期望在风险尽可能小的情况下，收益尽可能大，这与数据包络分析（Data Envelopment Analysis，DEA）模型以最小投入得到最大产出的思想一致。此外，优选投资"21世纪海上丝绸之路"沿线港口是一个多输入、多输出的多目标决策问题，在多目标决策过程中，应尽量避免人为主观因素的影响，尽量实现多目标决策的客观性，这也是当前决策理论的发展方向。DEA模型可通过多变量输入和多结果输出直接求出指标权重，不需要任何权重假设，也不需要确定输入、输出关系的显示表达式，避免了人为主观性，提高了评估结果的客观性，是处理多目标决策问题的有效途径。为此，本节引入DEA模型，以海外港口的政治、经济、社会等环境风险的次级指标层作为输入，以海外港口的大国博弈程度收益、港口的国家利益及港口的自身价值作为输出，对海外港口投资进行评估并优选。

虽然传统的DEA算法要求输入、输出均为确定数据，但在问题的研究过程中，面临的多是不确定数据。若仅用云模型的期望表示输入、输出数据，将模糊问题简化为精确值问题，则不能体现评估结果的不确定性。由于前面选择云滴的基本元素（占定性概念的68.26%）可以作为评估结果，因此本节将基本元素取值区间作为DEA模型的输入、输出数据，并引入区间超效率DEA算法对沿线港口的收益风险效率比值进行排序。

7.2.1 投入产出模型

DEA算法以相对效率为基础，能够处理多输入、多输出的有效性综合评估问题。DEA算法的有效性系数依赖于综合输出与综合输入的比，即投入越小、产出越大的单元为最优单元。根据有效性系数，DEA算法将各决策单元定级排队，确定有效的决策单元，通过松弛变量、比例变量等确定其他决策单元非有效原因和程度，进一步分析各决策单元的改进方向和力度，为决策者提供重要的管理决策信息。

DEA算法的基本原理如下。

设有n个决策单元$\mathrm{DMU}_j(1 \leqslant j \leqslant n)$，与$\mathrm{DMU}_j$对应的输入、输出向量分别为

$$\boldsymbol{x}_j = (x_{1j}, x_{2j}, \cdots, x_{mj})^\mathrm{T} > 0, \quad j=1,2,\cdots,n$$

$$\boldsymbol{y}_j = (y_{1j}, y_{2j}, \cdots, y_{qj})^\mathrm{T} > 0, \quad j=1,2,\cdots,n$$

且$x_{ij} > 0$，$y_{rj} > 0$。其中，$i=1,2,\cdots,m$，$r=1,2,\cdots,q$，即每个决策单元有m种类型的输入和q种类型的输出。决策单元的输入和输出需要综合，即综合为只有一个总体输入和一个总体输出，设$\boldsymbol{v}=(v_1, v_2, \cdots, v_m)^\mathrm{T}$为输入权向量，$\boldsymbol{u}=(u_1, u_2, \cdots, u_q)$为输出权向量，则每个决策单元$\mathrm{DMU}_j$的相应效率评价指数为

$$h_j = \frac{\boldsymbol{u}^\mathrm{T} \boldsymbol{y}_j}{\boldsymbol{v}^\mathrm{T} \boldsymbol{x}_j} = \frac{\sum_{r=1}^{q} u_r y_{rj}}{\sum_{i=1}^{m} v_i x_{ij}}, \quad j=1,2,\cdots,n \tag{7.1}$$

第k个决策单元的相应效率评价指数为h_k，h_k越大，表明DMU_k能够用相对较少的输入得到相对较多的输出，以第k个决策单元的相应效率评价指

数为目标，以所有决策单元的相应效率评价指数为约束，可构造 CCR 模型为

$$\max\left\{\sum_{r=1}^{q}\boldsymbol{\mu}_r y_{rk}\right\}$$

满足

$$\sum_{r=1}^{q}\boldsymbol{\mu}_r y_{rj} - \sum_{i=1}^{m}\boldsymbol{\nu}_i x_{ij} \leqslant 0$$

$$\sum_{i=1}^{m}\boldsymbol{\nu}_i x_{ik} = 1 \quad (7.2)$$

$$\boldsymbol{\nu} \geqslant 0, \quad \boldsymbol{\mu} \geqslant 0$$

式中，$\boldsymbol{\mu}=t\boldsymbol{u}$，为线性变换后的输出向量；$\boldsymbol{\nu}=t\boldsymbol{w}$，为线性变换后的输入向量；$t=\dfrac{1}{\sum_{i=1}^{m}v_i x_{ik}}$，为 CCR 模型投入产出增长的倍数。

进一步引入松弛变量 s^+ 和剩余变量 s^-，得到线性规划的对偶规划为

$$\min\{\theta\}$$

满足

$$\sum_{j=1}^{n}\lambda_j x_j + s^+ = \theta x_0$$

$$\sum_{j=1}^{n}\lambda_j y_j - s^- = y_0 \quad (7.3)$$

$$\lambda_j \geqslant 0, \quad j=1,2,\cdots,n$$

θ 无约束

$$s^+ \geqslant 0, s^- \geqslant 0$$

当 $\theta^*=1$、$s^{*-}=0$、$s^{*+}=0$ 时，决策单元 j_0 为 DEA 有效。其中，θ^* 为模型最优解，即效率值；s^{*-}、s^{*+} 分别为剩余变量和松弛变量的解。

当 $\theta^* = 1$，且至少有某个输入或输出的松弛变量大于 0 时，决策单元 j_0 为弱 DEA 有效。

当 $\theta^* < 1$ 时，决策单元 j_0 为非 DEA 有效。

7.2.2 区间 DEA 模型

针对传统 DEA 算法必须使用精确数据的弱点，Cooper 等人[6]提出了基于区间效率评估的 DEA 算法，即在 DEA 模型中输入不确定的数据。

区间 DEA 算法的描述如下。

设有 n 个决策单元 $\mathrm{DMU}_j (1 \leq j \leq n)$，$\mathrm{DMU}_j$ 对应的输入、输出向量分别为

$$x_j = (x_{1j}, x_{2j}, \cdots, x_{mj})^{\mathrm{T}} > 0, \quad j = 1, 2, \cdots, n$$

$$y_j = (y_{1j}, y_{2j}, \cdots, y_{sj})^{\mathrm{T}} > 0, \quad j = 1, 2, \cdots, n$$

式中，某些指标数据为区间数据，部分输入数据 $x_{ij}^L \leq x_{ij} \leq x_{ij}^U$，部分输出数据 $y_{rj}^L \leq y_{rj} \leq y_{rj}^U$，$x_{ij}^L$、$x_{ij}^U$ 和 y_{rj}^L、y_{rj}^U 分别为输入数据区间、输出数据区间的边界值。

决策单元的输入和输出需要综合，即综合为只有一个总体输入和一个总体输出，设 $v = (v_1, v_2, \cdots, v_m)^{\mathrm{T}}$ 为输入权向量，$u = (u_1, u_2, \cdots, u_q)^{\mathrm{T}}$ 为输出权向量，则每个决策单元 DMU_j 的相应效率评价指数为

$$h_j = \frac{u^{\mathrm{T}} y_j}{v^{\mathrm{T}} x_j} = \frac{\sum_{r=1}^{q} u_r y_{rj}}{\sum_{i=1}^{m} v_i x_{ij}}, \quad j = 1, 2, \cdots, n \tag{7.4}$$

加入约束条件，将模型转化为规划模型，即

$$\max\{h_k\} = \sum_{r=1}^{s} \mu_r y_{rk}$$

满足

$$\sum_{i=1}^{m} u_i x_{ij} - \sum_{r=1}^{s} \mu_r y_{rj} \geq 0$$

$$\sum_{i=1}^{m} u_i x_{ik} = 1 \quad (7.5)$$

$$(x_{ij}) \in D_i^-, \forall i$$

$$(y_{rj}) \in D_r^+, \forall r$$

$$u_i, \mu_r \geq \varepsilon, \forall i, r$$

式中，D_i^-、D_r^+ 分别为精确数据或区间数据的集合。区间 DEA 模型为一个非线性规划模型，相关学者针对该非线性规划模型的解进行了改进和拓展。

1. 变量替换法

使用变量替换法，即用新变量替换原变量，构建相应的 DEA 模型后，可通过模型求出各指标的精确数据和决策单元的效率值，即将变量替换为

$$X_{ij} = \bar{u}_i \bar{x}_{ij}, Y_{rj} = \bar{\mu}_r \bar{y}_{rj}$$

$$\bar{u}_i = u_i \cdot \max_j \{x_{ij}\}, \bar{\mu}_r = \mu_r \cdot \max_j \{x_{rj}\} \quad (7.6)$$

$$\bar{x}_{ij} = x_{ij} / \max_j \{\dot{x}_{ij}\}, \bar{y}_{rj} = y_{rj} / \max_j \{x_{rj}\}$$

基于上述变量替换，构建模型为

$$\max\{h_k\} = \sum_{r=1}^{s} Y_{rk}$$

满足

$$\sum_{i=1}^{m} X_{ij} - \sum_{r=1}^{s} Y_{rj} \geq 0$$

$$\sum_{i=1}^{m} X_{ik} = 1$$

$$X_{ij} \in H_i^-, \forall i$$

$$Y_{rj} \in H_r^+, \forall r$$

$$X_{ij} \geqslant 0, \forall i \qquad (7.7)$$

$$Y_{rj} \geqslant 0, \forall r$$

式中，H_i^-、H_r^+ 分别是根据式（7.5）从 D_i^-、D_r^+ 转化而来的。

变量替换法得到的效率值是最优值，评估结果过于乐观，当决策单元数量增加时，模型计算量将大大增加。

2. 区间效率法

区间效率法是通过对各决策单元输入、输出最优值、最劣值的不同组合，分别计算各决策单元最大效率值和最小效率值，由此得到决策单元的效率值区间，并构建两个模型，即

$$\max\{\pi_k^U\} = \sum_{r=1}^s \mu_r y_{rk}^U$$

满足

$$\sum_{r=1}^s \mu_r y_{rj}^L - \sum_{i=1}^m u_i x_{ij}^U \leqslant 0$$

$$\sum_{r=1}^s \mu_r y_{rk}^U - \sum_{i=1}^m u_i x_{ik}^L \leqslant 0$$

$$\sum_{i=1}^m u_i x_{ik}^L = 1 \qquad (7.8)$$

$$u_i, \mu_r \geqslant \varepsilon, \forall i, r$$

$$\max\{\pi_k^L\} = \sum_{r=1}^s \mu_r y_{rk}^L$$

满足

$$\sum_{r=1}^{s}\mu_{r}y_{rj}^{U} - \sum_{i=1}^{m}u_{i}x_{ij}^{L} \leqslant 0$$

$$\sum_{r=1}^{s}\mu_{r}y_{rk}^{L} - \sum_{i=1}^{m}u_{i}x_{ik}^{U} \leqslant 0 \quad (7.9)$$

$$\sum_{i=1}^{m}u_{i}x_{ik}^{U} = 1$$

$$u_{i},\mu_{r} \geqslant \varepsilon, \forall i,r$$

式中，y_{rk}^{U} 和 y_{rj}^{L} 分别表示被评价单元产出的最大取值和参考决策单元产出的最小取值；y_{rk}^{L} 和 y_{rj}^{U} 分别表示被评估决策单元产出的最小取值和参考决策单元产出的最大取值；x_{ik}^{L} 和 x_{ij}^{U} 分别表示被评估决策单元投入的最小取值和参考决策单元投入的最大取值；x_{ik}^{U} 和 x_{ij}^{L} 分别表示被评估决策单元投入的最大取值和参考决策单元投入的最小取值。由此可见，式（7.8）得到的是被评估决策单元效率的最大值 π_{k}^{U}，式（7.9）得到的是被评估决策单元效率的最小值 π_{k}^{L}，被评估决策单元的效率值区间为 $[\pi_{k}^{L},\pi_{k}^{U}]$。

相对于变量替换法，区间效率法得到了各决策单元的效率值区间，改善了最优效率值的不足。然而，两者之间都存在一个弱点，即每评估一个决策单元，都需要更新一次输入数据、输出数据，导致不同决策单元的效率值依赖的是不同的生产集，不能对决策单元的效率值进行排序。

7.2.3 超效率区间 DEA 模型

综上所述，为了对区间 DEA 模型各决策单元的效率值排序，需要各决策单元在同一生产集下评估。Azizi[7] 提出了一种新的区间 DEA 模型，即分别考虑在被评估决策单元不利和有利、参考决策单元均有利的情况下，通过 CCR 模型计算区间效率值，使用固定的生产集，不需要变量改变，可使计算结果具有可比性。

当输入、输出指标数量较多时，CCR 模型通常会出现多个决策单元有效的情况，"1"处拥挤现象明显。针对该问题，Andersen 等人[8]提出了超效率区间 DEA 模型。其核心是将被评估的决策单元从参考集中剔除，即被评估决策单元的效率值是通过参考决策单元得出的，有效决策单元的超效率一般会大于 1。

利用超效率区间 DEA 模型的优势，冉金花等人[9]改进了 Azizi 提出的区间 DEA 模型，得到一种新的超效率区间 DEA 模型，即

$$sh_{j_0}^L = \max\left\{\sum_{r=1}^{s} v_r y_{rj_0}^L\right\}$$

满足

$$\begin{aligned}&\sum_{i=1}^{m} u_i x_{ij_0}^U = 1 \\ &\sum_{i=1}^{m} u_i x_{ij}^L - \sum_{r=1}^{s} v_r y_{rj}^U \geq 0, \quad j=1,2,\cdots,n, \quad j \neq j_0 \\ &u_i, v_r \geq 0, \quad i=1,\cdots,m, \quad r=1,\cdots,s\end{aligned} \qquad (7.10)$$

$$sh_{j_0}^U = \max\left\{\sum_{r=1}^{s} v_r y_{rj_0}^U\right\}$$

满足

$$\begin{aligned}&\sum_{i=1}^{m} u_i x_{ij_0}^L = 1 \\ &\sum_{i=1}^{m} u_i x_{ij}^L - \sum_{r=1}^{s} v_r y_{rj}^U \geq 0, \quad j=1,2,\cdots,n, \quad j \neq j_0 \\ &u_i, v_r \geq 0, \quad i=1,\cdots,m, \quad r=1,\cdots,s\end{aligned} \qquad (7.11)$$

该模型可将各决策单元在同一生产集下进行评估,可使各决策单元的效率值能够进行对比,且优化了传统算法效率值在"1"处拥挤的情况,使结果更具有区分度。

7.3 港口决策优选实验

7.3.1 基于超效率区间 DEA 效率值计算

将政治环境、经济环境、社会环境等风险的一级指标作为输入,港口价值指标作为输出,则输入指标数 m 为 10 个,输出指标数 q 为 3 个。由于被评估的目标国家数 n 为 27 个,不满足 DEA 模型对决策单元数量的要求,即 $n \geqslant \max\{m \times q, 3 \times (m+q)\}$,因此对输入的指标进行权重打分,最终挑选 6 个指标作为输入,将指标概念云的基本元素区间作为取值区间,以港口 G1 为例,输入、输出指标的取值区间见表 7.4。

表 7.4 港口 G1 超效率区间 DEA 模型输入、输出指标的取值区间

指 标	取 值 区 间
地缘政治风险	(0.172,0.361)
政局稳定风险	(0.459,0.546)
地区冲突风险	(0.42,0.46)
经济环境风险	(0.516,0.734)
经济失稳风险	(0.473,0.547)
文化差异风险	(0.849,0.994)
大国博弈收益	(0.7,0.8)
投资建设收益	(0.8,0.9)
港口自身价值	(0.734,0.817)

将各港口的取值区间代入超效率区间 DEA 模型，可得到各港口的效率值区间，见表7.5。

表 7.5 各港口的效率值区间

港 口	区 间
G1	(0.609,1.12)
G2	(0.767,1.11)
G3	(0.606,0.821)
G4	(2.082,13.742)
G5	(0.651,1.09)
G6	(0.575,0.817)
G7	(0.431,0.608)
G8	(0.452,0.636)
G9	(0.601,0.903)
G10	(0.579,1.005)
G11	(0.768,1.077)
G12	(0.698,1.232)
G13	(0.591,0.875)
G14	(0.386,0.686)
G15	(0.712,1.223)
G16	(0.485,0.641)
G17	(0.49,0.635)
G18	(0.559,0.813)
G19	(0.476,1.221)
G20	(0.589,0.82)
G21	(0.772,1.184)
G22	(0.821,1.014)
G23	(0.468,0.733)
G24	(0.701,1.552)
G25	(0.544,0.874)
G26	(0.844,1.254)
G27	(0.476,0.694)

由表 7.5 可知，由于风险评估结果不确定性的差别，输入、输出指标的取位区间长度不同，因此各港口的效率值区间各异。港口效率值可分为三类：

① 当 $\theta^L \geq 1$ 时，为区间 DEA 有效；

② 当 $\theta^L < 1$、$\theta^U \geq 1$ 时，为区间 DEA 部分有效；

③ 当 $\theta^U < 1$ 时，为区间 DEA 无效。

由表 7.5 可得到三种投资情形，见表 7.6。

表 7.6 三种投资情形

投资情形	港　　口
区间 DEA 有效	G4
区间 DEA 部分有效	G1, G2, G5, G10, G11, G12, G19, G21, G22, G24, G25, G26
区间 DEA 无效	G3, G6, G7, G8, G9, G13, G14, G15, G16, G17, G18, G20, G23, G27

表 7.6 中，对区间 DEA 有效的港口，投资收益风险比最优，效率值区间的下边界值有效，反映在该种投资情形下，即使港口自身处于不利、其他港口处于有利的情况，仍有较好的表现。

对区间 DEA 部分有效的港口，效率值区间的上边界值有效、下边界值无效，反映在该种投资情形下，与其他港口一样，当均处于有利情况时，具有一定的竞争力；当处于不利情况时，会失去竞争力。在投资时，应时刻关注收益风险比，一旦出现投资收益降低或风险增加，则投资效率就很可能发生改变，偏离有效生产面。

对区间 DEA 无效的港口，投资收益风险比最差，即使效率值区间的上边界值无效，当与其他港口同处于有利情况时，竞争力仍然较低。

在区间 DEA 无效的港口中，不乏投资收益风险比偏高的港口。在区间 DEA 部分有效的港口中，也不乏投资收益风险比处于中等或中等偏高水平的港口。因此在进行港口投资优选决策时，应综合考虑投资目标港口的收益、风险效率值，优先选择"收益"与"风险"效率值均优的港口，而不应将两者对立起来。

7.3.2 目标港口效率值排序与分析

对"21世纪海上丝绸之路"沿线主要港口的区间DEA有效、区间DEA部分有效及区间DEA无效三种投资情形，若引入决策者的投资偏好，将主要港口的效率值区间转化为精确效率值，则能够对各种港口的投资优先级进行排序。

根据决策者的不同投资偏好，引入偏好系数α，构建引入偏好系数的精确效率值公式，即

$$\theta = \alpha\theta^L + (1-\alpha)\theta^U \qquad (7.12)$$

式中，θ^L为港口效率值区间的下边界值；θ^U为港口效率值区间的上边界值。

根据不同决策者的风险接受程度确定α后，代入式（7.12），计算在某一种风险下主要港口的精确效率值，通过排序，可得到港口投资的优先级。

1. 保守型投资（$\alpha=0.7$）

保守型投资是指相对于能够获得的投资收益，更关心在投资过程中所能遭受风险的投资行为。这类投资者在进行投资决策时，更多考虑最差情况是否在可接受范围。因此，取$\alpha=0.7$，即在不利情况下给效率值赋予更大权重。将$\alpha=0.7$代入式（7.12），可得到主要港口在考虑投资偏好时的精确效率值，见表7.7。

表 7.7 主要港口保守型投资的精确效率值

港　口	精确效率值
G1	0.762
G2	0.87
G3	0.671
G4	5.599
G5	0.784
G6	0.647
G7	0.484
G8	0.508
G9	0.709
G10	0.706
G11	0.861
G12	0.858
G13	0.676
G14	0.476
G15	0.866
G16	0.532
G17	0.534
G18	0.635
G19	0.699
G20	0.659
G21	0.896
G22	0.879
G23	0.544
G24	0.957
G25	0.643
G26	0.967
G27	0.541

2. 稳健型投资 ($\alpha=0.5$)

稳健型投资是指平等看待投资收益与投资风险的投资行为。这类投资者在进行投资决策时，会平等看待有利情况与不利情况。因此，取 $\alpha=0.5$，即在有利情况和不利情况下给效率值赋予相同权重。将 $\alpha=0.5$ 代入式（7.12），可得到主要港口在考虑投资偏好时的精确效率值，见表7.8。

表7.8 主要港口稳健型投资的精确效率值

港　口	精确效率值
G1	0.864
G2	0.938
G3	0.714
G4	7.912
G5	0.87
G6	0.696
G7	0.52
G8	0.544
G9	0.752
G10	0.792
G11	0.923
G12	0.965
G13	0.733
G14	0.536
G15	0.968
G16	0.563
G17	0.562
G18	0.686
G19	0.848

续表

港　口	精确效率值
G20	0.705
G21	0.978
G22	0.918
G23	0.597
G24	1.127
G25	0.709
G26	1.049
G27	0.585

3. 积极型投资（$\alpha=0.3$）

积极型投资是指相对于投资风险可能造成的损失，更看重投资所能带来收益的投资行为。这类投资者在进行投资决策时，会更多考虑有利情况，观察投资收益与投资风险的比值是否能够达到预期。因此，取$\alpha=0.3$，即在有利情况下给效率值赋予更大权重。将$\alpha=0.3$代入式（7.12），可得到主要港口在考虑投资偏好时的精确效率值，见表7.9。

表7.9　主要港口积极型投资的精确效率值

港　口	精确效率值
G1	0.967
G2	1.007
G3	0.757
G4	10.244
G5	0.958
G6	0.744

续表

港　口	精确效率值
G7	0.555
G8	0.581
G9	0.813
G10	0.877
G11	0.985
G12	1.072
G13	0.79
G14	0.596
G15	1.07
G16	0.594
G17	0.591
G18	0.737
G19	0.997
G20	0.751
G21	1.06
G22	0.956
G23	0.651
G24	1.297
G25	0.775
G26	1.131
G27	0.629

7.4　基于犹豫心态的投资风险评估方法

层次分析法（Analytic Hierarchy Process，AHP）由于建模过程简洁，能够

综合量化决策者的主观分析过程,因此被广泛运用于风险评估等领域。

在AHP模型中,根据1~9标度法,决策者只能使用单一数据来表达对目标事物之间的偏好信息,虽然计算便捷,但在实际应用中,由于事物变化很快,需要解决的问题往往变得更为复杂和棘手,使得AHP模型并不能很好地解决问题。为此,Zhu等人[10]创新性地将犹豫模糊集运用于AHP模型,提出了一种新的犹豫模糊层次分析法(Hesitant Fuzzy Analytic Hierarchy Process, H-AHP)。H-AHP在解决问题的过程中,允许决策者先将不确定的选项和意见以犹豫模糊集的形式表达出来,再运用犹豫模糊集的性质处理研究对象,最后通过AHP的运算框架得到更为合理的评估结果。H-AHP采用迭代方式(迭代次数一般超过10000次)处理犹豫模糊集,不免会带来庞大的计算量,增加运算成本。为此,本节拟构建一种H-AHP的改进计算框架,以提升传统模型的计算效率,并将该改进的计算框架运用于"21世纪海上丝绸之路"沿线国家和地区的风险评估实验。

7.4.1 犹豫模糊层次分析法

定义1:对待比较的对象i和j,$i,j \in \Omega_r$,如果在一个决策集中含有1个以上1~9标度的评测值以表达所有可能i优于j的情况,则该决策集被称为犹豫模糊决策集,表示为

$$y_{ij} = (y^{(l)} \mid l = 1, \cdots, |y|) \tag{7.13}$$

定义2:$X = \{x_i \mid x_1, x_2, \cdots, x_n\}$为研究对象集合,犹豫模糊评价矩阵(Hesitant Comparison Matrix, HCM)用$Y = (y_{ij})_{n \times n}$表示,其中$y_{ij}$满足以下条件,即

$$y_{ij}^{\rho} y_{ji}^{\rho} = 1, \quad y_{ii} = 1, \quad |y_{ij}| = |y_{ji}|$$
$$i = 1, 2, \cdots, n, \quad j = 1, 2, \cdots, n \tag{7.14}$$

式中，y_{ij}^ρ代表在犹豫模糊决策集y_{ij}中第ρ个1~9标度值。

基于犹豫模糊层次分析法的基本概念，本节提出一种新的改进计算框架：

- 假设目标对象可能存在$\{低,中,高\}_{n=3}$三种评语可供选择，专家或决策者根据自身对目标对象的认识，运用犹豫模糊决策集y_{ij}进行目标对象在各评语之间的两两判断；
- 用所有的犹豫模糊决策集$(y_{ij})_{n \times n}$构成犹豫模糊评价矩阵$\boldsymbol{Y}$，计算每个犹豫模糊决策集的几何平均值y'_{ij}，并用所有的几何平均值构成新的犹豫模糊评价矩阵$\boldsymbol{Y}' = (y'_{ij})_{n \times n}$；
- 运用几何平均算法[11]计算评价矩阵$\boldsymbol{Y}' = (y'_{ij})_{n \times n}$的一致性，用$\text{GCI}_{Y'}$表示，具体计算方法为：首先根据$\boldsymbol{Y}' = (y'_{ij})_{n \times n}$计算不同目标对象的优先度$\omega_i(i=1,2,\cdots,n)$，即

$$\omega_i = \frac{\left(\prod_{j=1}^{n} y'_{ij}\right)^{\frac{1}{n}}}{\sum_{i=1}^{n}(y'_{ij})^{\frac{1}{n}}} \qquad (7.15)$$

然后计算评价矩阵的一致性，即

$$\text{GCI}_{Y'} = \frac{2}{(n-1)(n-2)}\sum_{i<j}\log_2 e_{ij} \qquad (7.16)$$

式中，$e_{ij} = y'_{ij}\omega_j/\omega_i$。

最后根据不同的目标对象提出一致性阈值，用$\overline{\text{GCI}}^{(n)}$表示，见表7.10，并进行一致性检验，如果$\text{GCI}_{Y'} < \overline{\text{GCI}}^{(n)}$，则原犹豫模糊评价矩阵满足一致性要求，反之亦然。

表 7.10 一致性阈值

n	$\overline{GCI}^{(n)}$
3	0.3147
4	0.3526
≥4	0.3700

- 目标对象的最终评价结果 r 采用加权平均的形式计算，即

$$r = \sum_{j=1}^{n} \eta_j w_j \tag{7.17}$$

式中，η_j 为评语集$\{低,中,高\}_{n=3}$中各元素的权重。

7.4.2 投资风险评价指标体系

根据 Yan 等人的研究，跨国企业在海外市场投资时的商业风险（CR）主要由国家风险和国家社会文化共同影响。国家的市场规模可抵抗或降低风险，评价指标体系中的各指标含义如下。

(1) 国家风险（C1）

国家风险主要是指因国家内部动荡而影响投资市场大规模波动的可能性。这种动荡会影响对外贸易环境，进而影响外资进入。相反，一个较为稳定的投资环境，会有助于跨国企业的平稳发展和投资信心的增加。因此，C1 与 CR 是正相关的。

(2) 文化差异（C2）

投资目标国与投资国之间的文化差异越大，投资企业越难在投资中实现盈利目标，投资环境越难适应，伴随的不确定性越高。

(3) 国家社会文化价值（C3）

国家社会文化价值是针对跨国企业海外投资提出的一项风险指标，主要

由放纵与约束（C31）、长期导向性（C32）、不确定性规避（C33）、男权/女权主义（C34）、个人主义（C35）、权利距离（C36）等构成。

（4）放纵与约束（C31）

C31是指一个国家的治理氛围，如果氛围越宽松，则该国人民越会更多地关注娱乐而不劳烦于商业和工作，宜引导目标国的人民以积极的态度关注和参与国家建设。

（5）长期导向性（C32）

C32是指着眼于未来价值取向。一个国家长期发展的方向越清晰，越容易与跨国企业实现双赢。

（6）不确定性规避（C33）

C33是指该国人民对于非常态化、非结构性情景的偏好程度。跨国企业在某国投资市场的介入属于新鲜事物，一般会引起原有市场的不确定性波动。只有不确定性规避指标值越低的国家，才更容易接纳跨国企业的投资和发展。

（7）男权/女权主义（C34）

C34是指男权的文化有益于权力、控制、获取等社会行为（C31值越高），与之相对的女权文化则更有益于协作、和谐（C31值越低）。投资目标国和投资国的合作关系对于投资前景的发展至关重要。

（8）个人主义（C35）

C35是指个人对于人际关系（包括所属的家庭或组织）的认同与重视程度。一个相对开放、活跃的投资环境更适合国际上的商业和经贸合作。

（9）权利距离（C36）

C36是指投资目标国人与人之间地位的不平等程度。权利距离指标值较高的国家一般缺乏对他国合作企业的信任，因为本国权利差异的悬殊一般会造成互相疏远。跨国企业要想在一个权利距离较大的投资目标国顺利发展，必须同其权利高层保持密切合作。这无疑会增加运营成本，带来发展压力。

（10）市场规模（B）

广阔的市场规模能够吸引更多的跨国企业前来投资。市场规模越大，越有益于跨国企业削减在投资过程中的不确定性因素，降低负面因素的冲击，提升正面因素的影响力。

7.4.3 风险评估实验计算步骤

首先，在 MATLAB 的 randperm 函数中，设置维度为 $S \times S(S=3,4,\cdots,10)$ 的犹豫比较矩阵，每个维度各自生成的矩阵数量为 1000，然后分别运用算术平均值、几何平均值以及 Bonferroni 平均值快速拟合原有犹豫比较矩阵，最后通过复杂迭代化计算，得到权重。

输入：迭代初始值 $p=1$；装载比较误差的空数列 C_p^{Sort}（Sort = AM, GM, BM）。其中，AM、GM、BM 分别代表算术平均值、几何平均值和 Bonferroni 平均值。

输出：与原有算法优先度的误差期望 $E(C_p^{\text{Sort}})$。

① 令 $q^{\text{Sort}}=0$、$i=1$，随机创建关于各个目标体 $x_j(j=1,2,\cdots,S)$ 的一个犹豫比较矩阵 $\boldsymbol{Y}=(y_{ij})_{S \times S}$，$y_{ij}$ 代表一个犹豫策略集。

② 将 y_{ij} 分别退化为算术平均值 $\text{AM}(y_{ij})$、几何平均值 $\text{GM}(y_{ij})$ 和 Bonferroni 平均值 $\text{BM}(y_{ij})$。

③ 得到退化后的犹豫比较矩阵 $\boldsymbol{Y}_{\text{Sort}}=(\text{Sort}(y_{ij}))_{S \times S}$。

④ 根据式（7.15）计算权重序列 $\omega_i^{\text{Sort}}(i=1,2,\cdots,S)$。

⑤ 根据式（7.16）计算 $\boldsymbol{Y}_{\text{Sort}}$ 的几何一致性。如果 $\text{GCI}_{Y_{\text{Sort}}} > \overline{\text{GCI}}^{(n)}$，则利用

迭代优化法进行几何一致性改善，得到优化后的犹豫比较矩阵 Y'_{Sort}；否则，直接进入步骤⑦。

⑥ 根据式 (7.15) 计算优化后犹豫比较矩阵的权重序列 $\omega_i^{\text{Sort}}(i=1,2,\cdots,S)$。

⑦ 根据权重序列 $(\omega_i^{\text{Sort}})'$ 进行目标 x_j 偏好优先排序，得到 r_i^{Sort}。

⑧ 运用经典的犹豫偏好迭代分析法得到类似的权重序列 $\omega_i^{\text{HPA}}(i=1,2,\cdots,S)$ 和相应的排序 r_i^{HPA}。

⑨ 当 $i \leqslant S$ 且 $r_i^{\text{Sort}} = r_i^{\text{HPA}}$ 时，得到 $q^{\text{Sort}} = q^{\text{Sort}} + 1$ 和 $i = i + 1$，否则 $q^{\text{Sort}} = q^{\text{Sort}}$，针对 i 进行循环计算。如果 $i > S$，则退出循环，进入下一步。

⑩ 令 $C_p^{\text{Sort}} = q^{\text{Sort}} / S$ 和 $p = p + 1$ 后，返回①。

⑪ 计算 $E(C_p^{\text{Sort}}) = 1/1000 \cdot \sum_{p=1}^{1000} C_p^{\text{Sort}}$。

表 7.11 罗列了所有随机实验中不同平均算子对原有犹豫偏好分析法的拟合相似度的平均值，越接近于 1，拟合相似度越好。由表 7.11 可知，所有平均算子的拟合都可以得到较为理想的结果（其中，几何平均算子表现最优）。相比之下，原有犹豫偏好分析法的计算复杂度为 $O(n^2)$，新的拟合算法的计算复杂度仅为 $O(n)$，表明在大大节省计算时间的前提下，改进算法可以得到与原有犹豫偏好分析法同样满意的结果。

表 7.11 拟合相似度的平均值

维度	$E(C_p^{\text{AM}})$	$E(C_p^{\text{GM}})$	$E[C_p^{\text{GM}}(0,1)]$	$E[C_p^{\text{GM}}(3,2)]$	$E[C_p^{\text{GM}}(5,7)]$
3	0.9933	**1.0000**	0.8900	0.9933	0.9733
4	0.9850	**1.0000**	0.8475	0.9950	0.9750
5	0.9600	**0.9960**	0.8440	0.9920	0.9680
6	0.9800	**0.9867**	0.8317	0.9567	0.9633
7	0.9686	**0.9857**	0.7571	0.9529	0.9543

续表

维度	$E(C_p^{AM})$	$E(C_p^{GM})$	$E[C_p^{GM}(0,1)]$	$E[C_p^{GM}(3,2)]$	$E[C_p^{GM}(5,7)]$
8	0.9750	**0.9775**	0.7875	0.9450	0.9275
9	0.9378	**0.9756**	0.7356	0.9300	0.9044
10	0.9470	**0.9780**	0.7270	0.9130	0.8910

注：粗体代表拟合相似度最佳。

7.4.4 投资风险情景模拟实验

1. 投资风险区划

基于投资风险评价指标体系，运用改进的犹豫模糊层次分析法对部分"21世纪海上丝绸之路"沿线国家和地区进行了投资商业风险评估实验。该方法允许专家和决策者运用评语集来表达和处理目标对象的犹豫心态和不确定性因素。投资风险区划结果显示，投资商业风险指数空间分布差异明显。

2. 风险情景模拟

投资商业风险往往随着国际政治、地区局势和本国政局的动荡而变化，因此风险评估也是动态的。

参考文献

[1] 曾庆成. 21世纪海上丝绸之路港口发展报告[M]. 大连：大连海事大学出版社，2015.

第7章 海上丝绸之路投资安全风险评估与决策规划

［2］谢文卿. "21世纪海上丝绸之路"与港口发展系列之三：海外投资风险警示［J］. 中国远洋航务，2015（11）：46-48.

［3］刘大海，王艺潼，刘芳明. "21世纪海上丝绸之路"海上战略支点港的主要建设模式及其政策风险［J］. 改革与战略，2017（3）：126-129.

［4］赵山花. 21世纪海上丝绸之路背景下的港口建设［J］. 中国港口，2016（2）：35-37.

［5］张洪雨. 海上丝绸之路背景下的境外枢纽港口选点分析［D］. 大连：大连海事大学，2015.

［6］COOPER W W, PARK K S, YU G. IDEA and AR-IDEA：models for dealing with imprecise date in DEA［J］. Management Science，1999，45（4）：597-607.

［7］AZIZI H. A note on data envelopment analysis with missing values：an interval DEA approach［J］. International Journal of Advanced Manufacturing Technology，2013，66：1817-1823.

［8］ANDERSEN P, PETERSEN N C. A Procedure for ranking efficient units in data envelopment analysis［J］. Management Science，1993，39（10）：1261-1264.

［9］冉金花，肖国炜. 超效率区间DEA模型中决策单元的区间效率值及排序［J］. 暨南大学学报（自然科学与医学版），2013，34（3）：270-275.

［10］ZHU B, XU Z, ZHANG R, et al. Hesitant analytic hierarchy process［J］. European Journal of Operational Research，2016，250（2）：602-614.

［11］YAN M, LI S. Chinese firms' international market entry to main participating countries of "One Belt One Road"［C］//International Conference on Service Systems and Service Management. IEEE，2015：1-6.

第8章
直觉模糊环境下投资安全风险多属性决策

"21世纪海上丝绸之路"倡议的提出,获得了沿线国家和地区以及众多国家与国际组织的认可和赞誉。"21世纪海上丝绸之路"倡议在为跨国企业提供巨大机遇的同时,跨国企业也会面临诸多风险和挑战。"21世纪海上丝绸之路"倡议覆盖范围广、参与国家多,跨国企业所涉及的风险机理和孕险环境复杂,投资安全的不确定性和风险不可避免。

为了科学地刻画和量化评估"21世纪海上丝绸之路"投资安全的风险,本章将引入模糊集合思想和模糊推理方法及其拓展的直觉模糊集理论进行评估决策并建模。

8.1 模糊集合与模糊推理

1965年,美国加州大学伯克利分校的扎德(L. A. Zadeh)提出了一种描述模糊现象的方法——模糊集合。该方法把待考察对象及其所反映的模糊概念作为模糊集合,建立适当的隶属度函数,通过模糊集合的运算和变换,对待考察对象进行分析。模糊集合以模糊数学为基础,用于研究现实中的非精确性现象。

模糊集合是用来表达模糊性概念的集合,又称模糊集或模糊子集。普通

第8章 直觉模糊环境下投资安全风险多属性决策

集合{0,1}是指具有某种非此(0)即彼(1)属性的对象集合。这种集合所表达的属性关系应该是清晰的、边界分明的。模糊集合能够同时兼顾彼(1)此(0)的属性(通过隶属度表达隶属于特征属性的程度)。在现实生活中,人们的思维往往存在许多模糊的概念,如年龄大小、天气冷暖、收入高低等。这些概念所描述的属性不能简单用"是"或"否"来回答。模糊集合就是具有某个模糊性概念所描述属性对象的全体。由于概念本身不是清晰的或边界分明的,因而对象对集合的隶属关系也不是明确的和非此即彼的。模糊集合概念的出现,使得数学方法可以用于处理模糊概念,从而构成模糊集合论(模糊数学)的基础。

模糊推理是基于模糊集合论的数学推理工具,是用于推理不确定性问题的一种方法,在人工智能技术中有重大意义。自扎德提出模糊集合方法以来,有关模糊集合的研究得到迅速发展。模糊推理作为近似推理的一个分支,是模糊控制的理论基础。目前,模糊控制技术已广泛应用于工业控制与家电产品制造领域,如模糊空调、模糊冰箱、模糊洗衣机等,取得了令人瞩目的成功。在实际应用中,模糊推理并不注重于诸如经典逻辑那样的基于公理形式推演或基于赋值的语义运算,而是采用算法,通过推理来计算(非推演)结论。1973年,扎德首先给出模糊推理理论中最基本的推理规则,即模糊分离规则(Fuzzy Modus Ponens,FMP),随后被算法化,形成当今以推理合成规则(Compositional Rule of Inference,CRI)为主要基础的各种模糊推理方法,在模糊系统和自动控制领域愈来愈受到重视,成为以数值计算而非以符号推演为特征的重要发展方向。

8.2　直觉模糊决策原理

直觉模糊集是传统模糊集的一种拓展,由于同时考虑了隶属度、非隶属度和犹豫度等方面的信息,因此相比传统模糊集,在处理模糊性和不确定性等方面更具灵活性和实用性。自保加利亚学者 Atanassov[1] 提出直觉模糊集概念以来,有关直觉模糊集理论的研究一直受国内外相关领域学者的极大关注,并已被应用于决策研究、医疗诊断、逻辑规划、模式识别、机器学习和市场预测等诸多领域。由于现有的决策方法多是基于各类直觉模糊集成算子的,无法反映或还原真实的决策过程,对复杂的现实问题可能还存在不适用等缺陷,因此本章将针对这一问题研究面向过程的决策方法。

首先,分析现有直觉模糊多属性决策方法的不足,回顾基于决策场的决策方法。

然后,将决策场的决策方法拓展,提出基于直觉模糊决策场的多属性决策方法和群决策方法。

最后,将该方法运用于"21 世纪海上丝绸之路"投资安全风险多属性决策实验。

现有直觉模糊多属性决策方法多数依赖于信息集成算子,先对决策信息进行集成排序后,再给出最优的排序结果。虽然各类信息集成算子可以解决不同类型直觉模糊信息的集成问题,但从实际决策问题角度来看,这种单一的信息集成方式并不能还原决策者真实的决策过程,在适用性上存在一定的局限性。如应用广泛的 IFWA(直觉模糊加权算术平均)算子,意味着某一属性的不足会被其他属性的优势弥补,最后得到整体的平均信息,属性的关联

第8章 直觉模糊环境下投资安全风险多属性决策

信息和差异信息对备选方案的影响被忽略了。另一广泛使用的 IFGA（直觉模糊加权几何平均）算子，虽然克服了 IFWA 算子存在的不足，但却带来了新的问题，即某一属性的优势会被过度放大，对决策结果往往具有决定性影响。此外，这两类集成算子都没有考虑不同属性之间的联系。

集成算子的可靠性对决策的影响主要体现在两个方面：

- 一个方面是集成算子的精度；
- 另一个方面是不同方案直觉模糊信息的比较和集成方式。

对于集成算子的精度问题，现有的集成算子在适用范围内都有很强的理论基础和数学理论支持，可以保证信息集成的无损性。回顾各类集成算子和相应的多属性决策方法可以发现，虽然不同决策方法的决策流程不同，采用的集成算子也各不同，但核心原则都是类似的，即都是通过集成算子将方案集通过不同属性的直觉模糊信息集成，提供每个方案的总体评估信息，进而实现方案的优选排序。这种信息处理方法和决策方式并没有考虑决策者的真实决策分析过程，特别是决策者在对方案的对比分析过程中所表现出的不同决策心理和决策行为。此外，对于复杂的决策问题，决策者更倾向于采用更全面和更复杂的分析比较方法，而非仅仅依靠集成给定属性的直觉模糊信息。

因此，仅仅依靠集成算子的各类多属性方法在决策实际问题时可能并不是最佳选择。集成算子在这些方法中的作用多数都是"一次性"的，即只负责集成各个属性的模糊信息，一旦得到具体方案的集成信息，则算子的职能也到此结束。对于实际问题，决策者更倾向于权衡比较方案在不同属性上的差异性信息，并将这种差异性信息不断叠加，最终形成决策判断的基础。然而，现有基于集成算子的直觉模糊多属性决策方法并不能还原这一特性，因此对于直觉模糊环境下的多属性决策问题，需要进一步研究能够还原决策过程的改进型决策方法。

在认知决策领域,决策场(Decision Field Theory,DFT)决策方法能够很好地还原决策者的决策过程,并克服基于"理性人"假设的各类决策方法可能带来的悖论问题。其理论基础来源于心理学的信息加工和"接近-回避"两类理论。基于决策场的决策方法从心理学角度对决策认知过程进行动态逼近,融合了规范性决策和行为决策等研究成果,属于面向过程的决策方法。在研究人类行为决策过程时,基于决策场的决策方法又引入了扩散过程,即利用面向过程的研究方法对实际的决策过程建模,可以很好地还原决策者的认知过程和决策动机,实现预测决策偏好及决策与时间的变化关系,在经济、交通、军事等领域得到了较好的应用。

基于以上分析,下面将介绍直觉模糊环境下面向过程的多属性决策方法,以满足对不确定性问题的决策需要。

8.3 基于直觉模糊决策场的多属性决策方法

8.3.1 基于决策场的决策方法

Busemeyer[2]提出,决策者在处理实际问题时,通常会采用如下策略:比较不同方案之间的优势和劣势,并在此基础上评估不同方案的期望值和收益。这一决策过程通常是复杂而费时的,不同方案的偏好信息会随着比较分析过程不断累积变化。在整个决策过程中,累积偏好最高的方案即为最优决策结果。为了还原和定量描述这一决策过程,Busemeyer等人[3]提出了基于决策场

第 8 章　直觉模糊环境下投资安全风险多属性决策

的决策方法，为面向过程的决策问题提供了形式化的数学模型。

图 8.1 给出了决策场模型的基本框架。初始分析过程主要负责计算并选择不同方案的收益和损失，通过属性权重计算不同方案的综合收益和综合损失，由权重、损失、收益可以分别计算不同方案所对应的效用值。在该理论中，不同方案的效用值是一个随时间变化的变量，任一时刻的效用值仅表示该时刻对该方案的预期，将不同时刻、不同方案的效用变量输入决策系统，就可以得到随时间变化的瞬时偏好强度变量，将其反馈回决策系统，与效用值融合，就可得到最终的偏好强度，将该偏好强度作为动机系统的输入，由动机系统的决策规则给出最终的决策结果。该方法的决策规则主要有两类：基于内部的决策时间规则和基于外部的参数控制条件。

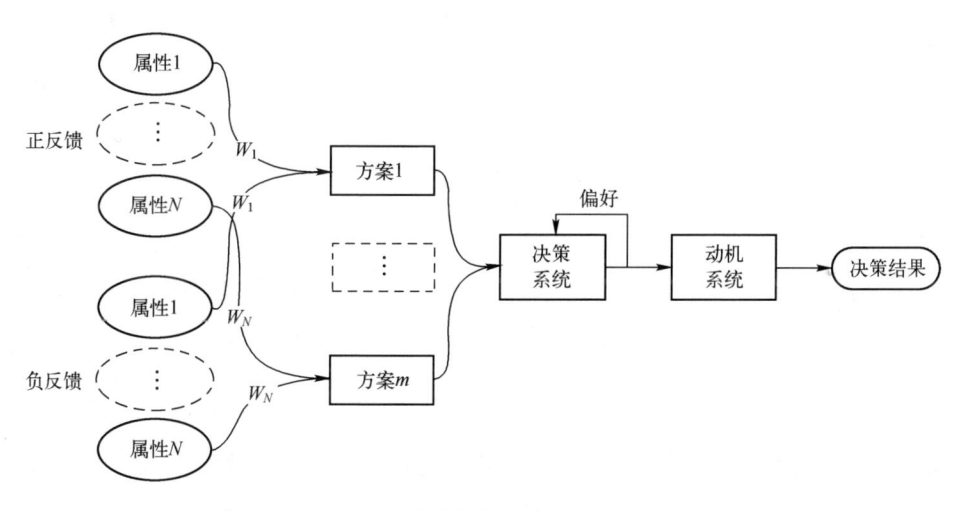

图 8.1　决策场模型的基本框架

基于决策场的决策方法最显著的特点在于，决策者对不同方案的偏好是随时间动态变化的。若用向量 $P(t)$ 表示决策者在 t 时刻对所有备选方案的偏好信息，则 $t+h$ 时刻对应的偏好向量 $P(t+h)$ 可以表示为

$$P(t+h) = SP + V(t+h) \tag{8.1}$$

式中，h代表任意小的时间步长；S为反馈矩阵；V为备选方案集的实时效用值。式（8.1）描述了基于决策场的决策方法的核心原理，即备选方案集的偏好信息由不同时刻、不同方案的效用值动态累积，且随时间的变化而变化。

决策者在决策分析过程中，每一时刻都可利用效用值对所有方案进行比较，从而得到不同方案的差异信息。效用值的计算公式可以表示为

$$V = CMW(t) \tag{8.2}$$

式中，M为备选方案集在所有属性上的评估信息，即决策信息矩阵；$W(t)$为决策者的注意力权重向量，可以由给定属性的权重确定；$MW(t)$为每个方案在所有属性上的加权平均评估信息，与IFWA算子的功能相类似；C为对比矩阵，可实现对不同方案之间加权平均评估信息$MW(t)$的比较。对于具有n个方案的决策问题，对比矩阵中的元素可以表示为

$$C_{ij} = \begin{cases} 1, & i=j \\ -\dfrac{1}{n-1}, & i \neq j \end{cases} \tag{8.3}$$

参数$W(t)$虽然由属性的权重信息构成，但通过分析式（8.2）可以发现，该参数是随时间t变化的动态量。这也是基于决策场的决策方法的另一个特点。在决策分析过程中，在某一时刻，决策者的注意力通常只会关注某一特定属性的评估结果，下一时刻则会随机转移到另外的属性要素上。在基于决策场的决策方法中，$W(t)$负责还原决策者的注意力随机漂移现象，且服从平稳随机过程。一个简化计算$W(t)$的方法为：假设在t时刻决策者关注单一属性的评估结果，下一时刻随机选取另一个单一属性要素。可以从理论上证明，在这种假设下，$W(t)$的协方差和均值都是与时间t无关的常数[4]，所得到的效用值和对应的偏好信息都是随机变化的。

反馈矩阵S描述了不同方案之间竞争关系的记忆效应，也称为侧向抑制

效应,由自影响量(主对角线上的元素)和彼此影响量(非对角线上的元素)两部分组成。对于某一方案,反馈矩阵主对角线上的元素 $S_{ii}(i=1,2,\cdots,n)$ 表示前一时刻对下一时刻偏好的影响程度:若 $0 \leqslant S_{ii} \leqslant 1$,则可保证在决策分析过程中,前后时刻的自影响量是衰减的;若 $S_{ii}=0$,则表示前一时刻的偏好对当前时刻的偏好没有任何影响;若 $S_{ii}=1$,则表示当前时刻的偏好与前一时刻的偏好完全相关。反馈矩阵非对角线上的元素 $S_{ij}(i=1,2,\cdots,n;j=1,2,\cdots,n)$ 反映了不同方案之间的影响强度:若 $S_{ij}=0$,则表示不同方案之间不存在竞争关系,不同方案的偏好变化彼此不影响;若 $S_{ij}<0$,则表示不同方案在决策分析过程中相互抑制。其中,不同方案的抑制强度取决于不同方案之间在属性空间上的相似性程度;不同方案之间的相似性程度可以由不同方案之间的距离反映,方案之间的距离越大,方案之间的差异性越强,相似性越弱,彼此之间的竞争关系越弱,反之同理。在决策场理论中,反馈矩阵通常都是正定对称矩阵,特征值小于1,可以保证每个方案都具有相同的自影响效应和抑制效应,且决策模型随着决策时间的推移是稳定和收敛的。

至此给出了基于决策场的决策方法的基本思想和核心原理。为了将该方法应用于信息不确定条件下的多属性决策问题,郝志男[5]又进一步开展了深入研究。

8.3.2 直觉模糊环境下基于决策场的多属性决策方法

在直觉模糊环境下,在提出基于决策场的多属性决策方法之前,首先需要解决如下问题。

- 决策信息矩阵 M 的无损集成问题。由于各类信息的输入源均为直觉模糊信息,为了保持数据的一致性,降低因数据转化而带来的信息丢失问题，在理想状态下，模型中的所有数据都采用直觉模糊数据进行运算，前述介绍的决策场模型需要针对直觉模糊数据进行优化调整。

- 直觉模糊数据差异信息的表示问题。由式（8.2）提供的数学模型可知，通过对比矩阵和决策信息矩阵的运算，不同方案的加权平均评估信息可实现不同方案之间竞争关系的分析比较和定量描述。在实数环境下，这种对比分析过程可以通过实数的减法轻松实现。对于直觉模糊数据，若采用减法运算，则可能会存在信息丢失的问题。
- 在直觉模糊环境下，各类参数的确定与求解方法。

针对上述三个问题，下面分别提出对应的解决方法，给出直觉模糊环境下基于决策场的多属性决策方法。

先给出直觉模糊环境下决策场模型中参数的定义和求解方法。

模糊效用值 V_f：与决策场中的效用值概念类似，描述在选择不同方案时所带来的损失和收益的期望信息，记为

$$V_f = C \otimes M' \otimes W(t) \tag{8.4}$$

式中，M' 为决策者提供的方案集在给定属性要素下的直觉模糊决策矩阵。需要说明的是，在直觉模糊环境下，式（8.4）的运算遵循直觉模糊集的基本运算规则。

在式（8.2）中，由于对比矩阵 C 可实现不同方案在给定属性要素上的比较过程，因此这一过程必然会涉及减法运算。直觉模糊数据的减法运算定义如下。

定义 8.1 设 A 和 B 为两个直觉模糊数据，则减法运算为

$$A \ominus B = \{(x, \mu_{A \ominus B}(x), v_{A \ominus B}(x)) \mid x \in E\} \tag{8.5}$$

式中，

$$\mu_{A\ominus B}=\begin{cases}\dfrac{\mu_A(x)-\mu_B(x)}{1-\mu_B(x)}, & 若\mu_A(x)\geqslant\mu_B(x)且v_A(x)\leqslant v_B(x)且v_A(x)\pi_B(x)\leqslant\pi_A(x)v_B(x)\\ 0, & 其他\end{cases}$$

$$v_{A\ominus B}=\begin{cases}\dfrac{v_A(x)}{v_B(x)}, & 若\mu_A(x)\geqslant\mu_B(x)且v_A(x)\leqslant v_B(x)且v_A(x)\pi_B(x)\leqslant\pi_A(x)v_B(x)\\ 1, & 其他\end{cases}$$

由减法运算可以看出，若直接利用直觉模糊数据进行减法运算，则在运算过程中会丢失很多信息，甚至会产生错误的决策结果。为了克服在减法运算过程中信息丢失的缺陷，需要定量表示不同直觉模糊数据之间的差异信息，下面利用直觉模糊数据的距离测度定义新的减法运算。

定义 8.2 设 α_1 和 α_2 为直觉模糊数据，则差异性减法运算为

$$\alpha_1\ominus_{\text{contrast}}\alpha_2=\begin{cases}d(\alpha_1,\alpha_2), & \text{if }\alpha_1>\alpha_2\\ -d(\alpha_1,\alpha_2), & \text{if }\alpha_1<\alpha_2\\ 0, & \text{if }\alpha_1=\alpha_2\end{cases} \quad (8.6)$$

式中，$d(\alpha_1,\alpha_2)$ 为直觉模糊数据 α_1 和 α_2 的距离测度，可以采用欧氏距离测度进行计算。

利用差异性减法运算，能够在尽可能减少信息丢失的前提下，实现不同方案之间直觉模糊评估信息差异性的定量比较。

反馈矩阵 S：反馈矩阵的含义与式（8.2）中的定义一致。这里主要讨论如何求解直觉模糊环境下的反馈矩阵。在通常情况下，建议将竞争影响强度设为 0~1 之间的数，确保反馈矩阵能够在比较过程中实现有限的自影响效应，同时，非对角线上的元素可反映不同方案之间的竞争关系；若将其设为负数，则可保证优势方案和劣势方案之间强的竞争关系；若将其设为 0，则表明不同方案之间不存在竞争关系，不同方案之间的竞争关系受不

同方案之间的相似性影响，因此可以利用不同方案之间的相似性定量刻画竞争关系。

下面利用相似性测度的研究结论，给出一种基于高斯函数相似性测度的反馈矩阵构建方法，即

$$S = I - \varphi \cdot e^{-\delta \cdot D^2} \tag{8.7}$$

式中，I 为单位矩阵；D 为不同方案之间的距离测度矩阵；δ 决定了反馈矩阵的强度；φ 为强度系数，为了保证反馈矩阵的稳定性，通常取 0~1 之间的实数。Berkowitsch 等人[6]建议，将 δ 的取值限制在 0.01~1000 之间，φ 的取值应该在 0~1 之间，在直觉模糊环境下，式（8.7）仍然采用这一原则，并需要根据具体问题进行调整。参数 δ 决定了反馈矩阵对不同方案之间相似性的区分能力，如果不同方案之间都较为相似，则 δ 应该取大于 1 的实数。另外，为了节省计算量，提高反馈矩阵的实际效果，可利用直觉模糊心理距离来计算 D。

偏好向量 P：偏好向量可反映在不同时刻，决策者对不同方案的偏好信息。由于在比较矩阵中定义了新的减法运算，因此会导致输出的偏好向量为实数形式。方案的正偏好值表明决策者倾向选择该方案，负偏好值表明决策者不倾向选择该方案。最终，具有最大偏好值的方案就是最优方案。

同理，在直觉模糊环境下，基于决策场的多属性决策方法的决策规则也分为两类：

- 一类是根据内在的决策时间限制规则，即当模型运算超过给定的时间限制时，模型立即停止运算，并根据当前时刻的偏好向量确定最优方案；
- 另一类是根据外部的阈值条件进行控制。

通常是设置偏好的阈值,在运算过程中,若某一方案的偏好值最先满足阈值条件,则该方案为最优方案。对于第二类决策规则,阈值设置得越大,模型运算时间越长,对应的决策结果更可靠;阈值设置得过小,决策所花费的时间虽短,但决策结果的可靠性和准确性却容易出现问题。通常阈值的设置应当保证决策过程不会过早地停止或花费过多的运算时间。考虑到决策结果的可靠性和准确性,建议利用设置阈值进行最优决策。

8.3.3 可靠性分析

下面主要从理论角度分析直觉模糊决策场的可靠性,给出参数的数值特征,以证明收敛性问题,并给出在固定时刻某一方案被选择的概率运算公式,为设置阈值提供参考。

式(8.4)中的注意力权重向量 $W(t)$ 随着时间变化,服从平稳随机过程,假设注意力权重向量是独立且同分布的,则 $W(t)$ 的均值可以表示为

$$E(W(t)) = \mathbf{w}h \tag{8.8}$$

协方差可以表示为

$$\mathrm{Cov}(W(t)) = E((W(t)-\mathbf{w}h)(W(t)-\mathbf{w}h)') = \psi \cdot h \tag{8.9}$$

式中,$\mathbf{w}$ 为设定的平均权重常数;ψ 可以由 $\psi = \mathrm{diag}(\mathbf{w}) - \mathbf{w}\mathbf{w}'$ 得到;$\mathrm{diag}(\mathbf{w})$ 是矩阵对角线上的元素。由于时间步长 h 是提前设置好的任意足够小量,因此均值和协方差均为与时间 t 无关的常数。

由于效用值和偏好这两个参数可以视为在注意力权重信息下原始决策信息矩阵的线性加权变换,因此也服从平稳随机过程。利用定义的差异性减法

运算，效用值 $V=C\otimes M'\otimes W(t)$。其中，$C\otimes M'$在执行差异性减法运算后可得到实数值结果，若令 $K=C\otimes M'$，则效用值 $V=K\cdot W(t)$。此时，效用值的均值和协方差分别为

$$\begin{aligned} E(V(t)) &= E(C\otimes M'\otimes W(t)) \\ &= E(K\cdot W(t)) \\ &= \mu\cdot h \end{aligned} \tag{8.10}$$

$$\begin{aligned} \mathrm{Cov}(V(t)) &= \mathrm{Cov}(C\otimes M'\otimes W(t)) \\ &= K\cdot \mathrm{Cov}(W(t))\cdot K' \\ &= K\cdot (\psi\cdot h)\cdot K \\ &= h\cdot \Phi \end{aligned} \tag{8.11}$$

偏好 $P(t)$ 可以改写为

$$\begin{aligned} P(t) &= SP(t-h)+V(t) \\ &= SP(nh-h)+V(nh) \\ &= \sum_{i=0}^{n-1} S^i V(nh-ih)+S^n P(0) \end{aligned} \tag{8.12}$$

由于反馈矩阵的特征值小于1，因此扩散过程是收敛和稳定的。

对应 $P(t)$ 的期望值为

$$\begin{aligned} \xi(t) &= E(P(t)) \\ &= E(SP(t-h)+V(t)) \\ &= E\left(\sum_{i=0}^{n-1} S^i V(nh-ih)+S^n P(0)\right) \\ &= (I-S)^{-1}(I-S^n)\mu\cdot h+S^n P(0) \end{aligned} \tag{8.13}$$

考虑到反馈矩阵 S 的特征值小于1，当 $t\to\infty$ 时，有 $\xi(t)\to(I-S)^{-1}\mu\cdot h$。

这一结果可以对反馈矩阵对偏好的影响效果提供逼近分析。

$P(t)$的协方差为

$$\begin{aligned}\boldsymbol{\Omega}(t) &= \mathrm{Cov}(\boldsymbol{P}(t)) \\ &= E((\boldsymbol{P}(t) - E(\boldsymbol{P}(t)))(\boldsymbol{P}(t) - E(\boldsymbol{P}(t)))') \\ &= \sum_{i=0}^{n-1} \boldsymbol{S}^i(h \cdot \boldsymbol{\Phi})\boldsymbol{S}^{i'}\end{aligned} \quad (8.14)$$

随着 $t \to \infty$ 和 $i \to \infty$，有 $S^i \to 0$，得到 $\boldsymbol{\Omega}(t) \to \boldsymbol{\Omega}(\infty)$。

由于注意力权重服从独立同分布，因此利用多变量的中心极限定理，可以得到如下结论：偏好 $\boldsymbol{P}(t)$ 逼近均值为 $\boldsymbol{\xi}(t)$ 和方差为 $\boldsymbol{\Omega}(t)$ 的高斯分布。任意足够小的时间步长 h 的设置均可确保这一逼近过程，且可使偏好能够更快地逼近高斯函数。

某一方案 i 在 T 时刻被选择的概率表示为

$$\mathrm{Prob}_{t=T}(P_i(T)) = \max(P_j(T), j=1,2,\ldots,n)$$

对于两个方案（方案 A 和方案 B）的决策问题，在 T 时刻选择方案 A 的概率为

$$\begin{aligned}\mathrm{Prob}_{t=T}(\mathrm{A} \mid \{\mathrm{A},\mathrm{B}\}) &= \mathrm{Prob}_{t=T}(P_1(T) - P_2(T) > 0) \\ &= \int_0^\infty \sqrt{2\pi\lambda}\, e^{-(x-\delta)^2/2\lambda} c \mathrm{d}x\end{aligned} \quad (8.15)$$

式中，$x = P_1(T) - P_2(T)$；$\delta = E(P_1(T) - P_2(T)) = \xi_1(T) - \xi_2(T)$；$\lambda = D(P_1(T) - P_2(T)) = \varphi_{11}(t) + \varphi_{22}(T) - 2\varphi_{21}(T)$。

对于三个方案（方案 A、方案 B 和方案 C）的决策问题，在 T 时刻选择方案 A 的概率为

$$\begin{aligned}
&\text{Prob}_{t=T}(A \mid \{A,B,C\}) \\
&= \text{Prob}_{t=T}(P_1(T) - P_2(T) > 0 \land P_1(T) - P_3(T) > 0) \\
&= \int_{X>0} \sqrt{2\pi} \, |\boldsymbol{\Lambda}|^{0.5} e^{-(X-\delta)'\boldsymbol{\Lambda}(X-\delta)/2} \mathrm{d}X
\end{aligned} \quad (8.16)$$

式中，$X=LP(t)$；$\delta=L\boldsymbol{\xi}(T)$；$\boldsymbol{\Lambda}=L\boldsymbol{\Omega}(T)L'$；$L=\begin{pmatrix}1 & -1 & 0\\ 1 & 0 & -1\end{pmatrix}$。

需要说明的是，当方案数量较多时，上述积分过程将会非常复杂或难以运算。更为简单的运算方法就是利用多次仿真实验，利用每个方案在 N 次仿真实验中被选中的次数来计算对应的选择概率。

根据上述理论推导，在进行阈值规则决策时，为了避免决策过程早熟或时间过长，决策阈值的设置应该参考在决策过程中得到的协方差和方差变量。

8.4 基于直觉模糊决策场的群决策方法

在多属性决策问题中，一个研究热点是群决策问题。传统的 DFT 决策模型很少涉及群决策问题。尽管 DFT 为认知决策提供了面向决策过程的模型，但全面模拟群决策过程和决策行为仍然过于复杂和困难。为了提高 DFT 决策模型在群决策问题中的应用，郝志男利用直觉模糊决策场，进一步发展了基于直觉模糊决策场的群决策方法。

对于基于直觉模糊决策场的群决策问题，首先需要解决如何无损地集成来自不同决策者提供的直觉模糊评估信息，通常建议将不同决策者提供的决策信息按照属性维度集成，得到综合决策信息矩阵，具体操作流程如下。

假定由 l 位决策者组成专家组 $E=\{e_1,e_2,\dots,e_l\}$，对给定的 n 个备选方案

在属性要素 $G=\{G_1,G_2,\ldots,G_m\}$ 上提供直觉模糊评估信息 $R_k=(r_{ij}^{(k)})_{m\times n}$ ($i=1$, $2,\ldots,m$, $j=1,2,\ldots,n$)。其中，$r_{ij}^{(k)}=(\mu_{ij}^{(k)},v_{ij}^{(k)})$ 为直觉模糊数据，表示第 k 位专家对备选方案 i 在属性要素 j 上的直觉模糊评估信息；$\mu_{ij}^{(k)}$ 和 $v_{ij}^{(k)}$ 分别表示直觉模糊数据中的隶属度函数和非隶属度函数，满足 $\mu_{ij}^{(k)}\in[0,1]$，$v_{ij}^{(k)}\in[0,1]$，$\mu_{ij}^{(k)}+v_{ij}^{(k)}\leqslant 1$，$i=1,2,\ldots,m$，$j=1,2,\ldots,n$，$k=1,2,\ldots,l$。假定不同专家的重要性信息可以由对应的权重向量 $\boldsymbol{\xi}=(\xi_1,\xi_2,\ldots,\xi_l)^\mathrm{T}\geqslant 0$，$\sum_{j=1}^{l}\xi_j=1$ 表示，利用 IFHA 算子，就可以对不同决策者提供的直觉模糊评估信息进行无损集成，得到综合决策信息矩阵。

群决策的另一个关键问题是如何确定属性的优先权重。尽管部分决策问题的属性权重可以提前给出，但对于多数实际问题而言，属性权重信息是不确定的。专家组中的每位专家可能只给出部分属性的重要性信息，或者不同属性之间的约束关系。由于专家组中每位专家的经验和背景知识不同，在确定不同属性权重时也存在一定的差异性，因此大多数情况是在专家组协商讨论后，给出不同属性之间的约束或依赖关系，利用属性之间的约束关系求解对应的权重。

通常，属性之间的权衡关系主要有以下几类[7]，即

$$\Delta=\begin{cases}\{\omega_i\geqslant\omega_j\}\\ \{\omega_i-\omega_j\geqslant\delta_i\}, & \delta_i>0\\ \{\omega_i\geqslant\delta_i\omega_j\}, & 0\leqslant\delta_i\leqslant 1\\ \{\delta_i\leqslant\omega_i\leqslant\delta_i+\varepsilon_i\}, & 0\leqslant\delta_i<\delta_i+\varepsilon_i\leqslant 1\end{cases} \quad (8.17)$$

根据决策者对不同属性的权衡关系得到属性的约束关系，用线性规划模型求解，可获得属性权重信息。下面采用由 Xu[8] 定义的基于得分函数的属性权重线性规划模型，即

$$\begin{cases} \max(s_i(\omega)) = \sum_{j=1}^{n} \omega_j s_{ij} \\ \text{满足 } \omega = \Delta \\ \omega \geqslant 0, \sum_{j=1}^{n} \omega_j = 1 \end{cases} \quad (8.18)$$

式中，得分函数 $s_{ij} = \mu_{ij} - v_{ij}$，$i=1,2,\ldots,m$，$j=1,2,\ldots,n$。

在获取属性权重和综合决策信息矩阵后，将这两类信息传递到直觉模糊决策场进行决策分析。结合直觉模糊决策场的原理和直觉模糊群决策方法，给出基于直觉模糊决策场的决策流程，如图8.2所示。

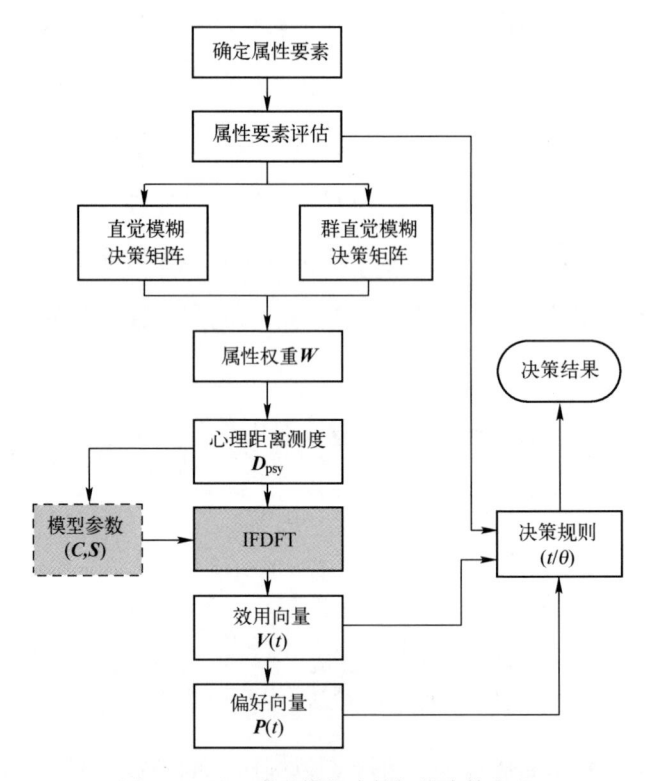

图8.2 基于直觉模糊决策场的决策流程

决策者首先通过分析实际问题，确定属性要素，针对每个属性给出所有方案的直觉模糊评估信息。对于群决策问题，除了需要处理每位决策者的直觉模糊决策矩阵，还需要根据属性约束关系求解属性权重，获得群直觉模糊决策矩阵。直觉模糊决策矩阵和属性权重将作为直觉模糊决策场的数据输入源。利用决策矩阵和属性权重可以计算不同方案的心理距离测度，进一步可以计算直觉模糊决策场模型中的比较矩阵和反馈矩阵两个关键参数，为基于直觉模糊决策场的决策方法做准备。直觉模糊决策场利用输入的决策信息矩阵和各类参数，对不同方案进行综合比较分析，得到不同方案随决策时间变化的偏好向量。当偏好向量达到决策阈值时，停止决策计算过程，给出对应的最优决策方案。若决策规则为决策时间，当决策过程累积时间超过指定时间阈值后，停止分析计算，此时，偏好向量中偏好值最大的方案则为最优方案。

8.5 仿真实验

下面通过仿真实验，进一步验证基于直觉模糊决策场决策流程的可行性和技术优势。

8.5.1 决策现象

由于直觉模糊决策场的决策模型不依赖单一集成算子对不同方案的排序，而是利用不同方案在不同属性之间的差异信息和竞争关系，实现对不同方案的动态分析和决策，将心理距离测度引入决策模型，能够更好地定量描述不同方案之间的竞争关系，因此直觉模糊决策场的决策模型可以很好地还原认知决策领域中三类常见的决策现象,即相似性效应、吸引效应和妥协效应。下面通过仿真实验对三类常见的决策现象进行说明,并讨论直觉模糊决策场决策模型的有效性和现有决策方法的不足。

1. 相似性效应

相似性效应表明,对于给定的两个相似性很弱的方案,若引入与某一方案较为相似的方案,则会降低该方案的选择概率。为了说明这种决策行为,下面设计了为优选国家投资的仿真实验,设 A、B、C 分别代表三个国家,决策属性分别为国家的经济实力和安全性,评估信息见表 8.1。

表 8.1 三个国家在给定属性上的评估信息(相似性效应)

国 家	经 济 实 力	安 全 性
A	(0.2, 0.4)	(0.7, 0.2)
B	(0.7, 0.2)	(0.2, 0.4)
C	(0.15, 0.3)	(0.73, 0.23)

由表 8.1 可知,若两个属性的权重相同,那么对决策者而言,选择 A 和选择 B 的概率是相同的。当引入 C 时,若 C 和 A 的评估信息较相似,则选择 A 和选择 B 的概率将会发生改变。下面通过仿真实验进行详细阐述。

为了使不同方案之间存在竞争关系,可以将属性权重设置为 $W=(W_E \ W_Q)$ = $(0.49 \ 0.51)^T$。由于 A 和 C 在两个属性上的评估信息较为相似,因此竞争关系也更强。由于 B 和 C 在两个属性上的评估信息差异性较大,因此竞争关系相对较弱,反馈矩阵 S 可取为

$$S = \begin{pmatrix} 0.95 & -0.001 & -0.033 \\ -0.001 & 0.95 & -0.001 \\ -0.033 & -0.001 & 0.95 \end{pmatrix}$$

第8章 直觉模糊环境下投资安全风险多属性决策

根据相似性效应，C 的引入将会降低原有方案的选择概率，即选择 A 的概率。为此，利用直觉模糊决策场的决策模型分别计算只有 A 和 B 时的选择概率，以及 A、B、C 同时存在时的选择概率，并将选择概率绘制在图 8.3 中。

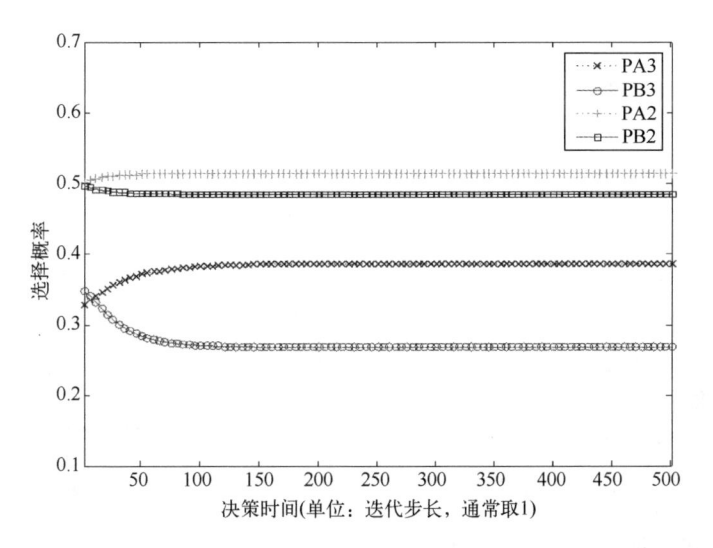

图 8.3 相似性效应选择概率（PA2 和 PB2 分别为选择 A 和选择 B 的概率，PA3 和 PB3 分别为 A、B、C 同时存在时选择 A 和选择 B 的概率）

对于两个方案的决策问题，决策者经过分析和计算后，得到选择 A 和选择 B 的概率分别为 $P(A|\{A,B\})=0.5148$ 和 $P(B|\{A,B\})=0.4852$，当引入 C 时，选择 A 和选择 B 的概率分别变为 $P(A|\{A,B,C\})=0.3869$ 和 $P(B|\{A,B,C\})=0.2684$，选择 B 的概率明显降低，决策者的部分注意力被转移到相似性很强的 A 和 C，对 B 的注意力明显降低。

已有的一些直觉模糊多属性决策方法无法反映这种变化。为了说明这一问题，根据决策信息，可以采用基于 IFHA 算子和 IFWA 算子的直觉模糊决策方法给出的计算结果，见表 8.2。由表 8.2 可知，IFWA 算子给出的计算结果为选择 A 的概率大于选择 B、C 的概率，与直觉模糊决策场决策模型给出的计算结果是一致的，IFHA 算子给出的计算结果为选择 A 和选择 B 的概率是等同的，都大于选择 C 的概率，即 IFHA 算子和 IFWA 算子给出的计算结果分别为 A=B>C 和 A>B>C。

表 8.2 基于 IFHA 算子和 IFWA 算子的直觉模糊决策方法给出的计算结果

国　家	IFHA 算子	IFWA 算子
A	(0.5053,0.2848)	(0.5149,0.2809)
B	(0.5053,0.2848)	(0.5053,0.2848)
C	(0.4837,0.2968)	(0.4915,0.2948)

由此可以发现，在传统基于集成算子的决策方法中，C 的引入并不会对决策者的判断有任何改变。大量研究指出，这种决策行为在实际问题中一般是不存在的。无论 IFWA 算子还是 IFHA 算子，都不能还原和解释相似性效应。此外还注意到，由于 IFHA 算子引入了两类权重信息，因此对于属性权重的微小变化不如 IFWA 算子敏感。

2. 吸引效应

吸引效应表明，当引入相对于原有方案具有明显劣势的方案后，会增加原有方案的选择概率，同样以为优选国家投资进行仿真实验，三个国家 A、B、C 在两个给定属性上的评估信息见表 8.3。由表 8.3 可知，C 相对于 A 虽然较为相似，但 A 在两个属性上的评估信息都优于 C，同时 C 的评估信息和B 的评估信息差异性较大，因此反馈矩阵仍然可以取相似性效应仿真实验中的值，选择概率的详细计算结果如图 8.4 所示。

表 8.3 三个国家在给定属性上的评估信息（吸引效应）

国　家	经济实力	安　全　性
A	(0.2,0.4)	(0.7,0.2)

续表

国　　家	经济实力	安　全　性
B	(0.7,0.2)	(0.2,0.4)
C	(0.15 0.45)	(0.65,0.25)

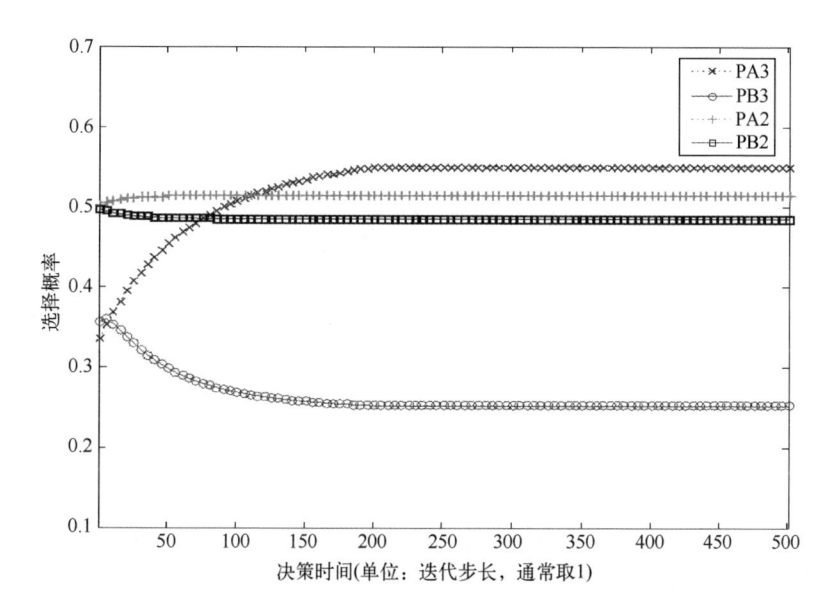

图 8.4　吸引效应选择概率（PA2 和 PB2 分别为选择 A 和选择 B 的
概率，PA3 和 PB3 分别为 A、B、C 同时存在时选择 A 和选择 B 的概率）

对于两个方案的决策问题，选择概率与相似性效应的计算结果相同。当引入 C 时，选择 A 和选择 B 的概率分别变为 $P(A|\{A,B,C\})=0.5499$ 和 $P(B|\{A,B,C\})=0.2542$，由于 C 的引入，决策者相对于两个方案的决策问题，选择 A 作为最优结果的倾向性更强。

同样，可以利用 IFHA 算子和 IFWA 算子的计算结果进行对比分析。在该情景下，IFHA 算子和 IFWA 算子给出的选择顺序分别为 A＝B＞C 和 A＞B＞C。在两个方案的决策问题中，IFWA 算子的计算结果与直觉模糊决策场决策模型的计算结果一致。对于三个方案的决策问题，两种方法都无法描述将第三个方案引入后,对决策者选择所带来的影响。

3. 妥协效应

妥协效应表明,当在方案中引入折中方案时,决策者更倾向于选择折中方案。

表8.4给出了针对这一情景的仿真实验数据。可以看出,C在两个属性上的评估信息介于A和B之间,即C为介于A和B之间的折中方案。

表8.4 针对这一情景的仿真实验数据

国家	经济实力	安全性
A	(0.2,0.4)	(0.7,0.2)
B	(0.7,0.2)	(0.2,0.4)
C	(0.5,0.3)	(0.5,0.3)

由于C在两个属性上的直觉模糊评估信息相对于A、B处于折中状态,因此A和C、B和C之间的竞争关系是等同的,可以调整反馈矩阵的取值为

$$S = \begin{pmatrix} 0.95 & -0.001 & -0.033 \\ -0.001 & 0.95 & -0.033 \\ -0.033 & -0.033 & 0.95 \end{pmatrix}$$

妥协效应的选择概率如图8.5所示。

三个方案的最终选择概率分别为$P(A|\{A,B,C\}) = 0.1909$、$P(B|\{A,B,C\}) = 0.1742$和$P(C|\{A,B,C\}) = 0.6349$。由图8.5可知,对于A、B两个方案的选择问题,很难在A和B之间进行选择。因为A、B在给定属性上的评估信息相似,对应的选择概率也一直保持同等水平,当引入C后,选择C的概率随着决策时间的增加逐渐增加,会成为决策者的最优选择方案。

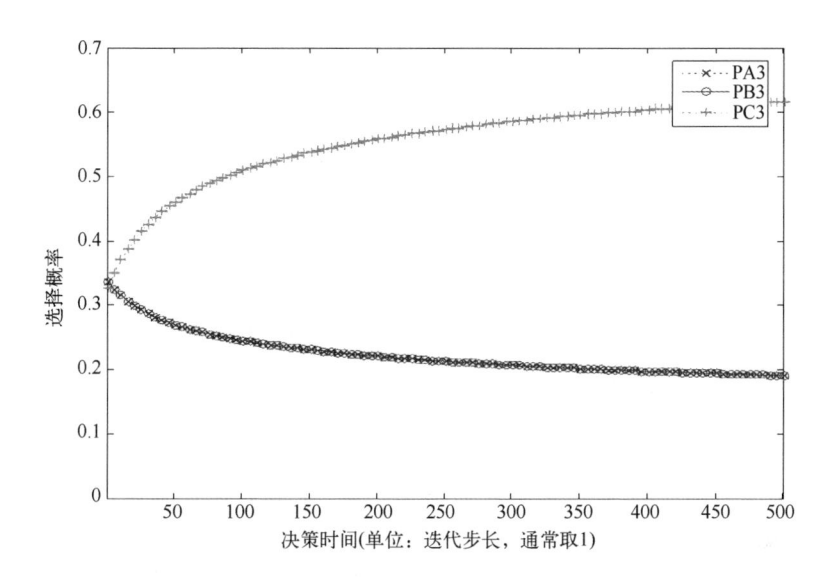

图 8.5 妥协效应的选择概率

为了进行对比，可分析基于集成算子的计算结果并给出排序，分别为：IHFA，A＝B>C；IFWA，A>B>C。需要说明的是，这一计算结果虽从方法的可行性上来说是正确的，但在决策实际问题时，决策者并非"理性人"，这样的计算结果是不切实际的。

基于直觉模糊决策场的决策模型不仅能够利用直觉模糊集刻画不确定信息，还能够成功预测和合理解释在决策实际问题过程中的三类常见决策现象，更为重要的是，在同一模型中能够很好地还原三类常见决策现象，相比传统的基于集成算子的直觉模糊决策方法，更适合解决复杂的实际问题，计算结果也更可靠。

8.5.2 优点和不足

基于直觉模糊决策场的决策方法主要有如下三个方面的优点。

首先，基于直觉模糊集成算子的决策方法只能提供决策对象的综合评估信息，不能描述背景信息和还原真实的决策过程，影响计算结果的准确性和可靠性；基于直觉模糊决策场的决策方法可以很好地克服这些缺点。

其次，直觉模糊环境下的大多数决策方法只有在决策者是"理性人"的前提下才是可靠的，在应用于实际问题时，可能会产生违反理性决策理论的结果。这种缺陷会影响直觉模糊决策理论在应急决策等实际问题中的推广和应用。基于直觉模糊决策场的决策方法可将直觉模糊多属性决策问题从单一的信息集成转换为动态比较推理，直觉模糊信息在每一时刻的比较过程中都被充分利用，背景信息对决策者偏好的影响也被考虑在决策模型中，能够将描述直觉模糊信息的优势和决策场在处理认知决策问题时的优势结合起来，给出更可靠的计算结果。

最后，直觉模糊决策场决策方法计算结果的获取并非单一依靠直觉模糊信息，而是利用直觉模糊信息进行推理和比较，还原真实的决策过程，动态偏好值经过累积并最终用于决策，可避免依赖集成算子所带来的"一次性"信息集成的缺点，更重要的是，能够预测和解释在认知决策过程中存在的几类决策现象。由仿真实验可知，集成算子 IFHA 对权重信息的变化并不敏感，计算结果可能比经典 IFWA 算子的可靠性更差。

基于直觉模糊决策场的决策方法虽然能够对决策者真实的决策过程建模，相比于基于集成算子的直觉模糊多属性决策方法更具优势，但在实际应用中也存在如下几个需要注意的问题。

一是直觉模糊决策场的核心是建立不同方案之间的竞争关系和选择关系，在直觉模糊环境下，定量还原竞争关系存在一定的困难，且由于直觉模糊集的减法运算会导致信息丢失，因此在计算直觉模糊信息差异性的应用中受到了限制。为了解决该问题，本章提出了一种妥协的解决方案，定义了新的差异性减法运算规则，即利用距离测度定量计算不同直觉模糊信息的差异性。新的运算规则涉及直觉模糊信息的转化，在信息转化过程中也可能存在信息丢失现象。因此，后续需要深入研究更为合理的直觉模糊信息减法运算规则，避免在运算过程中产生信息丢失的问题。

二是需要注意基于直觉模糊决策场的决策规则选择问题。决策规则通常有两类：基于时间和基于阈值限制条件。在实际应用中，为了确保决策结果的准确性和可靠性，建议采用基于阈值限制条件的决策规则。阈值的选择要保证决策过程不会过早结束或计算时间过长。对于阈值的选择并没有通用的标准和深入的理论研究。在更多情况下，阈值都由决策者根据经验信息设置。因此，为了提高决策方法的实用性，对于决策时效性要求不高的决策问题，建议设置较大的阈值，牺牲计算时间来确保决策模型能够提供更为准确、更为可靠的结果。

参考文献

[1] ATANASSOV K T. Intuitionistic fuzzy Sets [J]. Fuzzy Sets and Systems, 1986, 20 (1): 87-96.

[2] BUSEMEYER J R. Decision making under uncertainty: a comparison of simple scalability, fixed-sample, and sequential-sampling models [J]. Journal of Experimental Psychology: Learning, Memory, and Cognition, 1985, 11 (3): 538-564.

[3] BUSEMEYER J R, TOWNSEND J T. Decision field theory: a dynamic-cognitive approach to decision making in an uncertain environment [J]. Psychological Review, 1993, 100 (3): 432-459.

[4] BUSEMEYER J R, DIEDERICH A. Survey of decision field theory [J]. Mathematical

Social Sciences, 2002, 43 (3): 345-370.

[5] 郝志男. 直觉模糊多属性决策的若干方法及其应用 [D]. 南京: 中国人民解放军陆军工程大学, 2018.

[6] BERKOWITSCH N A J, SCHEIBEHENNE B, RIESKAMP J. Rigorously testing multialternative decision field theory against random utility models [J]. Journal of Experimental Psychology-General, 2014, 143 (3): 1331-1348.

[7] XU Z S, CAI X Q. Intuitionistic fuzzy information aggregation [M]. Berlin: Springer International Publishing, 2012.

[8] XU Z S. Multi-person multi-attribute decision making models under intuitionistic fuzzy environment [J]. Fuzzy Optimization and Decision Making, 2007, 6 (3): 221-236.

第 9 章
概率语言集知识表达与投资安全风险评估

在众多的投资风险中,投资目标国的国家安全和社会稳定是最大的风险来源。通常,地区地缘安全的不稳定性会诱发各类投资威胁和安全风险,主要包括以下几类:

- 投资目标国的国内犯罪和内部矛盾,将直接影响基础设施建设,危及投资者或建设者的人身安全;
- 投资目标国的国内政局不稳定,将对国与国之间的多边贸易与合作关系产生负面影响,由政治政策和合作政策的不确定性和多变性衍生的风险也将阻碍投资建设的推进;
- 投资目标国地缘政治的不确定性,可能引发骚乱或突发事件,破坏港口建设,危及投资者或建设者的人身安全,影响基础设施的建设和贸易运输业务的开展。

为此,准确识别并及时掌控由地缘安全不稳定性诱发的各类风险,是有效开展"21世纪海上丝绸之路"海外投资和建设的前提和基础。由于"21世纪海上丝绸之路"沿线国家和地区的地理特征差异大、政治背景各异、经济发展水平参差不齐,因此为科学评估地缘安全风险带来了困难和挑战。其中,信息的可用性和完整性是进行科学评估风险亟待解决的困难之一,涉及自然环境和地缘人文环境中的定量数据及相关的定性知识。

- 一方面，现有的定量数据可能面临格式或单位不一致、数据冗余高、数据结构差异大等问题；
- 另一方面，定性评估面临信息来源多样、专家意见不一致和偏好不确定等问题。

换言之，在科学评估风险的过程中，会同时存在认知不确定和偶然不确定等问题。此外，目前对"21世纪海上丝绸之路"投资风险的研究主要集中在地缘人文领域，且多以定性描述为主。上述问题对"21世纪海上丝绸之路"沿线国家和地区投资风险的量化评估提出了更多挑战，如何科学准确地量化和刻画投资风险，构建相应的评估流程，发展定量评估方法，既有科学意义，又有应用价值。

9.1 研究动态和存在问题

针对风险评估中涉及的定性知识不确定的定量描述问题，Zadeh[1]提出了模糊集理论，并利用隶属度函数来刻画专家经验知识的不确定性，得到了很好的应用。在模糊集的基础上，不同学者研究了采用不同类型的扩展模糊集来解决面临的实际问题，如在采用直觉模糊集理论的同时，利用隶属度和非隶属度两类属性描述决策者偏好的不确定性，有效提高了不确定知识所表征的信息粒度。为了进一步考虑专家在决策时可能表现出来的对问题认知的不确定性，西班牙学者Torra[2]提出了犹豫模糊集的概念。犹豫模糊集解决了决策者与专家在实际评估时可能存在的多个偏好信息的问题，并对由此所扩展的对偶犹豫模糊集引入了直觉模糊集理论的信息表征理念，进一步提高了决策者的偏好信息粒度。此外，为了解决定性语言信息与定量数据评估决策中面临的不兼容问题，Zadeh[3]还提出了语言变量的概念，即利用模糊逻辑关系建立语言术语集和专家评估信息之间的数学联系。为了量化专家偏好信息的不确定性，各类扩展语言变量被相继提出，如犹豫模糊语言术语集、犹豫模糊语言偏好关系及其各类改进方法等。Xu 等人[4]开展了详细的综述，相关类型的语言变量，如二元组模型同时利用语言项和实数对语言评估建模。值得注意的是，Xu 等人[5]进一步提出了虚拟语言模型，引入了虚拟语言术语的句法和语义，获得了连续的语言术语，为决策者或专家的偏好信息提供更多的粒度。然而，上述的大部分工作主要集中在如何量化专家在定性描述方面的不确定性，评估时涉及的统计不确定性或相关的概率分布及语言变量等并没有得到很好的解决。

为了解决这类问题：Pang 等人[6]提出了概率语言模糊集的概念；Xiang 等人[7]利用模糊层次分析法对公私合作投资建设中的风险因素筛选识别问题进行了研究；Chen 等人[8]利用模糊评估方法评估了"21 世纪海上丝绸之路"海外投资的综合风险；Hao 等人[9]提出了一种基于直觉模糊决策模型的风险评估方法，并分析了"21 世纪海上丝绸之路"沿线国家和地区基础设施投资建设的风险问题；Song 等人[10]利用犹豫模糊贝叶斯网络分析了"21 世纪海上丝绸之路"沿线港口的投资策略问题；Li 等人[11]利用犹豫模糊 C-均值聚类方法分析了"21 世纪海上丝绸之路"沿线国家和地区文化环境风险因素。综上所述，采用基于模糊集理论对"21 世纪海上丝绸之路"风险评估的研究刚刚起步，现有的研究主要采用模糊隶属度来量化专家提供的定性信息或偏好，进而建立模糊环境下精确、完善的定量风险评估模型（也有学者将其定义为决策模型），并对"21 世纪海上丝绸之路"沿线国家和地区的经济风险进行评估。

现有的对模糊风险评估的研究存在以下两个方面的问题。

- 一个方面的问题是，仅仅能够处理语言定性信息的定量模型是不够的，在语言信息中还广泛存在着统计不确定性信息，给风险评估过程带来更多挑战；
- 另一个方面的问题是，现有的研究没有充分考虑专家偏好和风险偏好等主观因素。

鉴于风险评估是一项涉及高度主观认知的决策过程，因此评估模型需要将专家的主观偏好和对风险的态度及其对评估结果的定量影响纳入评估范畴。

针对专家主观偏好的描述，前景理论在实际决策和风险评估等问题的应用中验证了有效性和可靠性。前景理论利用效用函数定量描述了专家所表现出来的偏好。对于专家的主观偏好问题，通常的解决方案是利用权重信息来描述，即采用客观赋权、主观赋权和混合赋权来定量描述偏好信息。由于专家所处的背景环境不同，主观偏好也会发生变化，因此对整个评估结果可能会带来关键性的影响。现有的风险评估模型并没有考虑此类背景环境信息及其对评估结果的影响。

基于现有研究的现状，本章的研究目的主要有三个：

- 提出基于概率语言集的定性知识的定量表征框架；
- 提出一种基于表征框架下新的距离测度来量化专家的主观偏好，并将其集成到前景理论中；
- 研究上述理论方法在"21世纪海上丝绸之路"沿线国家和地区地缘风险评估过程中的实际应用。

逻辑关联示意图如图9.1所示。

第9章 概率语言集知识表达与投资安全风险评估

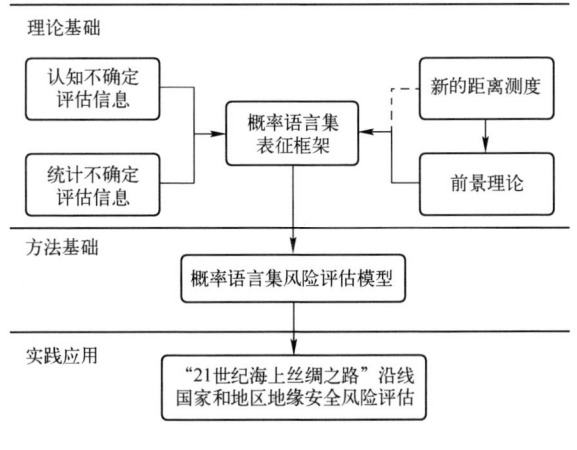

```
理论基础
  认知不确定
  评估信息  ──┐         ┌── 新的距离测度
             ├─ 概率语言集 ──┤        ↑
  统计不确定  ──┘  表征框架  └── 前景理论
  评估信息
─────────────────────────────────────
方法基础
         概率语言集风险评估模型
─────────────────────────────────────
实践应用
         "21世纪海上丝绸之路"沿线
         国家和地区地缘安全风险评估
```

图 9.1　逻辑关联示意图

9.2　概率语言集理论概述

下面简要介绍概率语言集理论的相关基础知识，为后续的工作做好铺垫。

模糊语言是一种在语言术语集和语义偏好之间生成的语言描述符。一个典型的模糊语言集 $S=\{s_i|i=1,2,\ldots,\tau\}$ 是具有全序和奇数基数的集合。s_i 表示语言变量，满足如下条件。

- 集合的有序性：对所有的 $\alpha>\beta$，满足 $s_\alpha>s_\beta$。
- neg 算子的有效性：neg 算子存在且满足 $\alpha+\beta=\tau$，$\text{neg}(s_\alpha)=s_\beta$。

模糊语言集的连续形式定义为 $\tilde{S}=\{s_\alpha|\alpha\in[0,\tau]\}$。其中，$\alpha$ 为连续型变量，信息粒度更好，可避免语言计算的信息损失。

259

概率语言集定义在语言集上。对于有限语言集，概率语言集可定义为

$$L(p) = \left\{ \begin{array}{l} L^{(k)}(p^{(k)}) \mid L^{(k)} \in S, p^{(k)} \geq 0 \\ k = 1, 2, \cdots, \#L(p), \sum_{k=1}^{\#} p^{(k)} \leq 1 \end{array} \right\}$$

式中，$L^{(k)}p^{(k)}$ 为概率语言集的基本元素；$p^{(k)}$ 为语言项；$L^{(k)}$ 为对应的概率信息；$\#L(p)$ 为语言集 $L(p)$ 的秩。

概率语言集加法和减法的基本运算法则定义为

$$L_1(p) \oplus L_2(p) = \bigcup_{L_1^{(k)} \in L_1(p), L_2^{(k)} \in L_2(p)} \{ p_1^{(k)} L_1^{(k)} \oplus p_2^{(k)} L_2^{(k)} \} \quad (9.1)$$

$$L_1(p) \otimes L_2(p) = \bigcup_{L_1^{(k)} \in L_1(p), L_2^{(k)} \in L_2(p)} \{ (L_1^{(k)})^{p_1^{(k)}} \otimes (L_2^{(k)})^{p_2^{(k)}} \} \quad (9.2)$$

概率语言集的序和比较方法通过定义两个补充参数实现，即得分函数和偏差度。概率语言集 $L(p)$ 的得分函数定义为 $\varphi(L(p)) = s_{\bar{\alpha}}$。其中，$\bar{\alpha} = \sum_{i=1}^{\#L(p)} r^{(k)} p^{(k)} \Big/ \sum_{i=1}^{\#L(p)} p^{(k)}$，可描述概率语言集的平均信息。概率语言集的偏差度定义为

$$\sigma(L(P)) = \left(\sum_{k=1}^{\#L(p)} (p^{(k)}(r^{(k)} - \bar{\alpha}))^2 \right)^{1/2} \Big/ \sum_{k=1}^{\#L(p)} p^{(k)}$$

对于两个概率语言集 $L_1(p)$ 和 $L_2(p)$，存在：

- $L_1(p) > L_2(p)$，当且仅当 $\varphi(L_1(p)) > \varphi(L_2(p))$；
- $L_1(p) = L_2(p)$，当且仅当 $\varphi(L_1(p)) = \varphi(L_2(p))$ 且 $\sigma(L_1(p)) = \sigma(L_2(p))$。

9.3 基于概率语言集框架的风险评估模型

9.3.1 多粒度概率语言集的表征方法

为了解决不同尺度概率语言集的统一表征问题，首先定义多粒度概率语言集的表征方法，利用统一的概率语言集评估标准描述不同粒度的概率语言集。

定义1 令 $L_{S_j}(p) = \{L^{(k)}(p^{(k)}) \mid L^{(k)} \in S_j, k=1,2,\cdots,\#L_{S_j}(p)\}$ 为多粒度概率语言集的集合，若对应的语言集 $S_j = \{s_\alpha^j \mid \alpha = 0,1,\ldots,\tau^j\}$，则归一化后的概率语言集可定义为 $\widetilde{L}_{S_j}(p) = \{L^{(k)}(p^{(k)}) \mid L^{(k)} \in S_j', k=1,2,\cdots,\#\widetilde{L}(p)\}$。其中，归一化后的语言集为 S_j'，满足

$$S_t' = \widetilde{S}_{\min} + \frac{(S_t - S_{\min})(\widetilde{S}_{\max} - \widetilde{S}_{\min})}{(S_{\max} - S_{\min})} \tag{9.3}$$

由式（9.3）可知，语言集变量为连续型。显然，归一化后，概率语言集继承了常规语言集的所有属性。

9.3.2 概率语言集新的距离测度

评估给定对象相似性的常见方法是，计算给定对象之间的距离并给出判断。这是最简单有效的方法。在进行风险评估的过程中，会遇到不同方案的相似性比较问题，现有的概率语言集距离测度多数基于欧氏距离测度

或汉明距离测度,将不同属性的信息集成到距离测度中。在实际问题的评估过程中,单一信息集成方法难以反映真实的评估思维过程,降低了信息的可信粒度。此外,由于计算过程只注重如何更优地集成不同属性的偏好信息,决策者主观偏好对相似性评估结果的影响并没有被量化考虑,因此在实际运用时可能会导致产生错误的评估结果。为了解决现有距离测度的不足,下面将定义一种新的距离测度,即情景距离测度。情景距离测度考虑了决策者的主观偏好,并定量地描述了主观偏好信息对评估结果的影响程度。

以两个方案为例,即 A_1 和 A_2,令

$$L_1(p) = \{L_1^{(k)}(p^{(k)}) \mid L_1^{(k)} \in S, k=1,2,\cdots,\#L_1(p)\}$$

$$L_2(p) = \{L_2^{(k)}(p^{(k)}) \mid L_2^{(k)} \in S, k=1,2,\cdots,\#L_2(p)\}$$

分别为 A_1 和 A_2 的概率语言集评估信息,对应的权重信息为 $\omega=[\omega_1,\omega_2]$,对应的情景距离求解方案如下。

为了定量描述决策者对不同方案的主观偏好程度,可将不同方案都与任意指定方案进行比较,给出差异值,利用差异值描述不同方案在不同属性上进行切换时的风险承受能力,即权衡在所有条件下不同方案的利弊,进而给出综合判断。在这一情景下,可以指定 A_1 作为待比较方案,交换度可以用向量 γ 定量描述,记为 $\gamma=\left[-\dfrac{\omega_2}{\omega_1},1\right]$。其中,$-\dfrac{\omega_2}{\omega_1}$ 描述了决策者选择 A_2 替代 A_1 时的收益或损失,负号指明了比较方案,即 A_2。优势值向量 ξ 与向量 γ 正交,反映了不同方案与待比较方案之间的优势强度,记为 $\xi=\left[1,\dfrac{\omega_2}{\omega_1}\right]$。因此,情景距离可以用向量 ξ 与向量 γ 所构成的特征空间定义。其中,空间基为

第9章 概率语言集知识表达与投资安全风险评估

$$B = \left[\frac{\gamma}{\|\gamma\|}, \frac{\xi}{\|\xi\|} \right] \tag{9.4}$$

式中，∥ ∥代表2阶范数。

特征空间的情景距离为

$$D_C = \| B^{-1}D \| = \sqrt{(B^{-1}D)'(B^{-1}D)} \tag{9.5}$$

式中，$D = \| A_1 A_2 \|$ 为方案 A_1 和方案 A_2 的欧氏距离。为了体现不同方案之间的优势强度，需要强化不同方案之间差异信息的影响度，因此引入额外权重 W_D，即

$$W_D = \begin{bmatrix} 1 \\ w_D \end{bmatrix} \tag{9.6}$$

因此，情景距离最终可表示为

$$D_C = \frac{1}{2} \cdot \sqrt{(B^{-1}D)' W_D (B^{-1}D)} \tag{9.7}$$

推广至更为一般的情况，对于 n 个属性不同方案之间情景距离的计算，核心原理是相似的，即利用优势值向量和交换度向量所构成的特征空间定义情景距离。若令不同属性的权重信息 $\omega = [\omega_1, \omega_2, \cdots, \omega_n]$，则交换度向量所构成的特征矩阵 $\xi = [\xi_1, \xi_2, \cdots, \xi_{n-1}]$，展开形式为

$$\xi = \begin{bmatrix} \sigma_{11} & \sigma_{12} & \cdots & \sigma_{1(n-1)} \\ \sigma_{21} & \sigma_{22} & \cdots & \sigma_{2(n-1)} \\ \vdots & \vdots & \ddots & \vdots \\ \sigma_{n1} & \sigma_{n2} & \cdots & \sigma_{n(n-1)} \end{bmatrix}$$

$$\sigma_{ij} = \begin{cases} 1, & i = j+1 \\ -\dfrac{\omega_{j+1}}{\omega_o}, & i = 1, j = 1, 2, \ldots, n-1 \\ 0, & \text{其他} \end{cases} \tag{9.8}$$

为了方便起见，通常设置 $\omega_o = \omega_1$，利用正交性，可以得到

$$\gamma = \begin{pmatrix} \dfrac{\omega_1}{\omega_o} \\ \dfrac{\omega_2}{\omega_o} \\ \vdots \\ \dfrac{\omega_n}{\omega_o} \end{pmatrix} \quad (9.9)$$

广义的情景距离为

$$D_c = \frac{1}{n} \cdot \sqrt{(B^{-1}D)'W_D(B^{-1}D)} \quad (9.10)$$

$(B^{-1}D)$中的用于表示不同方案在交换度向量方向上的距离，可反映在不同方案之间，专家主观偏好变化所对应的收益和损失。同样，描述了不同方案之间的优势信息，即不同方案相比其他方案的优势强度。可以看出，相比欧氏距离，情景距离定义在旋转拉伸变换后的属性空间，可以更好地描述决策者主观偏好对距离测度的影响，对不同方案之间的差异性更为敏感，可使决策者更容易做出判断。

9.3.3 概率语言集框架下基于前景理论风险评估模型

前景理论是处理风险决策过程中行为决策的描述性模型，通过引入风险规避参数，模拟决策者在面临损失或收益时的风险规避和风险决策行为。风险函数值通过比较方案与参考锚点之间的距离获得。下面将结合前景理论和情景距离测度的优势，给出在概率语言集框架下的基于前景理论的风险评估

模型。

为了描述决策者的风险决策行为，前景理论定义了效用函数，即

$$v(x) = \begin{cases} x^{\alpha}, & x \geq 0 \\ -\lambda(-x)^{\beta}, & x < 0 \end{cases} \tag{9.11}$$

来描述决策者对决策得失的态度。参数 α 和 β（$0<\alpha<1$，$0<\beta<1$）分别直接决定了收益和损失的主观偏好。参数 λ 是损失厌恶系数，确保决策者对损失的态度更为敏感。因此，效用函数中的损失区域比收益区域陡峭。Tversky 等人[12]通过实验提出了实验值：$\alpha=0.88$、$\beta=0.88$、$\lambda=2.25$。Zeng[13]通过改进的实验，给出了新的建议值：$\alpha=1.21$、$\beta=1.02$、$\lambda=2.25$。

至此，概率语言集框架下基于前景理论风险评估模型的定义如下。

- 数据初始化：基于预设的风险指标系统，收集不同专家和不同平台提供的语言评估信息，用于生成多粒度概率语言集评估信息。该过程考虑了决策者定性描述的不确定性，特别是语义上的模糊性，以及多元数据所带来的统计不确定性。

- 风险分析：利用归一化概率语言集评估信息，构建概率语言集评估矩阵 M。对于 m 个风险指标和 n 个评估方案的风险评估问题，$M_{ij}=L_{ij}(p)=\{L_{ij}^{(k)}(p_{ij}^{(k)})|k=1,2,\cdots,\#L(p)\}$。在进行风险评估前，需要确定前景参考锚点，针对概率语言集评估矩阵，参考锚点定义为 $R=\overline{M}$，具体形式为

$$R_j = \frac{1}{2} \cdot \left(\min_{\{i\}} \{L_{ij}(p)\} + \max_{\{i\}} \{L_{ij}(p)\} \right) \tag{9.12}$$

式中，$\min_{\{i\}}\{L_{ij}(p)\} = s_{\min_{\{i\}}\{p_{ij}^{(k)} r_{ij}^{(k)}\}}$；$\max_{\{i\}}\{L_{ij}(p)\} = s_{\max_{\{i\}}\{p_{ij}^{(k)} r_{ij}^{(k)}\}}$；$k=1,2,\ldots,\#L_{ij}(p)$；$i=1,2,\ldots,n$；$j=1,2,\ldots,m$。

利用情景距离测度可以计算不同方案与参考锚点的差异性，即

$$\Delta x_i = D_C(M_i, R), \quad i=1,2,\ldots,n \tag{9.13}$$

式中，D_C 为情景距离测度。

将 Δx_i 代入式 (9.11)，得到对应的风险前景效用函数为

$$v_i = \begin{cases} (\Delta x_i)^\alpha, & M_i \geq R \\ -\lambda(-\Delta x_i)^\beta, & M_i < R \end{cases} \tag{9.14}$$

- 风险划分：根据不同方案的风险前景效用值，建立风险划分函数，风险前景效用值被映射到相应的风险语言变量。

定义 9.1：风险划分函数是映射 $F: f \to S$。其中，f 是规范化函数；S 是语言集中定义的语言变量。

为了提供区分度较好的风险划分函数，特别是对于高风险区域或低风险区域，使用变种高斯函数定义 f，即

$$f(v) = e^{\frac{(v-\mu)^2}{2\sigma^2}} \tag{9.15}$$

式中，μ 和 σ 分别为效用函数 $v_i(i=1,2,\ldots,n)$ 的期望和标准差。

映射函数 F 定义为

$$F(f) = \begin{cases} s_{\sigma+i} & f > f\left(\mu + \frac{4\sigma}{\tau-1} \cdot i\right), x > \mu, \quad i=1,2,\cdots,\frac{(\tau-1)}{2} \\ s_\sigma & f=1 \\ s_{\sigma-i} & f < f\left(\mu - \frac{4\sigma}{\tau-1} \cdot i\right), x < \mu, \quad i=1,2,\cdots,\frac{(\tau-1)}{2} \end{cases} \tag{9.16}$$

式中，$s_\sigma = s_{\tau+1/2}$；τ 是语言集的粒度。

图 9.2 给出了概率语言集框架下基于前景理论风险评估流程示意图。

第9章 概率语言集知识表达与投资安全风险评估

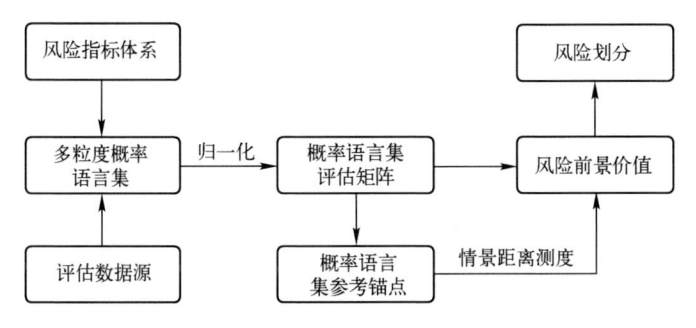

图 9.2 概率语言集框架下基于前景理论风险评估流程示意图

9.4 仿真实验

9.4.1 地缘风险评估

下面基于上述的理论和方法，开展海上丝绸之路沿线国家和地区的地缘风险评估仿真实验。首先确定风险因子，为了简化评估过程，选取与地缘风险相匹配的政治环境、政局稳定、地区冲突和国际局势等作为风险因子。实验评估数据取自 2020 年的经济学人智库风险评级报告、国家风险国际指南（International Country Risk Guide，ICRG）报告和机构数据库（Institutional Profiles Database，IPD）。模糊语言集 $S=\{s_\alpha \mid \alpha=1,2,\ldots,7\}$，粒度设定为 7，对应的语义为 $\{EL,RL,ML,M,RH,MH,EH\}$。其中，EL 表示极低；RL 表示相对较低；ML 表示中低；M 表示中等；RH 表示相对高；MH 表示中高；EH 表示极高。沿线相关国家归一化后的概率语言集评估数据见表 9.1。

表 9.1 概率语言集评估数据

国家	政治环境	政局稳定	地区冲突	国际局势
X1	$\{s_1(0.2),s_2(0.8)\}$	$\{s_{3.5}(0.5),s_4(0.5)\}$	$\{s_2(0.1),s_3(0.9)\}$	$\{s_4(0.3),s_3(0.7)\}$
X2	$\{s_3(0.8),s_{2.5}(0.2)\}$	$\{s_4(0.25),s_5(0.6),s_6(0.15)\}$	$\{s_3(0.75),s_4(0.25)\}$	$\{s_2(0.75),s_4(0.25)\}$
X3	$\{s_4(0.5),s_3(0.5)\}$	$\{s_4(0.5),s_{5.5}(0.4),s_6(0.1)\}$	$\{s_{3.3}(0.5),s_4(0.5)\}$	$\{s_3(0.4),s_4(0.6)\}$
X4	$\{s_1(0.2),s_2(0.8)\}$	$\{s_1\}$	$\{s_1\}$	$\{s_2(0.4),s_{2.5}(0.6)\}$
X5	$\{s_2(0.25),s_3(0.75)\}$	$\{s_5(0.6),s_{5.8}(0.4)\}$	$\{s_{3.3}(0.55),s_4(0.45)\}$	$\{s_3(0.6),s_4(0.4)\}$
X6	$\{s_2(0.4),s_3(0.6)\}$	$\{s_2(0.7),s_3(0.3)\}$	$\{s_1(0.8),s_{1.5}(0.2)\}$	$\{s_2(0.45),s_3(0.55)\}$
X7	$\{s_2(0.76),s_3(0.24)\}$	$\{s_{5.5}(0.35),s_6(0.65)\}$	$\{s_3(0.42),s_4(0.58)\}$	$\{s_{4.5}(0.5),s_5(0.5)\}$
X9	$\{s_4\}$	$\{s_6(0.25),s_{6.8}(0.75)\}$	$\{s_4\}$	$\{s_4(0.8),s_6(0.2)\}$
X10	$\{s_{2.5}(0.12),s_3(0.88)\}$	$\{s_6(0.3),s_{6.5}(0.7)\}$	$\{s_3(0.75),s_{3.5}(0.25)\}$	$\{s_4\}$
Y1	$\{s_4(0.6),s_{5.5}(0.4)\}$	$\{s_5(0.66),s_{5.7}(0.34)\}$	$\{s_6(0.58),s_7(0.42)\}$	$\{s_4(0.6),s_{4.8}(0.4)\}$
Y2	$\{s_1(0.75),s_2(0.25)\}$	$\{s_{6.5}(0.3),s_7(0.7)\}$	$\{s_7\}$	$\{s_5(0.33),s_6(0.67)\}$
Y3	$\{s_3(0.15),s_{3.5}(0.85)\}$	$\{s_5(0.2),s_{5.5}(0.8)\}$	$\{s_4(0.8),s_{4.5}(0.2)\}$	$\{s_{3.5}(0.1),s_4(0.9)\}$
Y4	$\{s_3(0.77),s_4(0.23)\}$	$\{s_{4.5}(0.55),s_5(0.45)\}$	$\{s_2(0.4),s_3(0.6)\}$	$\{s_{3.2}(0.5),s_4(0.5)\}$
Y5	$\{s_{3.2}(0.52),s_4(0.48)\}$	$\{s_{4.8}(0.33),s_5(0.67)\}$	$\{s_1\}$	$\{s_2(0.88),s_3(0.12)\}$
Z1	$\{s_2(0.77),s_3(0.23)\}$	$\{s_6(0.8),s_7(0.2)\}$	$\{s_6(0.9),s_7(0.1)\}$	$\{s_5(0.65),s_{5.5}(0.35)\}$
Z3	$\{s_5\}$	$\{s_2(0.88),s_3(0.12)\}$	$\{s_7\}$	$\{s_4(0.6),s_5(0.4)\}$
Z6	$\{s_1(0.15),s_{2.5}(0.85)\}$	$\{s_4(0.8),s_6(0.2)\}$	$\{s_4\}$	$\{s_3(0.7),s_4(0.3)\}$
Z7	$\{s_2(0.6),s_4(0.4)\}$	$\{s_6(0.5),s_7(0.5)\}$	$\{s_3(0.2),s_4(0.8)\}$	$\{s_5(0.9),s_6(0.1)\}$
Z8	$\{s_4\}$	$\{s_6(0.3),s_7(0.7)\}$	$\{s_7\}$	$\{s_6(0.85),s_7(0.15)\}$
Z9	$\{s_3(0.4),s_4(0.6)\}$	$\{s_4(0.33),s_5(0.67)\}$	$\{s_5(0.9),s_6(0.1)\}$	$\{s_4\}$
Z10	$\{s_2(0.7),s_3(0.3)\}$	$\{s_5(0.45),s_6(0.55)\}$	$\{s_4(0.3),s_5(0.7)\}$	$\{s_{3.5}(0.8),s_4(0.2)\}$

为了方便展示，选取表 9.1 中的部分国家来计算不同方案的情景距离和欧氏距离，并进行对比分析，结果分别如图 9.3 和图 9.4 所示。由图可知，

情景距离的分布区分度高，变化幅度大。这一优势在实际风险评估过程中有利于决策者给出判断。区分度高、变化幅度大的原因是在新的距离测度中，不同方案之间的差异性在新的特征空间被放大。同时，决策者的主观偏好对不同方案的影响也被集成在差异性中。因此，与欧氏距离相比，情景距离对不同方案差异的灵敏性更高，区分度更好。以国家 X4 为例，X4 与其他国家之间的距离在图 9.3 和图 9.4 中的差异较大：X4 与 X9、X10、Y1、Y3 等国家的欧氏距离难以区分，情景距离却非常清晰。此外，由情景距离表明，X4 与 X2 之间的差异小于 X4 与 X3 之间的差异。由欧氏距离表明，X4 与 X3 之间的差异更大。Y3 与其他国家之间的差异也一样。换言之，情景距离在评估不同方案的相似性上更具优势，可有效减轻决策者的决策负担。

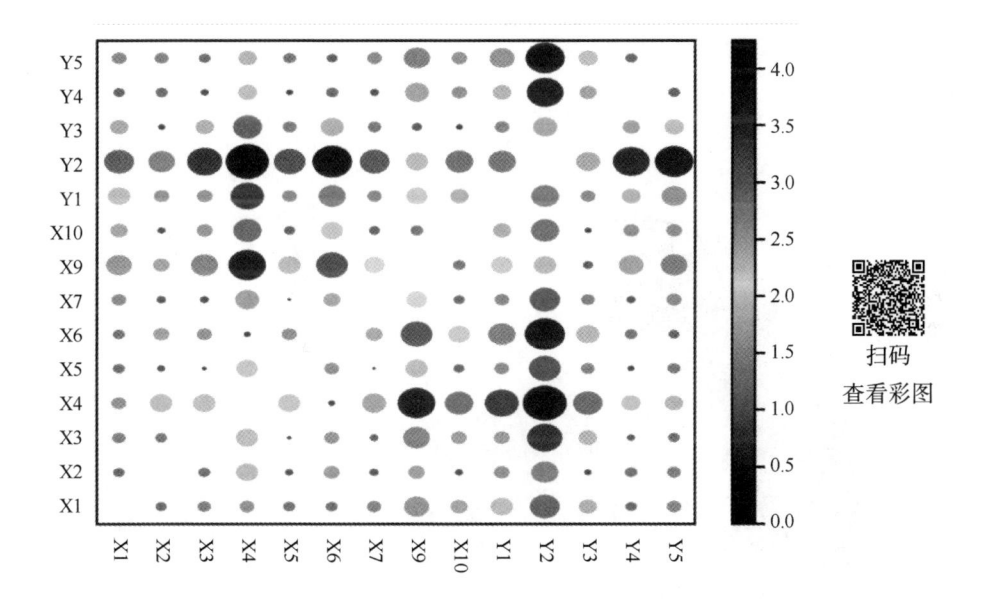

图 9.3　情景距离分布

基于上述计算得到的不同国家的情景距离分布，可进一步基于前景理论的风险评估方法对不同国家进行风险评估和风险划分。给定国家的地缘风险评估结果如图9.5所示。

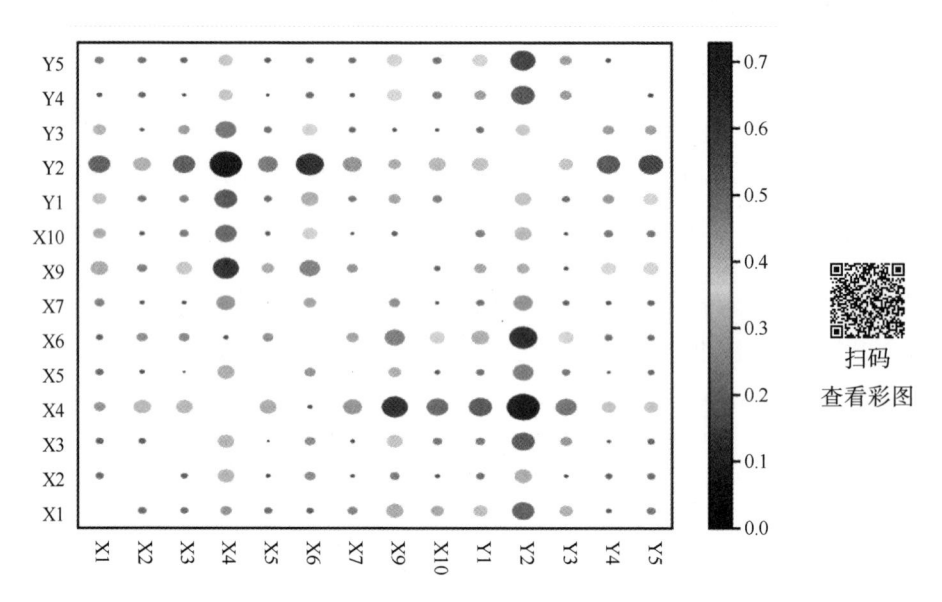

图9.4 欧氏距离分布

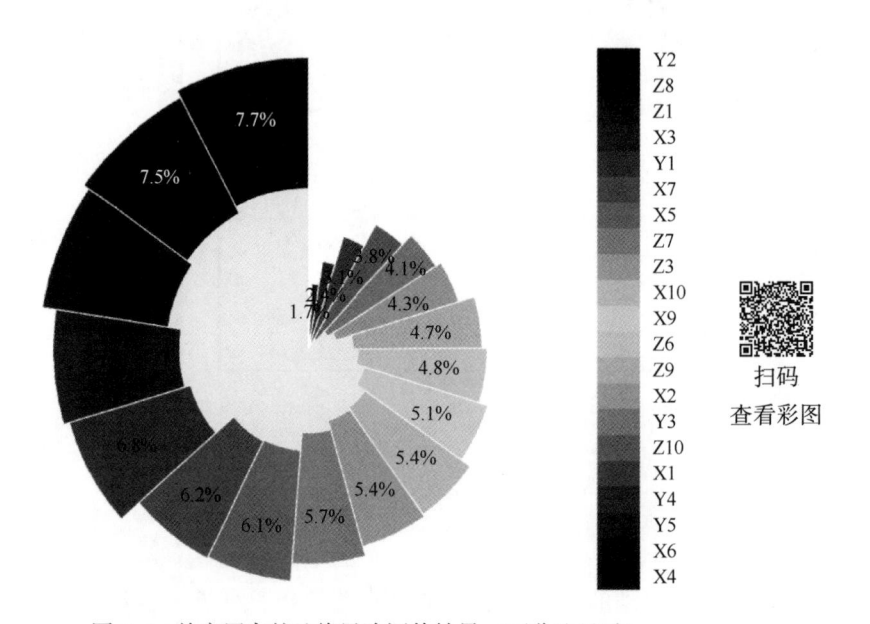

图9.5 给定国家的地缘风险评估结果（百分比显示）

9.4.2 敏感性分析

由于在情景距离中引入了额外的主导权重参数 A_w，因此为了说明该参数对风险评估结果的影响，设置在不同 A_w 时想定情景的风险评估实验。为了便于比较不同想定情景下风险值的差异，绘制想定情景风险堆叠图如图 9.6 所示。考虑 A_w 在情景距离中主要起强化优势效应的作用，因此建议设置更高的阈值。因为当阈值设置得较小时，评估结果可能不可靠，相似性较高的方案可能会难以区分，如 $A_w=1$ 和 $A_w=2$ 时，两种情景下的风险值序列差异很大，尤其是对风险值相对较高或较低的国家。例如，在 $A_w=1$ 时，风险值的序列为 Z7>X3>X9；当 $A_w=2$ 时，风险值的序列为 X9>X3>Z7。同样，在低风险值的区域，评估结果也不同，Y5 和 X4 分别被确定为这两种情景的最优投资国。同时，还可以看出，当 A_w 被设置为低值时，风险评估结果变化的趋势较为温和，很难区分优劣。

造成这种趋势较为温和评估结果的主要原因在于：A_w 在情景距离中可以被视为区分度参数，保证在优势方向上的优势要高于交换度方向上由于不同属性切换时带来的收益或损失。因为对于任何评估过程，优势信息和优势方向总是可以确定的并且是唯一的，决策者总是可以区分不同方案在不同属性上的优劣，在情景距离中提高 A_w 的阈值有助于识别优势方案。因此，在实际应用中，虽然推荐对 A_w 设置更高的阈值，但并不意味着肯定能产生更准确的评估结果，同时还会带来计算量和评估时间的增加。图 9.6 中，当 $A_w \geqslant 4$ 时，风险评估结果趋于稳定，风险值序列也不再发生变化。基于上述分析，考虑到算法效率和准确性，建议 A_w 的设置范围为[3,6]。

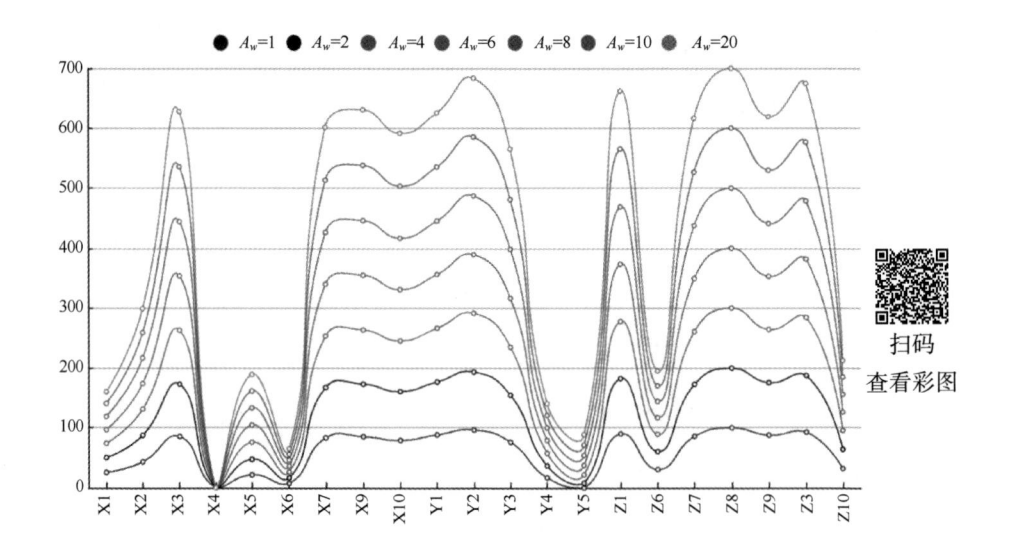

图9.6 想定情景风险堆叠图（风险值均正常化到间隔 [0, 100]）

为了改进海外投资地缘风险评估面临的复合不确定性问题，本章提出了概率语言集框架下的风险评估方法。从数据可用性的角度来看，在评估过程中，不同类型的数据集或报告的可用性虽然为提高评估结果的准确性提供了信息保障，但多种源数据也会带来更多的不确定性。概率语言集可以很好地定量描述涉及认知不确定和统计不确定的定性语言描述信息。概率语言集情景距离测度的提出，能够克服现有距离测度无法量化主观偏好对距离计算影响的不足，可提供区分度更高的评估结果。这些优点最后集成到前景理论中，可以更好地反映风险评估过程中决策者的主观偏好行为。基于实际风险评估的仿真实验和对比分析实验，都验证了概率语言集框架下基于前景理论风险评估模型的有效性和可靠性。

参考文献

[1] ZADEH L A. Fuzzy sets [J]. Information and Control, 1965, 8 (3): 338-353.

[2] TORRA V. Hesitant fuzzy sets [J]. International Journal of Intelligent Systems, 2009, 25 (6): 529-539.

[3] ZADEH L A. The concept of a linguistic variable and its application to approximate reasoning-I [J]. Information Sciences, 1975, 8 (3): 199-249.

[4] XU Z S, ZHANG S. An overview on the applications of the hesitant fuzzy sets in group decision-making: theory, support and methods [J]. Frontiers of Engineering Management, 2019, 6 (2): 163-182.

[5] XU Z S, WANG H. On the syntax and semantics of virtual linguistic terms for information fusion in decision making [J]. Information Fusion, 2017, 34: 43-48.

[6] PANG Q, WANG H. Probabilistic linguistic term sets in multi-attribute group decision making [J]. Information Sciences, 2016, 369: 128-143.

[7] XIANG Y, ZHANG Q, WANG D, et al. Mining Investment Risk Assessment for Nations along the Belt and Road Initiative [J]. Land, 2022, 11 (8): 1287.

[8] CHEN Y Y, CHAI H Q. Based on fuzzy comprehensive evaluation method the investment Risk assessment of chinese enterprises in the countries along "The Belt and Road" [C]//In 2017 3rd International Conference on Environmental Science and Material Application, 2018.

[9] HAO Z N, XU Z S, ZHAO H, et al. Novel intuitionistic fuzzy decision making models in the framework of decision field theory [J]. Information Fusion, 2017, 33: 57-70.

[10] SONG C Y, XU Z S, ZHANG Y X, et al. Dynamic hesitant fuzzy Bayesian network and its application in the optimal investment port decision making problem of "twenty-first century maritime silk road" [J]. Applied Intelligence, 2020, 50: 1846-1858.

[11] LI C Q, ZHAO H, XU Z S, et al. Kernel C-Means clustering algorithms for hesitant fuzzy information in decision making [J]. International Journal of Fuzzy Systems, 2018, 20 (1): 141-154.

[12] TVERSKY A, KAHNEMAN D. Advances in prospect theory: cumulative representation of uncertainty [J]. Journal of Risk and Uncertainty, 1992, 5 (4): 297-323.

[13] ZENG J. An experimental test on cumulative prospecttheory [J]. Journal of Jinan University (Natural Science), 2007, 28 (1): 44.

第10章
海上丝绸之路枢纽港口动态风险评估

海上丝绸之路沿线海域是世界贸易的重要航道，分布着若干货物装运、贸易中转和物资补给的港口。这些航道、港口，尤其是主干航道和枢纽港口，对世界贸易、航运经济，乃至能源安全具有至关重要的意义。一旦出现异常或风险，将导致世界航运格局改变、物资供应短缺和大宗商品价格波动等。海上丝绸之路沿线枢纽港口受自然环境和地缘环境的共同制约。自然环境主要是指地理、大气、海洋环境，是一个影响要素众多、物理机制复杂、相互关联耦合的动态系统，具有要素多元、要素时空易变、风险机理模糊等不确定性的特点。地缘环境更为脆弱，地缘政治敏感，人文环境复杂。目前，对地缘环境的风险分析鲜有量化客观分析和评估决策数学模型。

10.1 研究思想与技术途径

如何准确描述和合理刻画海上丝绸之路自然环境和地缘环境对沿线枢纽港口的影响，如何科学构建海上丝绸之路沿线枢纽港口自然环境和地缘环境态势研判和风险评估模型，是"21世纪海上丝绸之路"建设、海外投资以及航运安全面临的现实问题、关注热点和难点课题。自然环境风险和地缘环境风险在概念层面上分属于地形地貌和气象水文等环境要素的综合影响效应，以及政治、经济、社会等人文要素的相互作用结果，在数学层面上是内在关联和相互耦合的结果，属于不确定性多元信息融合和因果知识推理问题。

海上丝绸之路沿线枢纽港口的自然环境和地缘环境是高度复杂的非线性系统，环境信息中既有定量数据，也有定性描述，具有多元、随机、模糊和不完备等特点，即信息不完备和知识不确定是风险定量刻画和风险评估建模时亟待解决的难点，在数据处理过程中，要充分考虑气象和海洋数据与社会、经济、人文数据的不确定性和不完备性，在评价体系构建、评价指标融合和风险评估建模时，要充分考虑多元要素影响的非线性和不确定性。对海上丝绸之路沿线枢纽港口的风险评估，实质上是对多元、不确定、不完备信息的提炼、融合与推理。为此，李明[1]基于不确定性人工智能思想，构建了基于层次贝叶斯网络的风险评估模型，如图 10.1 所示。图中，风险评价体系划分为指标层、准则层和目标层，分别针对不同层面的信息特点，采用模块化贝叶斯网络学习方式建模；对于小样本环境的指标层，采用基于多分布信息扩散的网络学习方法；对于零样本环境的目标层，采用基于 DS（Dempster-Shafer）证据理论的网络学习方法。

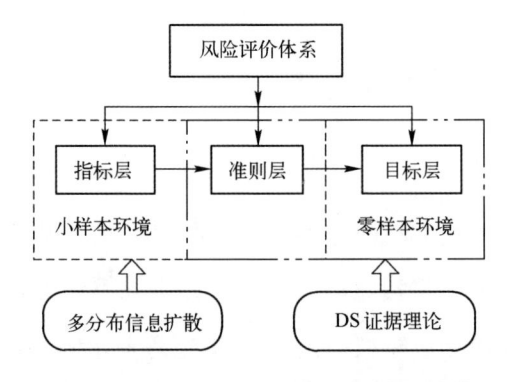

图 10.1 基于层次贝叶斯网络的风险评估模型

10.2 评价指标与数据来源

　　选取海上丝绸之路沿线不同海域的四个具有代表性的枢纽港口作为研究案例和实验对象进行风险评估建模和实验仿真，即希腊的比雷埃夫斯港、巴基斯坦的瓜达尔港、斯里兰卡的汉班托塔港和缅甸的皎漂港。四个具有代表性的枢纽港口的基本情况见表 10.1，通过对港口的地理环境和地缘特征的分析，可合理筛选和准确定义评价指标体系。

表 10.1　四个具有代表性的枢纽港口的基本情况

枢纽港口	国家	基本情况
比雷埃夫斯港	希腊	地中海东部地区最大的集装箱港口，地中海式气候
瓜达尔港	巴基斯坦	巴基斯坦第三大港，位于阿拉伯海沿岸
汉班托塔港	斯里兰卡	印度洋上重要的航运中枢
皎漂港	缅甸	缅甸最大的远洋深水港

　　四个具有代表性的枢纽港口，海洋环境影响效应显著，具有大风、大浪、热带气旋和风暴潮等不同类型的孕险环境和致险因子。通过对枢纽港口近岸海洋环境的特征分析和气候背景的了解，选取风、浪、降水和海平面高度等要素，构建的自然环境评价指标有大风危险性指数、海浪危险性指标、暴雨危险性指数、海平面上升危险性指数。风速、浪高、降水和海平面高度等自然环境要素指标数据来源见表 10.2。

表 10.2　枢纽港口自然环境要素指标数据来源

要 素 指 标	数 据 来 源
风速	选用 CCMP 10m 风场数据集。该数据集以欧洲中期天气预报中心（ECMWF）的再分析和业务资料为背景场，将卫星探测海面风资料以及船舶、浮标观测资料进行同化融合。 全球格点数据，水平分辨率为 0.25°×0.25°，时间分辨率为 6h
浪高、降水	选用 ECMWF 提供的全球大气再分析产品 ERA-Interim 海浪资料，与 ERA-40 相比，ERA-Interim 使用的是分辨率更高的气象模式，在观测资料的应用及同化方法上有很大改进。 全球格点数据，空间分辨率为 0.125°×0.125°，时间分辨率为 6h
海平面高度	选用法国 AVISO 数据中心提供的融合卫星测高数据中 UTD（Up-To-Date）产品的网格化海平面高度异常数据。 全球格点数据，空间范围为 82.00°N~82.00°S、0.00°~359.667°E，空间分辨率为 (1/3)°×(1/3)°，时间分辨率为 1 天

对于地缘环境风险，参考借鉴政治风险服务（Political Risk Service, PRS）集团年度风险评估指南（International Country Risk Guide, ICRG）。该指南分别从政府稳定性、社会经济条件、投资执行状况、内部外部冲突、法制程度、民族与宗教冲突、行政效率等 13 个方面的 41 个指标，对全球 146 个国家以打分的方式对地缘环境风险进行综合权衡，总分为 10~100 分，分数越高，地缘环境风险越低。通过对 ICRG 的综合分析，从 41 个指标中筛选出如下 12 个代表性指标，构建海上丝绸之路沿线枢纽港口的地缘环境风险评价指标体系。

1. 地区局势指数

与邻国发生实际或潜在武装冲突的概率，主要是指通过武装力量来征服邻国的治理和/或获取邻国领土的愿望。

2. 邻国关系指数

与邻国实际或潜在的冲突概率，严重程度包括跨境武装冲突和入侵、民事调解或诉讼、领土要求，一个或多个国家对本国政府施加压力，迫使改变政策所带来的实际或潜在的风险。这种压力的范围可以从外交压力到暂停援助或信贷，直到全面制裁。

3. 局部战争指数

衡量外部势力干涉对现任政府的风险，从非暴力的外部压力（外交压力、拒绝援助、贸易限制、领土争端、制裁等）到暴力的外部压力（跨境冲突到全面战争）。

4. 民族宗教指数

衡量由单一的宗教团体统治社会的欲望程度，或以宗教法取代民法，将其他宗教排除在政治、社会进程之外，压制宗教信仰自由或宗教表达的程度。

5. 政府效能指数

衡量政府执行宣布计划的能力和留任能力，包括政府凝聚力、立法力量和公众支持程度等方面。

6. 法规秩序指数

含风险成分的两项指数："法律"子成分用来评估法律制度的强度和公正性；"秩序"子成分用来评估民众对法律的遵守情况。

7. 贫困指数

根据国际货币基金组织、世界银行等机构评估的贫困程度。

8. 基础设施指数

衡量社会经济压力和社会公共基础设施建设水准及其与民众生活的关系，包括失业、消费者信心和贫困等方面的参数。

9. 恐怖主义指数

恐怖主义的实际或潜在的风险，例如反政府势力为实现政治目标而对平民或国家目标实施暴力行为。恐怖主义和内战的区别在于，前者不试图控制和管理国家领土。

10. 外债风险指数

外债风险指数是衡量一个国家偿还和支付外债的能力，取值范围为0~10，数值越大，风险越低。

11. 人均GDP风险指数

通过ICRG所涉及的所有国家总GDP估计的平均百分比来确定风险点（可参考ICRG报告，了解该变量的最大点数，以及计算风险的相关公式）。

12. 债务偿还风险指数

债务偿还风险指数可显示政府的债务偿还能力，取值范围为0~10，数值越大，风险越低。

通过对自然环境和地缘环境的特征分析和指标的提取，构建海上丝绸之路沿线枢纽港口风险评价指标体系，见表10.3。

表 10.3　海上丝绸之路沿线枢纽港口风险评价指标体系

目　标　层	准　则　层	指　标　层
海上丝绸之路枢纽港口安全风险	自然环境	大风危险性指数
	气象海洋	海浪危险性指数
		暴雨危险性指数
		海平面上升危险性指数
	地缘环境	地区局势指数
	国际局势	邻国关系指数
		局部战争指数
	国内政局	民族宗教指数
		政府效能指数
		法规秩序指数
	社会稳定	贫困指数
		基础设施指数
		恐怖主义指数
	经济环境	外债风险指数
		人均 GDP 风险指数
		债务偿还风险指数

10.3　层次贝叶斯网络风险评估建模

基于所构建的海上丝绸之路沿线枢纽港口风险评价指标体系，李明基于数据与知识混合驱动的贝叶斯网络学习方法，结合规则化处理的有限指标数据和专家知识，通过指标离散化、网络结构学习和网络参数学习等过程，构建了基于层次贝叶斯网络的海上丝绸之路沿线枢纽港口安全风险评估模型。

10.3.1 指标离散化

海上丝绸之路沿线枢纽港口的自然环境评价指标和地缘环境评价指标均为连续型指标。在进行网络学习之前，需要对评价指标进行离散化处理，划分评价指标的等级，确定网络节点所取的状态空间，考虑到地缘环境评价指标的模糊性和随机性，采用高斯云变换算法进行离散化，为网络结构学习和网络参数学习提供数据基础。

输入四个枢纽港口评价指标的逐年数据（1984—2020 年），采用高斯云变换，将评价指标划分为符合认知的多个评价等级，得到四个枢纽港口将评价指标融合后的云模型分布，如图 10.2 所示。自然环境评价指标与地缘环境评价指标又被划分为两个等级，各评价指标等级的云模型表达见表 10.4。云模型表达可以合理地刻画评价指标等级划分的模糊性和随机性，有效表达评价指标隶属等级的"亦此亦彼性"。相比传统的评价指标等级划分方法更加科学合理。基于各评价指标等级的云模型数值特征设计云发生器，可将连续型定量样本转换为离散型评价指标等级。

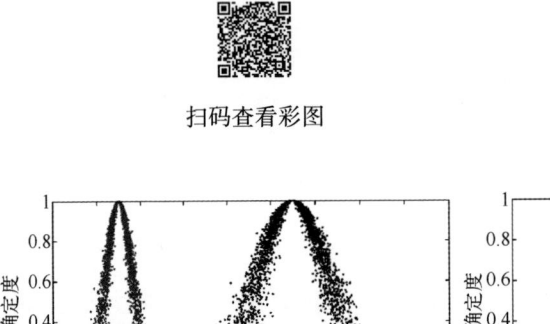

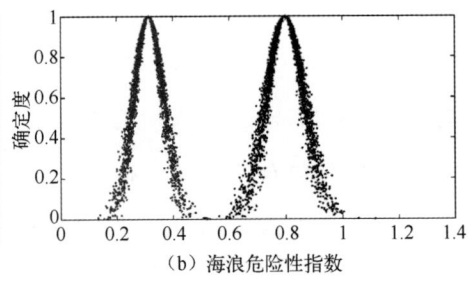

扫码查看彩图　　　　　　　　扫码查看彩图

(a) 大风危险性指数　　　　(b) 海浪危险性指数

图 10.2　云模型分布

▶▶▶ 第10章　海上丝绸之路枢纽港口动态风险评估

扫码查看彩图　　　　　　　　　扫码查看彩图

（c）暴雨危险性指数　　　　　（d）海平面上升危险性指数

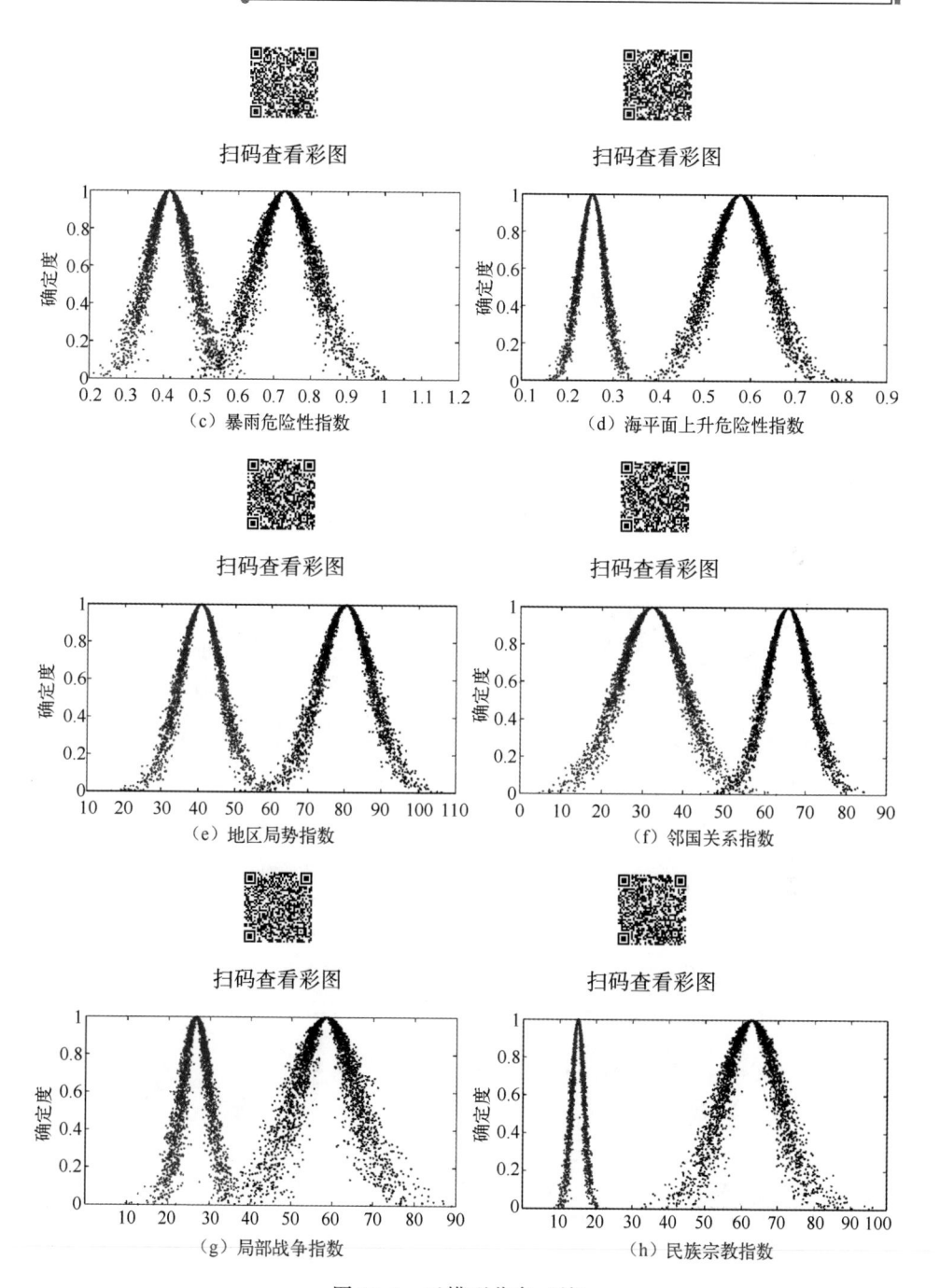

扫码查看彩图　　　　　　　　　扫码查看彩图

（e）地区局势指数　　　　　　（f）邻国关系指数

扫码查看彩图　　　　　　　　　扫码查看彩图

（g）局部战争指数　　　　　　（h）民族宗教指数

图10.2　云模型分布（续）

扫码查看彩图　　　　　　　　　　扫码查看彩图

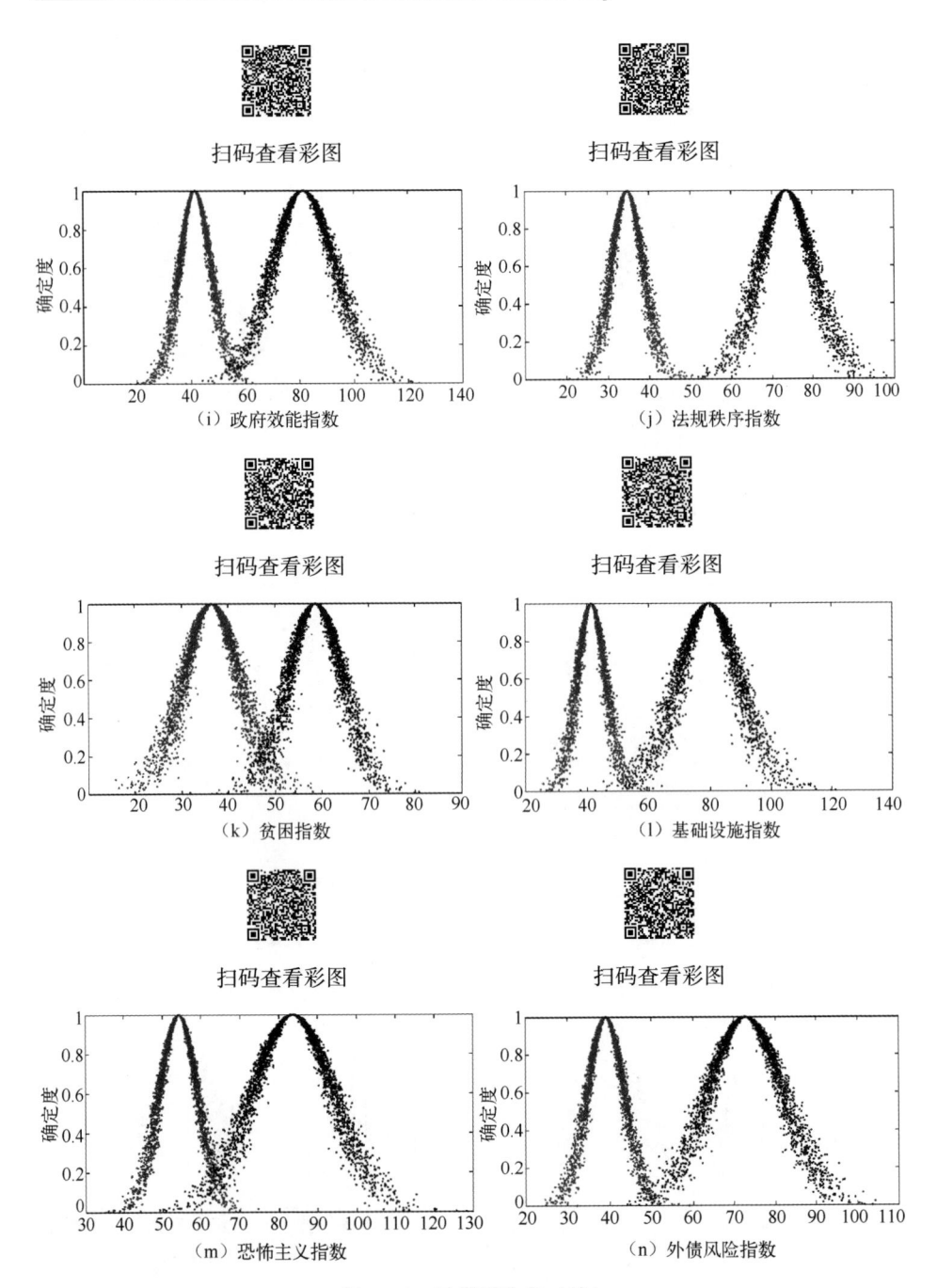

（i）政府效能指数　　　　　　　（j）法规秩序指数

扫码查看彩图　　　　　　　　　　扫码查看彩图

（k）贫困指数　　　　　　　　　（l）基础设施指数

扫码查看彩图　　　　　　　　　　扫码查看彩图

（m）恐怖主义指数　　　　　　　（n）外债风险指数

图 10.2　云模型分布（续）

第10章 海上丝绸之路枢纽港口动态风险评估

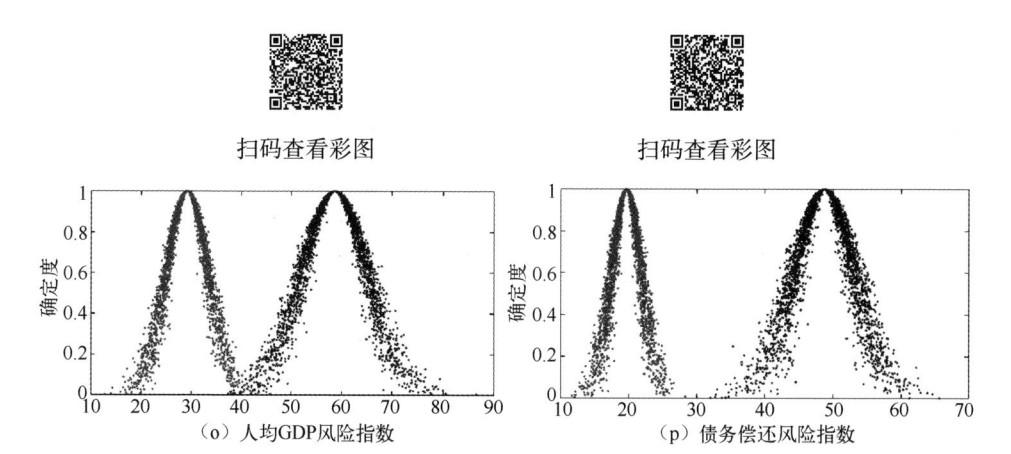

扫码查看彩图　　　　　　扫码查看彩图

（o）人均GDP风险指数　　　（p）债务偿还风险指数

图 10.2 云模型分布（续）

表 10.4 云模型表达

指标	等级	云模型	离散化取值
大风危险性指数	低风险	C_1（0.251, 0.032, 0.006）	1
	高风险	C_2（0.649, 0.081, 0.016）	2
海浪危险性指数	低风险	C_1（0.314, 0.052, 0.0075）	1
	高风险	C_2（0.799, 0.067, 0.0095）	2
暴雨危险性指数	低风险	C_1（0.414, 0.059, 0.0091）	1
	高风险	C_2（0.729, 0.081, 0.0135）	2
海平面上升危险性指数	低风险	C_1（0.253, 0.028, 0.0035）	1
	高风险	C_2（0.576, 0.064, 0.0081）	2
地区局势指数	低风险	C_1（40.63, 5.804, 0.7255）	1
	高风险	C_2（80.21, 7.291, 0.9115）	2
邻国关系指数	低风险	C_1（32.14, 8.032, 0.8925）	1
	高风险	C_2（65.72, 5.476, 0.6085）	2
局部战争指数	低风险	C_1（26.62, 3.327, 0.8319）	1
	高风险	C_2（58.41, 7.301, 1.8253）	2
民族宗教指数	低风险	C_1（14.98, 1.664, 0.3329）	1
	高风险	C_2（62.55, 7.818, 1.5638）	2
政府效能指数	低风险	C_1（41.56, 5.937, 0.7421）	1
	高风险	C_2（81.49, 11.641, 1.455）	2
法规秩序指数	低风险	C_1（34.68, 3.853, 0.5505）	1
	高风险	C_2（73.53, 6.684, 0.9549）	2

续表

指标	等级	云模型	离散化取值
贫困指数	低风险	C_1 (36.49, 6.082, 1.0136)	1
	高风险	C_2 (58.73, 5.873, 0.9788)	2
基础设施指数	低风险	C_1 (41.38, 4.597, 0.7663)	1
	高风险	C_2 (79.62, 9.952, 1.6588)	2
恐怖主义指数	低风险	C_1 (54.17, 4.925, 0.6156)	1
	高风险	C_2 (83.65, 10.45, 1.3429)	2
外债风险指数	低风险	C_1 (39.13, 4.347, 0.6211)	1
	高风险	C_2 (72.78, 9.097, 1.2996)	2
人均GDP风险指数	低风险	C_1 (29.17, 4.167, 0.5953)	1
	高风险	C_2 (58.65, 6.516, 0.9311)	2
债务偿还风险指数	低风险	C_1 (19.65, 2.183, 0.4367)	1
	高风险	C_2 (48.76, 4.432, 0.8865)	2

10.3.2 网络结构学习

由于地缘环境评价指标数量众多，内在关系复杂，因此评价体系具有明显的层级特征，且不同层级指标的信息差异性较大。自然环境评价指标数据相对充足。地缘人文评价指标多为小样本数据，在极端情况下甚至为零样本数据。层次贝叶斯网络结构优化是引入模块化网络学习方式，根据不同层级的可用信息条件，有针对性地选用不同的算法来学习和优化网络结构。

对于指标层，网络节点数量多，影响关系相互耦合，评价指标有一定的定量样本数据，可采用融合专家知识的结构学习算法来挖掘评价指标之间的因果关联，结合数据和知识构建因果网络，算法流程如图10.3所示：首先对专家知识进行规则化和定量化表达，进而采用DS证据理论对多元专家知识融合，构建定量约束模型；然后将专家知识融入结构评分函数，在专家约束条件下，采用启发式搜索算法来搜索最优网络结构。

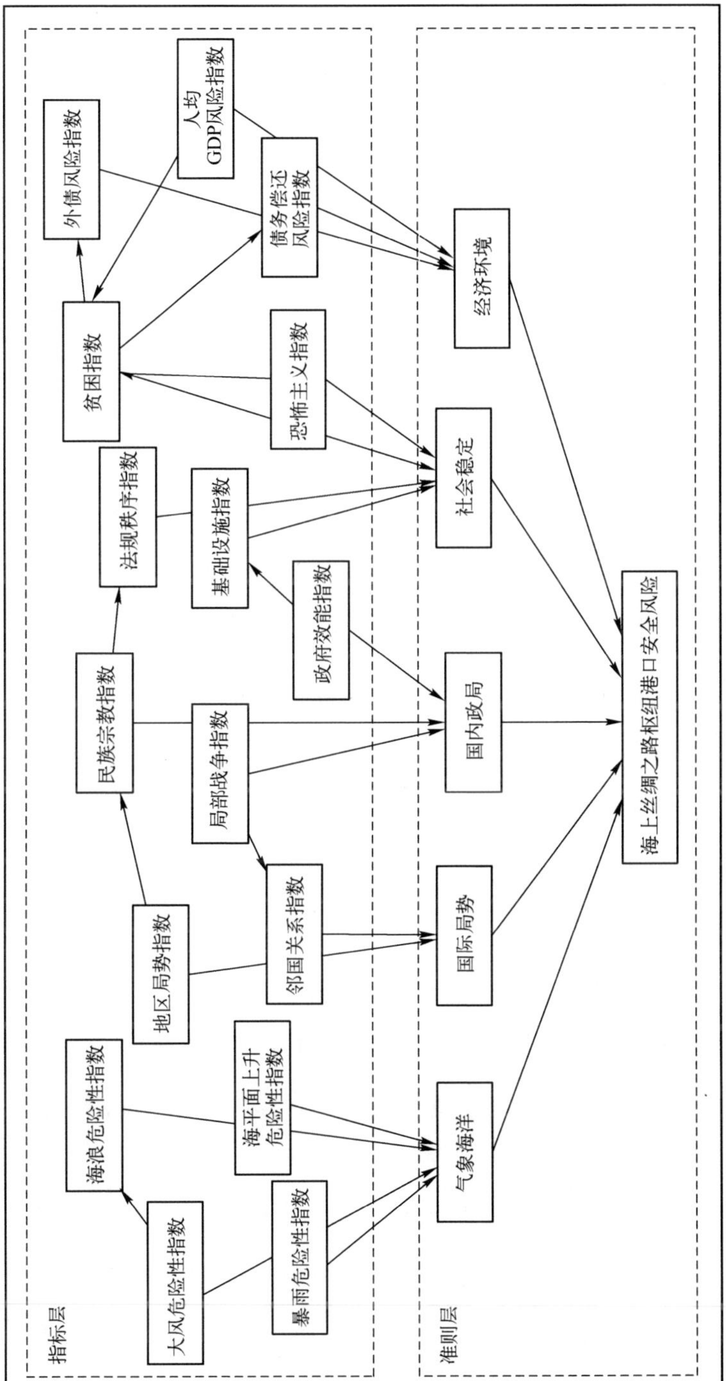

图 10.3 算法流程

表 10.5 为"大风危险性指数"和"海浪危险性指数"两个节点之间因果关系的专家知识融合过程。

表 10.5　专家知识融合过程

专家及理论	大风→海浪	海浪→大风	大风/海浪	不确定度
专家 1	0.79	0.2	0.01	0.8
专家 2	0.92	0	0.08	0.9
专家 3	0.85	0.05	0.1	0.6
DS 融合	0.999	0	0.001	0.619

对于准则层，节点之间的关系较为明确，可直接由专家利用经验知识构建网络结构。指标层用于刻画评价指标之间的因果关联。准则层用于实现评价指标信息的逐层传递与融合，通过贝叶斯网络实现不同评价指标之间的相互制约和内在关联。

10.3.3　网络参数学习

在确定网络结构之后，需要对网络节点参数进行学习，仍然采用模块化的学习方式分别对指标层和准则层的节点条件概率进行学习。

对于指标层，采用基于样本扩充的参数学习算法，首先采用多分布信息扩散对评价指标样本扩充，然后采用最大似然估计法学习节点之间的条件概率分布。表 10.6 为"地区局势指数"和"民族宗教指数"两个节点之间的条件概率分布，可定量表达地区局势对民族宗教的影响与关联程度。

表 10.6 "地区局势指数"和"民族宗教指数"条件概率分布

P（民族宗教指数	地区局势指数）	地区局势指数为低风险	地区局势指数为高风险
民族宗教指数为低风险	0.759	0.108
民族宗教指数为高风险	0.241	0.892

对于准则层，由于缺乏目标节点的定量数据，因此需要结合 DS 证据理论和蒙特卡罗方法进行参数学习：首先由三位专家根据领域知识设置评价指标权重，进而采用 DS 证据理论融合专家知识得到综合评价指标权重；然后采用蒙特卡罗方法，通过 300 次的随机数模拟实验，生成网络节点的条件概率分布；最后融入权重，得到加权条件概率分布。表 10.7 为准则层评价指标相对于地缘环境风险的权重。表 10.8 为网络节点的条件概率分布，可以量化表达不同评价指标之间的影响与关联程度。

表 10.7 准则层评价指标的权重

准 则 层	权 重
气象海洋	0.032
国际局势	0.161
国内政局	0.323
社会稳定	0.258
经济环境	0.226

表 10.8　网络节点的条件概率分布

P（地缘环境	自然环境）	自然环境为低风险	自然环境为高风险
地缘环境为低风险	0.627	0.384
地缘环境为高风险	0.373	0.615

10.4　地缘环境风险动态评估与态势推演

NETICA 是由 NORSYS 公司开发的一款通用型交互式贝叶斯网络分析软件，可采用联合树推理机制进行推理计算，保证在输入证据的条件下进行实时概率推理，能够可视化所有节点的后验概率分布。基于构建的层次贝叶斯网络模型，输入指标层评价指标先验信息，通过网络概率推理，可输出目标节点的后验概率分布，实现对海上丝绸之路沿线枢纽港口的地缘环境风险动态评估和态势研判。

10.4.1　比雷埃夫斯港

基于 ICRG 数据库的指标信息，采用云发生器将评价指标等级转换为等级隶属度，作为评价指标先验概率分布输入网络进行概率推理，输出比雷埃夫斯港地缘环境风险等级的后验概率分布。图 10.4 为 1984—2020 年比雷埃夫斯港地缘环境高风险概率变化曲线。由图可知，比雷埃夫斯港的地缘环境风险整体较低，呈平稳态势，高风险概率均低于 0.5，自 1990 年开始更是显著走低，至 2008 年之前一直维持显著的低风险态势，自 2008 年开始略有抬升，随后又缓慢降低，2019 年开始又出现升高趋势。

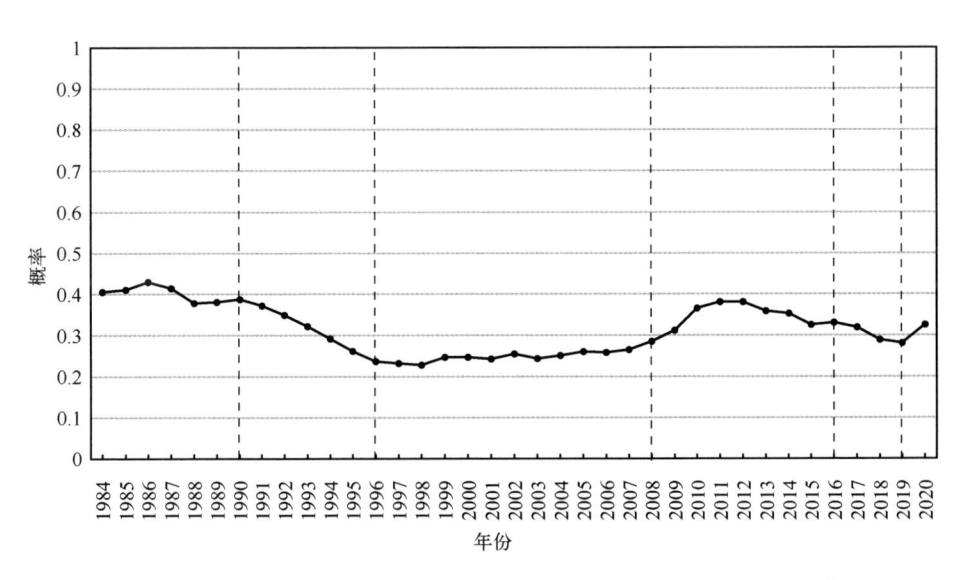

图 10.4　比雷埃夫斯港地缘环境高风险概率变化曲线

10.4.2　瓜达尔港

1984—2020 年瓜达尔港地缘环境高风险概率变化曲线如图 10.5 所示。

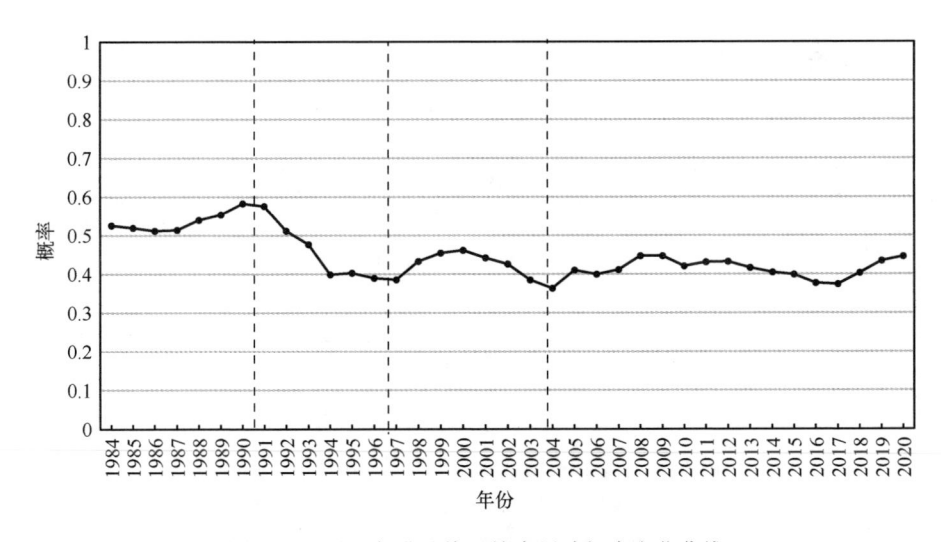

图 10.5　瓜达尔港地缘环境高风险概率变化曲线

20世纪80年代末,瓜达尔港的地缘环境高风险概率一直维持较高状态,在1991年前后达最大值,随后开始下降,维持平稳波动;1997年高风险概率转折上升,2000年前后出现较高风险值;之后在相当一段时间表现出小幅波动,整体高风险概率较低(小于0.5);2018年、2019年高风险概率再次抬升。

10.4.3 汉班托塔港

1984—2020年汉班托塔港地缘环境高风险概率变化曲线如图10.6所示:20世纪80年代末,高风险概率持续上升,1989年达到最大值(0.625);90年代前半期,高风险概率迅速降低,1995年达低谷(0.325)后,缓慢上升;进入21世纪,高风险概率整体处于较低波动状态,维持在0.4左右。

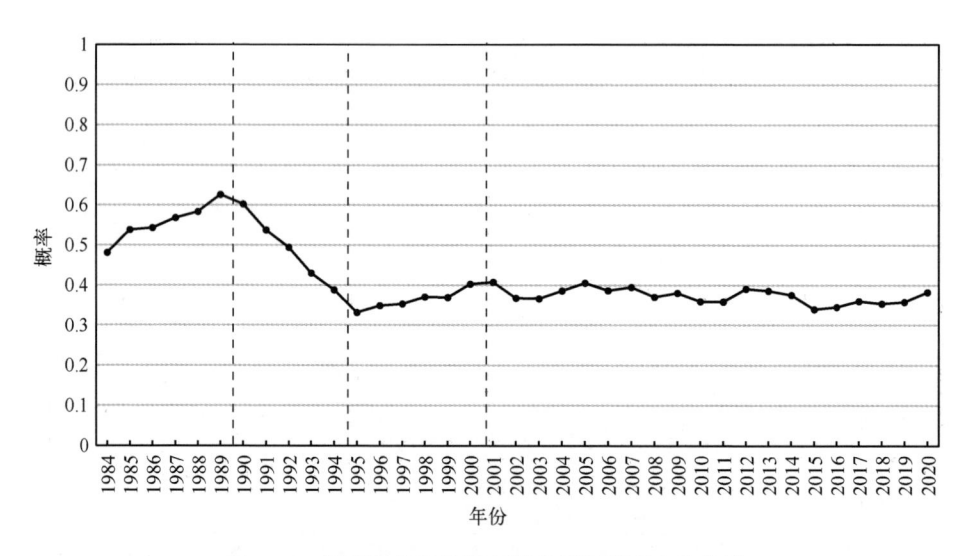

图10.6 汉班托塔港地缘环境高风险概率变化曲线

10.4.4　皎漂港

1984—2020年皎漂港地缘环境高风险概率变化曲线如图10.7所示：1992年之前，高风险概率持续上升，1992年达到最大值（0.656）；随后高风险概率迅速下降，20世纪90年代均处于较低状态；直至2008年、2009年，高风险概率略微抬升，2010年后，又下降至低风险态势（<0.4）。

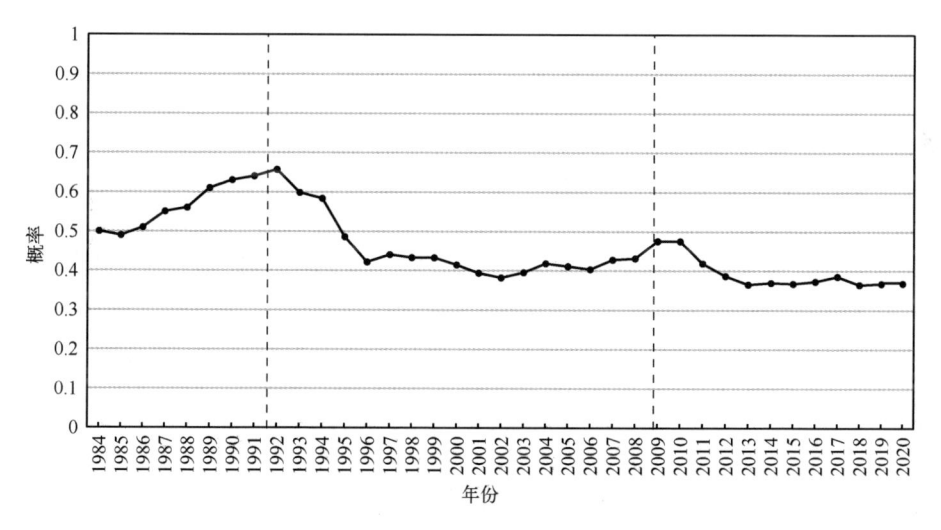

图 10.7　皎漂港地缘环境高风险概率变化曲线

参考文献

[1] 李明. 数据-知识混合驱动的贝叶斯网络体系优化及其海战场风险评估决策应用[D]. 长沙：国防科技大学，2022.

第 11 章
恐怖袭击风险评估与趋势预测——建模与仿真

"一带一路"倡议给中国及沿线国家和地区带来了利益和商机,达到了双赢的局面。然而在推进"一带一路"倡议的同时,不可避免地会面临众多的风险和挑战。

鉴于恐怖主义对"一带一路"建设的重要影响,国内学者对此开展了大量的研究。杨理智等人[1]评估了"一带一路"倡议所面临的地缘人文风险。刘洪铎等人[2]分析了恐怖主义对国家安全环境的影响,给出了相关投资建议。宫玉涛[3]研究了"一带一路"沿线恐怖主义活动的新态势,指出恐怖主义活动更多地指向软目标。陈翼凡[4]探讨了"一带一路"沿线国家和地区反恐合作机制。王奇等人[5]分析了2001—2016年针对国际恐怖主义活动的应对策略。

综上所述,恐怖主义影响"一带一路"建设的相关问题已引起国家和社会各界的广泛关注。由于恐怖袭击事件的复杂性和特殊性,难以通过模型参数对其特征进行定量分析描述,因此大部分学者对于恐怖袭击事件的研究还主要局限在宏观定性分析上。本章在前人研究的基础上,通过设定量化指标体系,建立了恐怖袭击事件危险性和恐怖主义威胁程度等量化分级评估模型,可实现对恐怖主义危险性的量化评估,同时还分析了2015—2017年恐怖袭击事件发生的时空特性和蔓延特征,旨在为反恐、防恐提供决策咨询和技术支撑。

第11章 恐怖袭击风险评估与趋势预测——建模与仿真

11.1 数据与预处理

研究数据来源于GTD（全球恐怖主义数据库）。GTD是世界上较为全面的恐怖主义数据库，由美国马里兰大学的"国家恐怖主义与反恐研究协会（START）"提供。GTD记录了1970年至2018年间的190000多个恐怖袭击事件。对于每个事件都记录了以下信息：日期、位置、使用武器、目标性质、伤亡人数、后果，以及对事件负责的团体或个人（在可识别的情况下），可用于加深对恐怖袭击事件的了解，深入研究恐怖主义活动的规律。

需要注意的是，GTD也存在部分信息缺失的情况，即存在不完备参数，含有不完备参数的恐怖袭击事件被称为信息不完备事件。补齐重要的不完备参数是开展恐怖袭击事件危险性评估的前提和基础，在通常情况下，可通过选择适当的方法插补不完备参数，使信息尽量完备。

在插补不完备参数时，可采用特殊值插补、平均值插补、回归插补、期望值最大化插补等方法，不同的插补方法会对建模结果造成一定的影响。为了减小误差，尽可能利用参数之间的关联信息，本书采用广义回归神经网络方法，对重要的不完备参数进行插补。

广义回归神经网络（Generalized Regression Neural Network，GRNN）是径向基（Radial Basic Function，RBF）神经网络的一种。GRNN具有很强的非线性映射能力、柔性网络结构及高度的容错性，适于解决非线性问题。GRNN在逼近能力和网络学习速度上较RBF神经网络有更强的优势，最后收敛于样本量聚集较多的优化回归面，在样本数据较少时，预测效果较好，模型有较好的泛化性能。因此，GRNN在信号处理、结构分析、能源、金融和生物工程等领域均得到了广泛的应用。GRNN 由四层构成,分别为输入层、模式层、求和层及输出层,对应网络输入 $\boldsymbol{X}=[x_1,x_1,\cdots,x_n]^\mathrm{T}$,输出 $\boldsymbol{Y}=[y_1,y_1,\cdots,y_k]^\mathrm{T}$。

广义回归神经网络的理论基础是非线性回归分析,非独立变量 y 相对于独立变量 x 的回归分析实际上是计算具有最大概率值的 y。设变量 x 和 y 的联合概率密度函数为 $f(x,y)$,已知 x 的观测值为 $\boldsymbol{X}$,y 相对于 $\boldsymbol{X}$ 回归,则条件均值为

$$\hat{\boldsymbol{Y}}(\boldsymbol{X})=E(\boldsymbol{Y}\mid\boldsymbol{X})=\frac{\int_{-\infty}^{+\infty}\boldsymbol{Y}f(\boldsymbol{X},y)\mathrm{d}y}{\int_{-\infty}^{+\infty}f(\boldsymbol{X},y)\mathrm{d}y} \qquad (11.1)$$

利用广义回归神经网络对伤亡人数等不完备参数进行插补时,首先利用恐怖袭击事件的完备参数建立伤亡人数与攻击信息、武器信息的关系,然后利用得到的关系及给出的攻击信息和武器信息插补伤亡人数等参数。同样,可利用广义回归神经网络首先建立财产损失状况、攻击信息、武器信息及袭击对象的映射关联,然后利用得到的映射模型对财产损失等参数进行插补,所用的定量参数均需要经过归一化处理。

11.2 恐怖袭击事件危险性评估

11.2.1 指标及其权重

恐怖袭击事件不同于一般的灾难性事件,特殊性在于,危害不局限于人

第11章 恐怖袭击风险评估与趋势预测——建模与仿真

员伤亡和经济损失,还包括发生时机、地域、袭击对象等诸多因素所带来的影响,后果较一般的灾难性事件更为严重和复杂。对恐怖袭击事件进行分级,有利于科学评估危险性,合理制定应对措施。针对一般的灾难性事件,分级标准考虑因素较少,不足以全面覆盖恐怖袭击事件造成的多方面严重后果。因此,科学制定恐怖袭击事件的分级标准,对准确评估恐怖袭击事件的危险性至关重要。

利用具体评价指标制定评判标准是定量评估恐怖袭击事件危险性的主要方法。GTD给出的参数虽然很多,但部分参数反映的信息存在冗余现象,在建模过程中应将其设法去除。同时,参与建模的参数越多,越不利于突出关键因素,还会导致建立的模型过于复杂。因此,参与建模的参数不宜过多。另外,在选取参数时,应着重考虑"恐怖袭击事件的危险性是多方面的"这一重要特征,并主要关注恐怖袭击事件对人员伤亡和经济损失的影响,以及对社会秩序、经济发展、公民心理及政府职能的影响。其中,对人员伤亡和经济损失的影响较为直观,对社会秩序、经济发展和公民心理等方面的影响虽然相对抽象,但同样不可忽视。目标和意图清晰的恐怖袭击事件往往具有更大的象征意义,所造成的心理恐慌和社会动荡也更大。在构建恐怖袭击事件危险等级模型时,不仅应考虑恐怖袭击事件对社会经济和人员生命安全造成的伤害,还应考虑恐怖袭击事件的象征意义和放大效应,以及对社会稳定、公民心理等造成的影响,并要兼顾恐怖袭击事件造成的"硬打击"和"软伤害"两个方面。因此,选取合理参数,确定各参数的危害等级,构建恐怖袭击事件危险性定量评价指标体系是研究重点和核心任务。

恐怖袭击事件通常伴有人员伤亡和财产损失,袭击时机、袭击地点及袭击对象对国家、社会和人员的危害很突出。为此,选取人员伤亡、经济损失、袭击时机、袭击地点和袭击对象作为一级指标，且均为"值越小，危险程度越高"型指标。其中，人员伤亡下设死亡人数和受伤人数两个二级指标；袭击地点下设地区和城市两个二级指标；经济损失、袭击时机和袭击对象不设二级指标。在对各指标的危险程度进行分级时，结合客观分析和主观判断，危险程度由高到低可分为5级，也可以根据需要少于5级。其中，1级危险程度最高，5级危险程度最低。各指标的具体分级标准和分级原因如下。

- 判定人员死亡的危险程度时，主要以死亡人数作为标准，死亡人数越多，危险程度越高。
- 判定人员受伤的危险程度时，主要以受伤人数作为标准，受伤人数越多，危险程度越高。
- 判定财产损失的危险程度时，主要以损失金额作为标准，损失金额越大，危险程度越高。
- 若不考虑恐怖袭击事件之间的关联性，假设每一次恐怖袭击事件均是一个组织或个人的独立行为，组织或个人互不相干，且组织或个人只对一次恐怖袭击事件负责，则通过对月平均恐怖袭击事件发生次数的分析，可以发现恐怖袭击事件发生次数并不是均匀分布的，是随月份变化的。这表明，互不相干的恐怖分子均认为一年之中某些月份是发动恐怖袭击事件的"较好"时机，在这些时机发动恐怖袭击事件可造成更大的影响。因此在这段时期，恐怖袭击事件发生次数会呈现显著上升的态势。相反，若互不相干的恐怖分子均认为某一时机发动恐怖袭击事件的"效果"较差，则在这段时期，恐怖袭击事件发生次数会呈现显著下降的态势。因此可以认为，恐怖袭击事件发生次数越多，发动恐怖袭击事件的时机"越好"；恐怖袭击事件发生次数越少，发动恐怖袭击事件的时机"越差"。对 GTD 中月平均恐怖袭击事件发生次数的统计分析可得，中位数为 330.5，环比中位数为 0.992。在对发动恐怖袭击事件的时机进行危险程度判定时，认为恐怖袭击事件发生的当月，次数越多，环比越大，危险程度越高；反之亦然。

- 一般来说，一个地区恐怖袭击事件发生的频率越低，单次恐怖袭击事件造成的影响越大。例如，在和平国家发生一起死亡 10 人的恐怖袭击事件所造成的社会影响，远比相同恐怖袭击事件发生在战乱国家造成的影响大。在对 1998—2017 年间世界范围内 12 个地区的恐怖袭击事件发生次数的统计分析发现，恐怖袭击事件发生次数存在地域性特征。因此，在判定发生恐怖袭击事件地区的危险程度时，主要以恐怖袭击事件发生次数作为分级标准。该地区发生恐怖袭击事件的总次数越少，则发生单次恐怖袭击事件的危险程度越高。

- 在城市的人口密度较大或经济发达程度较高时，发生在城市中的恐怖袭击事件所波及的人群更广，造成的破坏性更大，因此在确定危险程度时，应区分是否为城市，城市的危险程度高，非城市的危险程度低。

- 袭击对象的属性不同，造成的危害也有差异。在对袭击对象的危险程度进行分级时，按重要程度，将一般意义的政府、警察、军事基地、宗教场所、飞机和机场、外交部门等与国家安全相关的对象划为第 1 级，除航空以外的运输、海事、教育机构、非政府组织等与社会发展相关的对象划为第 2 级，新闻记者、游客、公民人身和私有财产及流动资产等与公民利益相关的对象划为第 3 级，商业、公用事业、电信等与公共服务相关的对象划为第 4 级，暴力政党、恐怖分子/极端组织等危险对象划为第 5 级。构建的恐怖袭击事件危险指标评价体系见表 11.1。

表 11.1　恐怖袭击事件危险指标评价体系

一级指标（B）	二级指标（C）	危 险 程 度
人员伤亡（B1）	死亡人数（C1）	1级（>300人） 2级（31~300人） 3级（11~30人） 4级（1~10人） 5级（0人）
人员伤亡（B1）	受伤人数（C2）	1级（>500人） 2级（101~500人） 3级（51~100人） 4级（1~50人） 5级（0人）
经济损失（B2）	—	1级（>10亿美元） 2级（100万~10亿美元） 3级（<100万美元） 4级（没有损失）
袭击时机（B3）	—	1级（当月发生次数大于330.5且环比大于0.992） 2级（当月发生次数大于330.5且环比小于0.992） 3级（当月发生次数小于330.5且环比大于0.992） 4级（当月发生次数小于330.5且环比小于0.992）
袭击地点（B4）	地区（C3）	1级（0~100次） 2级（101~1000次） 3级（1001~5000次） 4级（5001~20000次） 5级（>20000次）
袭击地点（B4）	是否为城市（C4）	1级（是） 2级（否）
袭击对象（B5）	—	1级（国家安全） 2级（社会发展） 3级（公民利益） 4级（公共服务） 5级（危险对象）

第 11 章 恐怖袭击风险评估与趋势预测——建模与仿真

传统的层次分析法是通过专家采用 1~9 标度法打分来对各层次因素之间进行两两量化比较的，因素的权重一般根据经验知识和定性规范确定。这种权重确定方法的缺点是主观性较强，无法较好地处理在决策过程中两个类似因素的判别问题。为此，朱斌[6]提出了犹豫层次分析（H-AHP）方法。该方法适用于处理在决策过程中选择、判断犹豫不决的问题，可描述决策者对多个可能选择、判断的偏好。这些可能的选择、判断不需要集成或修改，提高了排序的准确性。针对恐怖袭击事件各因素的特性，引入犹豫层次分析方法，通过选择、判断各指标之间的相对重要性，建立概率型犹豫积型偏好关系，并结合蒙特卡罗方法计算同层次指标与上一层次指标相对重要性的排序权值，客观、定量地获取各指标的权重。根据恐怖袭击事件危险指标评价体系，采用 1~9 标度法，邀请若干相关领域的专家，对层次中的指标进行两两比较，给出犹豫偏好，依据评估结果，构造概率型犹豫积型偏好关系，见表 11.2。基于几何平均法，运用蒙特卡罗方法[7]，计算同一层次相应指标对于上一层次指标相对重要性的排序权值，从底层开始，计算上一层次中指标集成的排序权值，直至获得各指标的权重，见表 11.3。

表 11.2 概率型犹豫积型偏好关系

一级指标	B1	B2	B3	B4	B5
B1	1	6	9	(7, 8)	(8, 9)
B2	1/6	1	3	2	2
B3	1/9	1/3	1	2/3	8/9
B4	(1/7, 1/8)	1/2	3/2	1	9/7
B5	(1/8, 1/9)	1/2	9/8	7/9	1

表 11.3 各指标的权重

一级指标（B）	一级指标权重	二级指标（C）	二级指标权重
人员伤亡（B1）	0.73	死亡人数（C1）	0.7276
		受伤人数（C2）	0.2724
经济损失（B2）	0.11	—	—
袭击时机（B3）	0.045	—	—
袭击地点（B4）	0.065	地区（C3）	0.813
		是否为城市（C4）	0.187
袭击对象（B5）	0.05	—	—

11.2.2 云模型及其分析

为了进行定性知识与定量数值之间的不确定性转化，针对上述指标体系，基于正向云发生器，采用云模型的数值特征（期望 Ex、熵 En、超熵 He）对指标评估集 $V=\{$极低,较低,中等,较高,极高$\}$ 进行表达，对应的云模型为

$$SCv_{L1}(100,6.67,0.1) \mid x \leqslant Ex$$

$$SCv_{L1}(70,3.33,0.1)$$

$$SCv_{L1}(50,3.33,0.1)$$

$$SCv_{L1}(30,3.33,0.1)$$

$$SCv_{L1}(0,6.67,0.1) \mid x \geqslant Ex$$

式中，SCv_{L1} 表示恐怖袭击事件发生次数小于和大于期望值的云模型分布；x 为恐怖袭击事件发生次数。

在指标评估集中，较低、中等、较高属于双边约束评语，可用式（11.2）表达，极低、极高属于单边约束评语，可将单边界作为默认期望，用式（11.3）半降半升云来表达，即

$$\begin{cases} \text{Ex} = (a+b)/2 \\ \text{En} = (b-a)/6 \\ \text{He} = k \end{cases} \quad (11.2)$$

$$\begin{cases} \text{Ex} = a \text{ 或 } b \\ \text{En} = (b-a)/3 \\ \text{He} = k \end{cases} \quad (11.3)$$

式中，a 为约束下边界；b 为约束上边界；k 为常数，反映指标之间的不均衡性，即评估对象偏离正态分布程度的度量，评估时，可通过反复实验确定取值。

由于各指标的权重对期望具有放大作用，因此在得到云模型数值特征以后，应充分考虑各指标的权重，并根据各指标的权重对期望进行修正，使修正后的期望 $\text{modify}(\text{Ex}_i)$ 始终小于等于 100，更能表达指标对综合风险评估的贡献率，即

$$\text{modify}(\text{Ex}_i) = \min\{W_i \times m \times \text{Ex}_i, 100\} \quad (11.4)$$

式中，W_i 为第 i 个指标的权重；m 为指标总个数；Ex_i 为第 i 个指标云模型的期望。

11.2.3 评估结果

通过对危害最大的 10 次恐怖袭击事件的分析表明，虽然伤亡人数和财产损失并不是很大（有 5 次伤亡人数没有超过 100 人，有 7 次财产损失没有超过 100 万美元），但多针对政府、军事基地、能源和机场等与国家安全密切相关的"高价值目标"，且发生在北美、东欧、东亚等发生恐怖

袭击事件次数相对较少的区域，显示出恐怖袭击事件造成的"软伤害"有时会大于伤亡人数和财产损失等"硬伤害"，说明恐怖袭击事件造成危害的复杂性，以及将袭击地点、袭击时机和袭击对象纳入危险指标评价体系的必要性。

为了得到一年内由所有恐怖袭击事件造成的总体危险性，需要找出一年内发生的所有恐怖袭击事件，并选取合适的指标，设计合理的量化分级方案，逐一评估每次恐怖袭击事件的危险性，定量给出恐怖活动指标。前面通过对发生恐怖袭击事件时的人员伤亡、经济损失、袭击时机、袭击地点、袭击对象等诸多指标的量化，构建了针对单次恐怖袭击事件的危险指标评价体系。为了简化模型，可将发生所有恐怖袭击事件的危险性（HOTA）叠加，得到恐怖活动威胁的总体度量，并将其定义为恐怖活动指数（Harmfulness of State，HS），即

$$HS = \sum_{i=1}^{n} HOTA_i \tag{11.5}$$

11.3 对沿线国家和地区三年间恐怖袭击事件的分析

11.3.1 时空特性分析

由 2015—2017 年间全球范围内恐怖袭击事件发生次数的统计分布可知，恐怖袭击事件发生次数的分布存在地域差异，多数区域的恐怖袭击事件发生次数较少，东南亚、南亚、西亚为恐怖袭击事件高发区。

11.3.2 蔓延特性分析

蔓延是指像蔓草一样向四周延伸。恐怖袭击事件的蔓延特性包括两个方面的含义：

- 第一个方面是指向某个方向传播的蔓延特性，可用区域中心点坐标的概念来衡量；
- 第二个方面是指向四周扩散的蔓延特性，可用离散度的概念来衡量。

离散度（Dispersion）被定义为

$$\mathrm{dr} = \sum_{i=1}^{n} W_i \cdot [(x_i - \bar{x})^2 + (y_i - \bar{y})^2] \quad (11.6)$$

中心点坐标$(\bar{x},\bar{y})$被定义为

$$(\bar{x},\bar{y}) = \sum_{i=1}^{n} W_i \cdot (x_i, y_i) \quad (11.7)$$

$$W_i = \frac{N_i}{\sum_{i=1}^{n} N_i} \quad (11.8)$$

式中，i为网格序号；(x_i,y_i)为第i个网格的坐标；W_i为第i个网格的权重；n为区域内的网格总数；N_i为第i个网格内恐怖袭击事件发生次数。

由离散度的定义可知，dr越大，恐怖袭击事件空间分布越分散。通过计算2015—2017年间3次发生在重点地区恐怖袭击事件的离散度可知，西亚和南亚发生恐怖袭击事件的离散度逐渐减小，东南亚发生恐怖袭击事件的离散度波动较大。该结果表明，西亚和南亚发生恐怖袭击事件的区域呈现缩小趋势，即随着时间的增加，遭受恐怖袭击的区域逐渐缩小。因此可以得出推论，西亚和南亚的恐怖主义活动势力范围在逐渐收缩，东南亚的恐怖主义活动势

力范围波动较大。

本章运用广义回归神经网络模型开展了对恐怖袭击事件不完备参数的拟合重构，构建了恐怖袭击事件的量化分级指标，通过引入犹豫层次分析方法和蒙特卡罗方法，实现了对指标权重的客观确定，采用云模型对指标评估集的表达，实现了对恐怖袭击事件危险性和恐怖主义活动指数的量化分级，同时从时空特性和蔓延特性两个方面，分析了2015—2017年间恐怖袭击事件的时空演变规律。

随着"一带一路"倡议的推进，恐怖主义活动已成为制约地缘安全的重要社会因素。合理评估和科学预判恐怖主义活动的危险性及其时空特性和演变规律，可为防范和应对恐怖主义、完善和健全反恐机制提供科学依据。近年来，"一带一路"沿线地区的恐怖主义活动呈现出不少新特点，恐怖袭击事件危险指标评价体系也应进行相应的充实和调整，有针对性地改进并优化评估模型，尤其是如何将领域专家的知识和经验引入恐怖主义活动风险的定量评估以及恐怖主义活动蔓延与态势演变预测，是更重要、更复杂、更具挑战的工作。

参考文献

[1] 杨理智，张韧."21世纪海上丝绸之路"地缘环境分析与风险区划[J].军事运筹与系统工程，2016，30（1）：5-11.

[2] 刘洪铎，陈晓珊.恐怖主义风险与中国"一带一路"国家直接投资[J].国际论坛，2018，20（03）：5-13.

[3] 宫玉涛.南亚地区恐怖主义的新态势、威胁与对策[J].南亚研究季刊，2017，37（4）：9-15.

［4］陈翼凡．"一带一路"沿线国家反恐合作机制研究［J］．江苏警官学院学报，2017，32（6）：69-74．

［5］王奇，田一鸣．全球恐怖活动的GTD数据分析与我国应对之策［J］．犯罪研究，2018，（2）：87-96．

［6］朱斌．基于偏好关系决策方法及应用研究［D］．南京：东南大学，2014．

［7］黎锁平．运用蒙特卡罗方法求解随机性问题［J］．甘肃工业大学学报，2006，27（6）：595-596．

反侵权盗版声明

电子工业出版社依法对本作品享有专有出版权。任何未经权利人书面许可，复制、销售或通过信息网络传播本作品的行为；歪曲、篡改、剽窃本作品的行为，均违反《中华人民共和国著作权法》，其行为人应承担相应的民事责任和行政责任，构成犯罪的，将被依法追究刑事责任。

为了维护市场秩序，保护权利人的合法权益，本社将依法查处和打击侵权盗版的单位和个人。欢迎社会各界人士积极举报侵权盗版行为，本社将奖励举报有功人员，并保证举报人的信息不被泄露。

举报电话：（010）88254396；（010）88258888

传　　真：（010）88254397

E-mail：dbqq@phei.com.cn

通信地址：北京市海淀区万寿路 173 信箱
　　　　　电子工业出版社总编办公室

邮　　编：100036